인공신경망 시리즈 3 _ 합성곱 신경망

합성곱 신경망과 PyTorch

추상목 지음

UUP

합성곱 신경망과 PyTorch

■

- 2022년 11월 08일 **초판 발행**
- 지은이 추상목
- **펴낸이** 오연천
- **펴낸곳** UUP.(울산대학교출판부) 680-749 울산광역시 남구 대학로 93(무거동) 울산대학교 출판부
- 전화 (052)259-2488 **팩스** (052)277-3011 ▪ **홈페이지** http://uup.ulsan.ac.kr
- 출판등록 제370-1996-000001호(1996.3.13)
- **₩** 16,000

■

ISBN 979.11.6726.016.1(93410)

머리말

본 저서는 신경망 3번째 시리즈로, 시계열 데이터, 이미지와 동영상을 각각 처리하는 일차원 컨볼루션 층(Convolutional layer) Conv1d, 이차원 Conv2d와 삼차원 Conv3d가 주제입니다. 이전 저서와 마찬가지로 설명의 시작은 그림입니다.

합성곱 신경망(CNN)에 등장하는 용어인 '채널(channel)'이 무엇인지 학생에 물어보면 순방향과 순환신경망에서 사용하는 '노드(node)'와 연결 짓지 못합니다. 그 이유는 '채널'을 정의하지 않고 사용하기 때문입니다. 물론 '채널'을 설명 못해도 CNN을 사용하는데는 문제가 없습니다. 그러나 다음 질문은 상황이 다릅니다.

'입력채널', '출력채널'와 '커널'의 관계를 그림으로 그리시오.

위 질문에 답할 수 있어야 입력채널이 2개이고 출력채널이 3개이면 커널은 6개가 되고 편향치는 3개가 되는 원리를 그림으로 설명할 수 있습니다.

이에 본 저서에서는 번저, 코드 없이 그림만으로 시작합니다. 그림에서 CNN에 등장하는 용어를 정의하고 이를 사용하여 컨볼루션 층을 위상적 구조와 대수적 구조로 나누어 설명합니다. 이어서 그림에서 다룬 내용을 PyTorch로 구현합니다. 그리고 마지막으로 적용 사례를 소개합니다.

또 다른 특징은 컨볼류션 층(Conv1d, Conv2d, Conv3d)을 독립적으로 기술했기 때문에 Conv3d부터 읽어도 됩니다. 그리고 각각의 컨볼류션 층을 적용한 사례를 코드로 제시합니다. 예를 들면, 걷기/눕기와 같은 여러 가지 인간행동을 분류하는 신경망, 이미지에서 얼굴을 검출하는 신경망 학습과 사용, 그리고 COVID-19 관련 발견과 그러한 발견이 없는 CT 스캔 동영상을 학습데이터로 사용하는 신경망을 코드로 설명합니다.

세 종류의 컨볼류션 층을 그림으로 분명하게 설명하고, 이를 PyTorch로 구현하는 데 도움이 되길 바라는 마음이 본 저서에 드러나길 희망합니다.

2022년도 가을에 추상목 올림

목차

제 1부

일차원 컨볼류션 층 Conv1d

-제 1장. 그림으로 이해하는 Conv1d

-제 2장. PyTorch으로 이해하는 Conv1d

-제 3장. Conv1d 적용 사례

제1장 그림으로 이해하는 Conv1d

합성곱 신경망(convolutional neural network, CNN)에 사용되는 컨볼루션 층(Convolutional layer) 중에서 시계열 데이터에 사용하는 Conv1d를 그림으로 알아보자. 용어와 기호를 정의할 때, 이해를 돕기 위하여 예를 들어 정의하겠다.

PART I. 일차원 채널

정의 1. 그림1-(a)와 같이 한 개 숫자를 가지는 정사각형 네모를 '노드(node)'라고 하자. 노드는 네 개이고 각각이 가지는 숫자는 6, 1, 5, 8 이다. (b)는 네 개 노드가 가지는 값을 일렬로 묶은 직사각형으로 '일차원 채널(channel)' 또는 '채널'이라고 하자. '6, 1, 5, 8을 일차원 채널에 대입했다'고 하자. 기호로 '일차원 채널 $[6,1,5,8]$'로 나타내고 '채널 길이'는 4라고 하자.

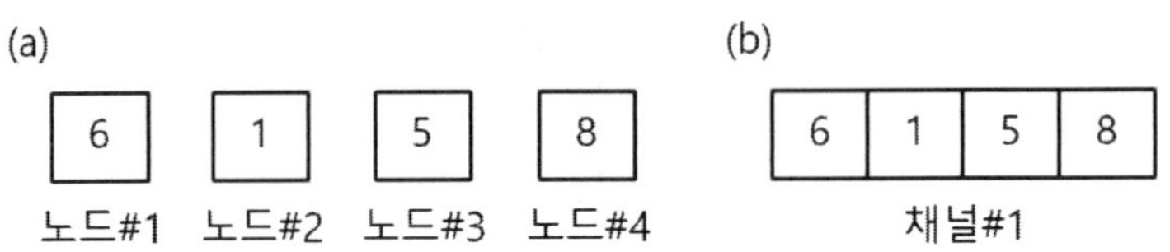

그림1.

정리하면, 6, 1, 5, 8을 일차원 채널#1에 대입한다는 것은 (b)를 의미하고, 채널#1은 숫자 6, 1, 5, 8을 가진다고 하자. 편의상 '일차원 채널 $[6,1,5,6]$'을 '일차원 채널' 또는 '채널'이라고도 하겠다.

정의 2. 그림1에는 숫자가 4개 있지만 '채널에 대입한 데이터는 1개이다'고 하자.

정의 3. 일차원 채널 [6, 1, 5, 8]을 시간 순서대로 나열한 숫자의 모임인 '시계열 데이터'라고 하자. 그리고 그림2와 같이 x축이 시간(Time)인 좌표평면에 나타낼 수 있다.

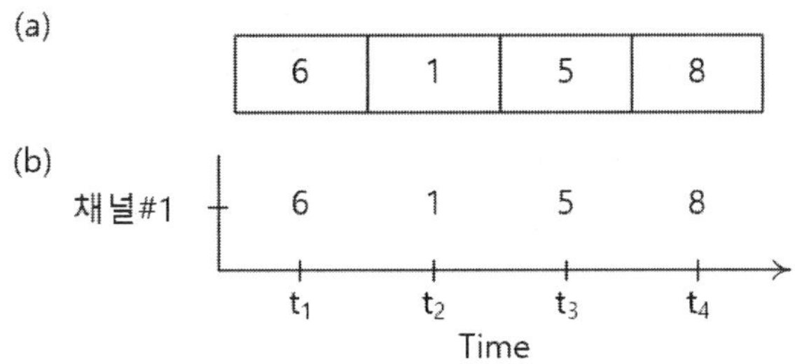

그림2.

예제 1 어떤 회사의 일요일부터 토요일까지 아이스크림 판매량(단위 생략)이 다음과 같다.

판매량 [10, 5, 6, 7, 8, 9, 10]

위 숫자의 나열이 시간 순서이므로 시계열 데이터가 된다. 따라서 다음과 같이 나타낼 수 있다.

(a) 요일 별 아이스크림 판매량(편의상 단위 생략)

	일	월	화	수	목	금	토
판매량	10	5	6	7	8	9	10

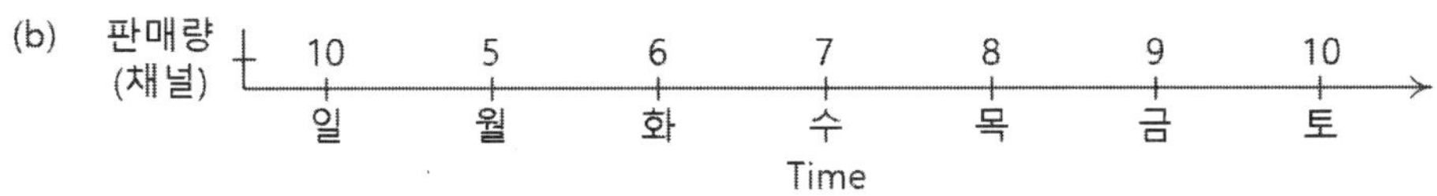

그림3.

채널이 두 개 이상인 경우는 다음 예제와 같이 나타내자.

예제 2 그림4-(a)에는 채널이 두 개(채널#1, #2)이므로 데이터도 두 개이다. 채널#2도 채널#1과 마찬가지 네 개 노드를 일렬로 묶은 직사각형이고 각각의 노드가 가지는 값이 2, 4, 3, 7이므로 채널#2은 [2, 4, 3, 7]이 된다. 좌표평면에 나타내면 (b)가 된다.

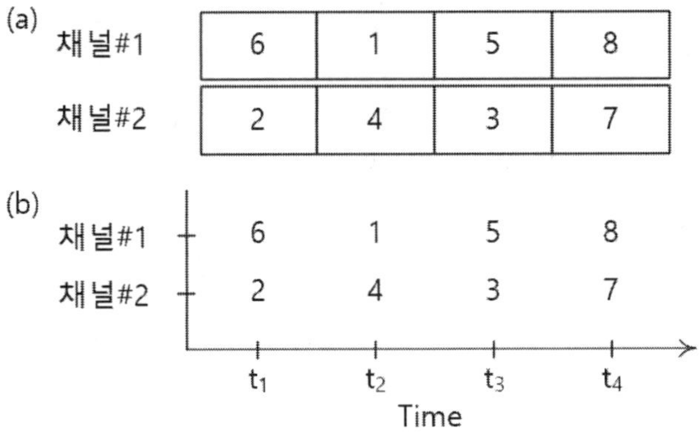

그림4.

자연어와 같은 시계열 데이터도 아래와 같이 일차원 채널로 처리할 수 있다.

단어장을 사용하여 문장 S '나는 CNN 공부한다'를 숫자로 변환해보자.

[단어 변환] 문장 S의 각 단어를 순서가 있는 7개 숫자로 나타낸다. 여기서 7은 단어장의 단어 개수이다. 만약 단어장에 100개 단어가 있으면 100개 숫자로 나타낸다. 문장 S의 단어 '나는', 'CNN', '공부한다'를 아래와 같이 7개 숫자로 나타냈다고 가정하다.

나는 = (a1, a2, a3, a4, a5, a6, a7)
CNN = (b1, b2, b3, b4, b5, b6, b7)
공부한다 = (c1, c2, c3, c4, c5, c6, c7)

여기서 ai, bi, ci는 1 또는 0이다 ($1 \leq i \leq 7$). 단어장에서 '나는'이 1번째 단어이므로 a1만 1이고 나머지는 0이다. 다른 단어도 동일한 방법으로 1과 0을 결정한다.

나는 = (1,0,0,0,0,0,0), CNN = (0,0,1,0,0,0,0), 공부한다 = (0,0,0,0,0,1,0)

이러한 변환을 '원-핫 인코딩'이라 하고 그림5와 같이 나타낼 수 있다.

단어장 (총 7개 단어)	나는	앞으로	CNN	을	를	공부한다	좋아한다

문장 S								
	나는	1	0	0	0	0	0	0
	CNN	0	0	1	0	0	0	0
	공부한다	0	0	0	0	0	1	0

원-핫 인코딩

그림5.

'원-핫 인코딩은 시계열 데이터가 아님을 기억하자.' 원-핫 인코딩을 구성하는 7개 숫자는 하나의 단어를 나타내고 각 단어는 시계열 데이터가 아니므로 원-핫 인코딩은 시계열 데이터가 아니다. 따라서 원-핫 인코딩을 채널에 대입할 수 없다. 아래 [문장 변환]에서 원-핫 인코딩으로부터 시계열 데이터를 추출하여 채널에 대입하는 방법을 설명한다.

[문장 변환] 문장 S는 '나는', 'CNN', '공부한다' 순서로 구성된 길이가 3인 문자열 시계열 데이터이고 문장 S의 단어를 순서가 있는 7개 숫자로 분할했다. 따라서 문장 S는 길이가 3인 시계열 데이터 7개(채널#1~#7)로 변환되었다.

Time ↓		채널#1	채널#2	채널#3	채널#4	채널#5	채널#6	채널#7
	나는	1	0	0	0	0	0	0
	CNN	0	0	1	0	0	0	0
	공부한다	0	0	0	0	0	1	0

그림6.

[단어 변환]과 [문장 변환]에서 얻은 원-핫 인코딩과 시계열 데이터(채널)을 좌표 평면에 나타내면 다음과 같다.

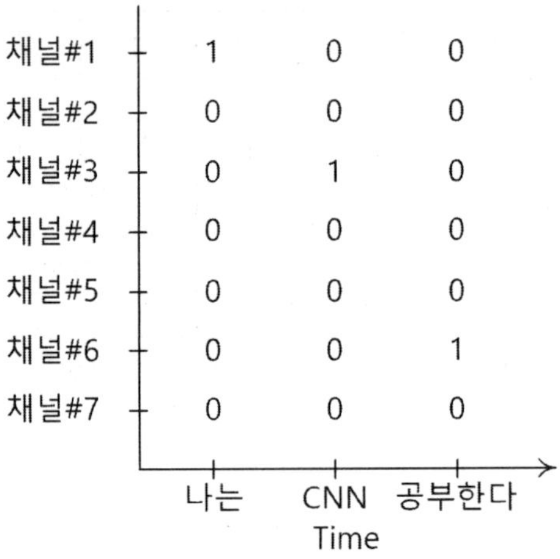

그림7.

일반적으로, 자연어를 일차원 CNN으로 다룰 때 단어장의 단어 개수가 크기 때문에 원-핫 인코딩의 길이가 길고 그 결과 채널도 많게 된다. 자세한 내용은 제3장 Conv1d 적용 사례에서 다룬다.

PART II. 합성곱 연산

Conv1d에 사용되는 합성곱 연산을 정의하기 위하여 먼저 내적(inner product)을 정의하자.

정의 4. 그림4에 있는 두 개 시계열 데이터 $[6,1,5,8]$과 $[2,4,3,7]$의 '내적 $\odot$'을 다음과 같이 정의한다.

$$[6,\ 1,\ 5,\ 8]\odot[2,\ 4,\ 3,\ 7]=6\cdot 2+1\cdot 4+5\cdot 3+8\cdot 7=87$$

내적을 이용하여 합성곱(Convolution, 컨볼류션) 연산을 정의하고, 이 과정에서 커널, 커널크기와 가중치를 정의하자.

정의 5. $[a_1, a_2, a_3, a_4]$과 $[w_1, w_2, w_3]$의 '1D 합성곱 연산 ★'은 다음과 같다.

$$\begin{aligned} & [a_1, a_2, a_3, a_4] \star [w_1, w_2, w_3] \\ & = [\ [a_1, a_2, a_3] \odot [w_1, w_2, w_3],\ [a_2, a_3, a_4] \odot [w_1, w_2, w_3]\ ] \\ & = \left[\ \sum_{i=1}^{3} a_i w_i,\ \sum_{i=1}^{3} a_{i+1} w_i \right] \end{aligned}$$

여기서 $[a_1, a_2, a_3, a_4]$를 '입력채널'이라 하자. $[w_1, w_2, w_3]$를 '커널(kernel)', '커널크기(kernel_size)'는 3이고 커널이 가진 숫자 w_1 ,w_2, w_3를 '가중치(weight)'라 하자. 일반적으로 '입력채널★커널'에서 커널크기는 입력채널의 길이보다 작다. 합성곱 연산에 사용한 커널과 연산결과는 입력채널과 동일한 일차원 채널임을 기억하자.

위의 합성곱 연산은 다음과 같은 단계로 진행된다.

Step1. 입력채널의 1번째 성분인 a_1부터 시작해서 크기가 3인 $[a_1, a_2, a_3]$을 추출하여 커널과 내적한다.

$$[a_1, a_2, a_3] \odot [w_1, w_2, w_3] = \sum_{i=1}^{3} a_i w_i$$

내적해서 얻은 숫자를 연산결과 채널에 적을 때, a_1 위치인 1번째 성분에 적는다.

Step2. 위의 Step1을 반복한다. 단 입력채널의 1번째 성분인 a_1 대신에 앞으로 한 걸음 (stride=1) 이동하여 2번째 성분인 a_2부터 시작한다. 즉, $[a_2, a_3, a_4]$와 커널을 내적한다.

$$[a_2, a_3, a_4] \odot [w_1, w_2, w_3] = \sum_{i=1}^{3} a_{i+1} w_i$$

내적해서 얻은 숫자를 연산결과 채널에 적을 때, a_2 위치인 2번째 성분에 적는다.

Step3. 위의 Step1을 반복하기 위하여 a_2 대신에 앞으로 한 걸음(stride=1) 이동하여 3번째 성분인 a_3부터 시작한다. 즉, $[a_3, a_4]$와 커널 $[w_1, w_2, w_3]$을 내적해야 한다. 그런데 크기가 다르므로 내적할 수 없기 때문에 내적을 종료한다. 따라서 합성곱 연산 결과는 Step2까지만 진행된다.

입력채널에 5개 숫자가 있고 커널크기가 3일 때는 합성곱 연산을 하면 3번 내적 연산을 한다. 그 결과 합성곱 연산 결과은 3개 숫자가 있는 채널이 된다.

예제 3 입력채널 $[1.1, 1.2, 1.3, 1.4]$과 커널 $[0, 0, 1]$의 합성곱 연산은 다음과 같다.

$$\begin{aligned} & [1.1,\ 1.2,\ 1.3,\ 1.4] \star [0,\ 0,\ 1] \\ & = [\ [1.1,\ 1.2,\ 1.3] \odot [0,\ 0,\ 1],\ [1.2,\ 1.3,\ 1.4] \odot [0,\ 0,\ 1]\ ] \\ & = [1.3, 1.4] \end{aligned}$$

여기서 가중치는 0, 0, 1이 된다. 이러한 합성곱 연산을 다음과 같은 그림으로 나타내자.

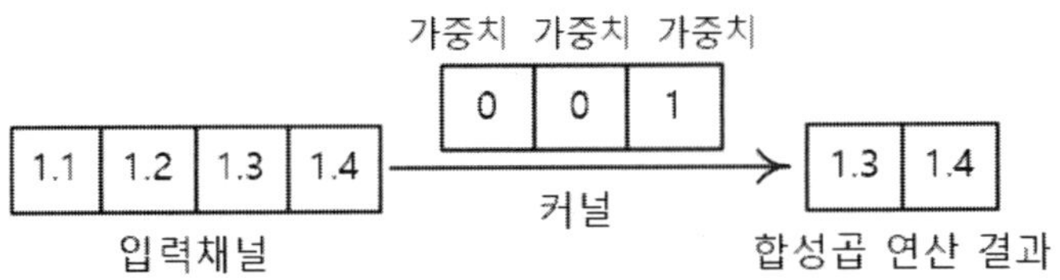

그림8.

다음 예제와 같이 일차원 입력채널이 가지는 숫자들의 패턴을 추출할 때, 위에서 다룬 입력채널과 커널의 1D 합성곱 연산을 이용할 수 있다.

예제 4 입력채널 $[1,2,3,2,1]$의 수열은 증가 후 감소하는 특징을 가지고 있다. 커널 $[0,1,0]$과 합성곱 연산을 하면 다음과 같이 이러한 특징을 추출할 수 있다.

$$[1,\ 2,\ 3,\ 2,\ 1]\star[0,\ 1,\ 0]=[2,\ 3,\ 2]$$

그러나 커널 $[1,0,0]$과 합성곱 연산을 하면 이러한 특징을 추출할 수 없다.

$$[1,\ 2,\ 3,\ 2,\ 1]\star[1,\ 0,\ 0]=[1,\ 2,\ 3]$$

입력채널의 특징을 추출하는 내용을 제2장과 3장에서 다룬다. 그리고 입력채널이 2차원 이미지일 때, 이러한 특징 추출을 이미지로 확인할 수 있고 제4장에서 다룬다.

[참고1] 합성곱 연산과 교차상관(cross-correlation) 연산

신호처리에서 두 함수 w와 f의 '합성곱 연산'과 '교차상관 연산' 정의는 다음과 같다.

$$\text{합성곱 연산}:\quad (w*f)(i)=\sum_{\ell=-\infty}^{\infty} w(\ell)f(i-\ell)$$

$$\text{교차상관 연산}:(w\otimes f)(i)=\sum_{\ell=-\infty}^{\infty} w(\ell)f(i+\ell)$$

그림8에서 사용한 입력채널과 커널로 두 연산 결과를 비교하자. 함수 w의 정의역은 $\{0,1,2\}$이고 대응하는 함숫값은 다음과 같다고 하자.

$$[w(0),\ w(1), w(2)]\ =\ [0,0,1]$$

함수 f의 정의역은 $\{0,1,2,3\}$이고 대응하는 함숫값은 다음과 같다고 하자.

$$[f(0),\ f(1), f(2), f(3)]\ =\ [1.1, 1.2, 1.3, 1.4]$$

이때, 함수 w와 f의 합성곱 연산 $w*f$은 다음과 같다.

$$(w * f)(0) = \sum_{\ell=-\infty}^{\infty} w(\ell)f(0-\ell) = \sum_{\ell=0}^{0} w(\ell)f(0-\ell) = 0 \times 1.1 = 0$$

$$\begin{aligned}(w * f)(1) &= \sum_{\ell=-\infty}^{\infty} w(\ell)f(1-\ell) = \sum_{\ell=0}^{1} w(\ell)f(1-\ell) \\ &= 0 \times 1.2 + 0 \times 1.1 = 0\end{aligned}$$

$$\begin{aligned}(w * f)(2) &= \sum_{\ell=-\infty}^{\infty} w(\ell)f(2-\ell) = \sum_{\ell=0}^{2} w(\ell)f(2-\ell) \\ &= 0 \times 1.3 + 0 \times 1.2 + 1 \times 1.1 = 1.1\end{aligned}$$

$$\begin{aligned}(w * f)(3) &= \sum_{\ell=-\infty}^{\infty} w(\ell)f(3-\ell) = \sum_{\ell=0}^{2} w(\ell)f(3-\ell) \\ &= 0 \times 1.4 + 0 \times 1.3 + 1 \times 1.2 = 1.2\end{aligned}$$

$$\therefore w * f = \langle 0, 0, 1.1, 1.2 \rangle$$

함수 w와 f의 교차상관 연산 $w \otimes f$은 다음과 같다.

$$\begin{aligned}(w \otimes f)(0) &= \sum_{\ell=-\infty}^{\infty} w(\ell)f(0+\ell) = \sum_{\ell=0}^{2} w(\ell)f(0+\ell) \\ &= 0 \times 1.1 + 0 \times 1.2 + 1 \times 1.3 = 1.3\end{aligned}$$

$$\begin{aligned}(w \otimes f)(1) &= \sum_{\ell=-\infty}^{\infty} w(\ell)f(1+\ell) = \sum_{\ell=0}^{2} w(\ell)f(1+\ell) \\ &= 0 \times 1.2 + 0 \times 1.3 + 0 \times 1.4 = 1.4\end{aligned}$$

$$\begin{aligned}(w \otimes f)(2) &= \sum_{\ell=-\infty}^{\infty} w(\ell)f(2+\ell) = \sum_{\ell=0}^{1} w(\ell)f(2+\ell) \\ &= 0 \times 1.3 + 0 \times 1.4 = 0\end{aligned}$$

$$\begin{aligned}(w \otimes f)(3) &= \sum_{\ell=-\infty}^{\infty} w(\ell)f(3+\ell) = \sum_{\ell=0}^{0} w(\ell)f(3+\ell) \\ &= 0 \times 1.4 = 0\end{aligned}$$

$$\therefore w \otimes f = \langle 1.3, 1.4, 0, 0 \rangle$$

그림8에서 $f = [1.1, 1.2, 1.3, 1.4]$와 $w = [0, 0, 1]$의 내적으로 구한 $[1.3, 1.4]$는 $w * f$로 구할 수 없다.

$$[1.3, 1.4] \neq \left[\sum_{\ell=0}^{2} w(\ell)f(2-\ell),\ \sum_{\ell=0}^{2} w(\ell)f(3-\ell) \right] \text{ — (식1)}$$

그러나 $[1.3, 1.4]$는 $w \otimes f$로 다음과 같이 구할 수 있다.

$$[1.3, 1.4] = \left[\sum_{\ell=0}^{2} w(\ell) f(\ell),\ \sum_{\ell=0}^{2} w(\ell) f(1+\ell) \right] \text{ — (식2)}$$

따라서 위에서 정의한 연산 ★은 교차상관 연산 $\otimes$ 이라고 할 수 있다. 그런데도 연산 ★를 연산 $*$ 의 이름인 합성곱 연산이라고 하는 이유는 무엇일까? 그 이유는 합성곱 신경망에서 커널이 가지는 가중치가 업데이트되고, (식2)의 $w \otimes f$에 사용한 $w(\ell)$를 $w(2-\ell)$로 변경하면 (식2)는 (식1)이 되기 때문이다.

$$\sum_{\ell=0}^{2} w(2-\ell) f(\ell) = \sum_{k=2}^{0} w(k) f(2-k) = \sum_{k=0}^{2} w(k) f(2-k)$$

$$\sum_{\ell=0}^{2} w(2-\ell) f(1+\ell) = \sum_{k=2}^{0} w(k) f(1+2-k) = \sum_{k=0}^{2} w(k) f(3-k)$$

우리가 사용할 PyTorch의 Conv1d 설명에는 연산 ★를 'cross-correlation operator(교차상과 연산)'이라고 되어있지만, 본 교재에서는 '합성곱 연산 ★'이라는 용어를 사용하겠다.

합성곱 연산 결과를 이동시키는 편향치(bias)를 알아보자.

정의 6. 아래와 같이 합성곱 연산 결과에 더하는 숫자 5를 '편향치(bias)'라고 한다.

$$[1.1,\ 1.2,\ 1.3,\ 1.4] \star [0,\ 0,\ 1] + [5, 5] = [6.3, 6.4]$$

편향치 정의에서 숫자 5으로 구성된 일차원 채널은 합성곱 연산 결과의 크기와 동일하다. 이 식을 간단히 다음과 같이 나타내자.

$$[1.1,\ 1.2,\ 1.3,\ 1.4] \star [0,\ 0,\ 1] + 5 = [6.3, 6.4]$$

편향치까지 더한 결과 [6.3, 6.4]를 '출력채널'이라고 하자. 합성곱 연산 결과는 A=[1.3, 1.4]이고 편향치를 더한 후는 B=[6.3, 6.4]이다. 1.3과 1.4의 가까운 정도(상대적 위치)와 6.3과 6.4의 가까운 정도(상대적 위치)는 동일하다. 그러나 편향치를 더함으로써 (1.3, 1.4)과 (6.3, 6.4)의 절대적 위치는 다르게 된다. 즉, 편향치는 커널의 역할을 보존하면서 동시에 커널로 설명할 수 없는 평행이동 부분을 담당하게 된다. 이러한 합성곱 연산과 편향치의 합을 다음과 같이 나타내자.

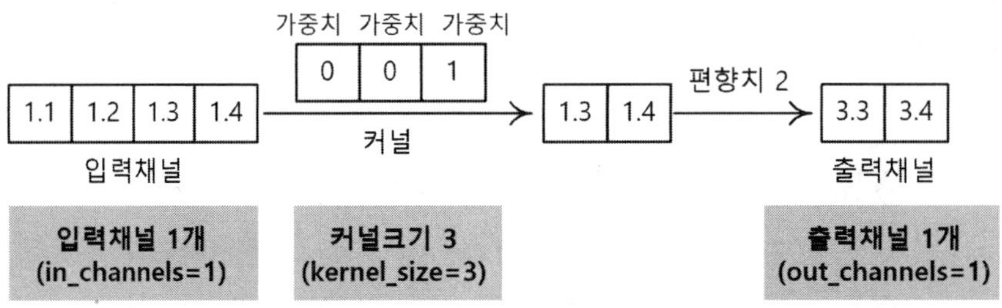

그림9.

그림9에서 입력채널 개수, 출력채널 개수와 커널크기를 표시한 이유는 합성곱 연산 과정의 위상적 구조를 결정하는데 사용되기 때문이다. 자세한 내용은 제2장에서 다룬다.

지금까지 입력채널이 1개일 때, 출력채널을 구했다. 일반적으로 입력채널이 1개 보다 많기 때문에, 입력채널이 2개, 출력채널이 1개이고 커널크기가 3일 때, 입력채널, 커널과 편향치에 숫자를 입력하여 합성곱 연산으로 만들어지는 출력채널을 구해보자.

예제 5 아래 그림10에서 입력채널#1과 커널#1-1의 합성곱 연산 결과는 [1.3, 1.4]이다. 마찬가지로 입력채널#2와 커널#1-2의 합성곱 연산 결과는 [2.2, 2.3]이다.

$$[1.1,\ 1.2,\ 1.3,\ 1.4] \star [0,\ 0,\ 1] = [1.3,\ 2.4]$$

$$[2.1,\ 2.2,\ 2.3,\ 2.4] \star [0,\ 1,\ 0] = [2.2,\ 2.3]$$

그리고 위에서 구한 두 개의 합성곱 연산 결과를 성분별로 더한다.

$$[1.3,\ 1.4] + [2.2,\ 2.3] = [1.3{+}2.2,\ 1.4{+}2.3] = [3.5,\ 3.7]$$

마지막으로 편향치 2를 더하여 출력채널#1을 구한다.

$$[3.5,\ 3.7] + 2 = [3.5{+}2,\ 3.7{+}2] = [5.5,\ 5.7]$$

이러한 계산과정은 다음 그림과 같다.

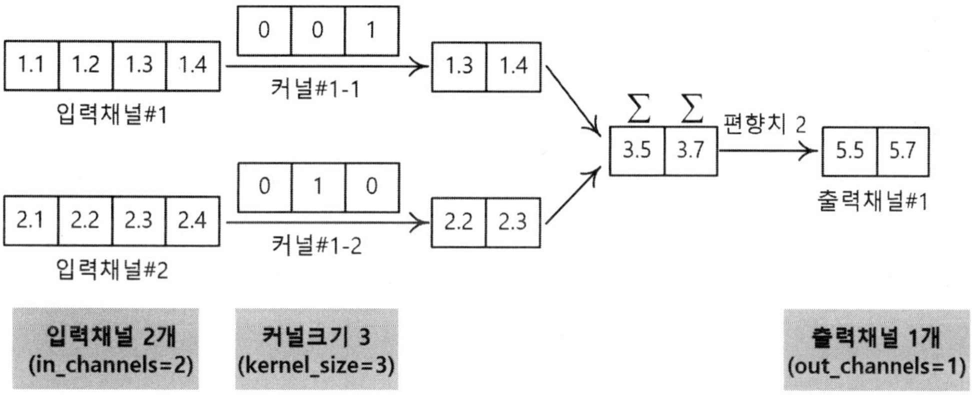

그림10.

커널#1-1에서 번호 #1-1은 출력채널#1과 입력채널#1을 연결한 커널을 나타낸다. 마찬가지로, 커널#1-2는 출력채널#1과 입력채널#2를 연결한 커널이다. 커널 번호에서 출력채널 번호를 먼저 적는 이유는 PyTorch가 출력채널을 기준으로 커널이 가지는 값을 출력하기 때문이다. 자세한 내용은 제2장에서 다룬다.

예제 6 아래 그림에서 각 출력채널이 가지는 값이 독립적으로 계산됨을 강조하기 위하여 출력채널#1에 도달하는 화살표를 점선으로 표시하고 출력채널#2에서는 실선으로 표시했다.

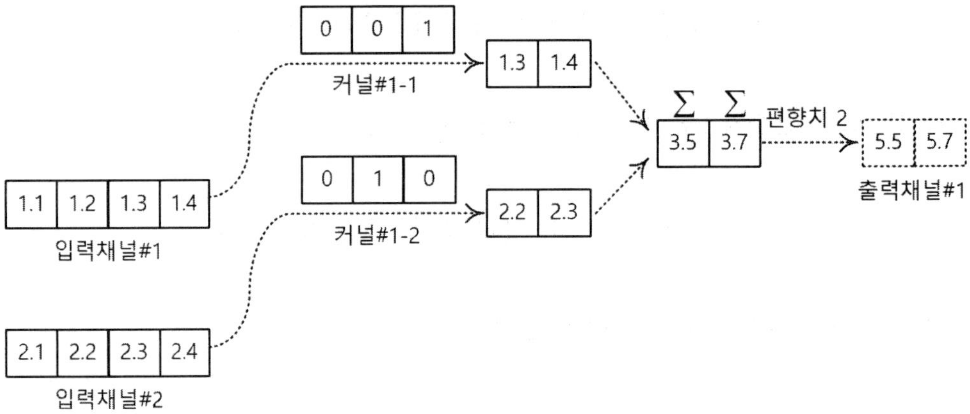

그림11.

그림11과 그림12를 비교하면 입력채널#1, #2가 가지는 값을 공유하여 출력채널#1과 #2를 구함을 알 수 있다. 그러나 출력채널#1을 구하기 위하여 사용한 커널#1-1, #1-2와 편향치 2를 출력채널#2를 구할 때 재사용하지 않는다. 아래 그림12와 같이 커널#2-1, #2-2와 편향치 3을 사용하여 출력채널#2를 구한다. 즉, 각각의 출력채널에 대하여 입력채널 개수 만큼의 커널이 존재함을 알 수 있다. 만약 입력채널이 10개이고 출력채널이 20개이면 20개 각각에 대하여 10개의 커널이 존재하므로 총 커널 개수는 (출력채널 개수)×(입력채널 개수) = 20×10이 된다.

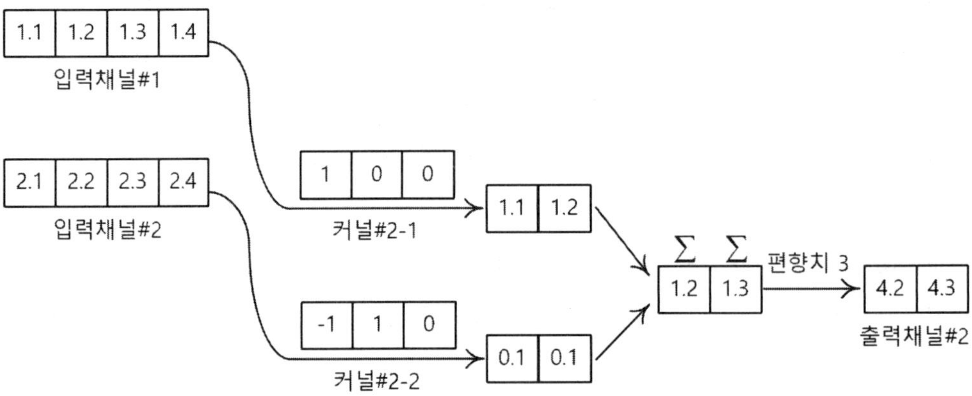

그림12.

그림11과 그림12를 함께 그리면 그림13이 된다.

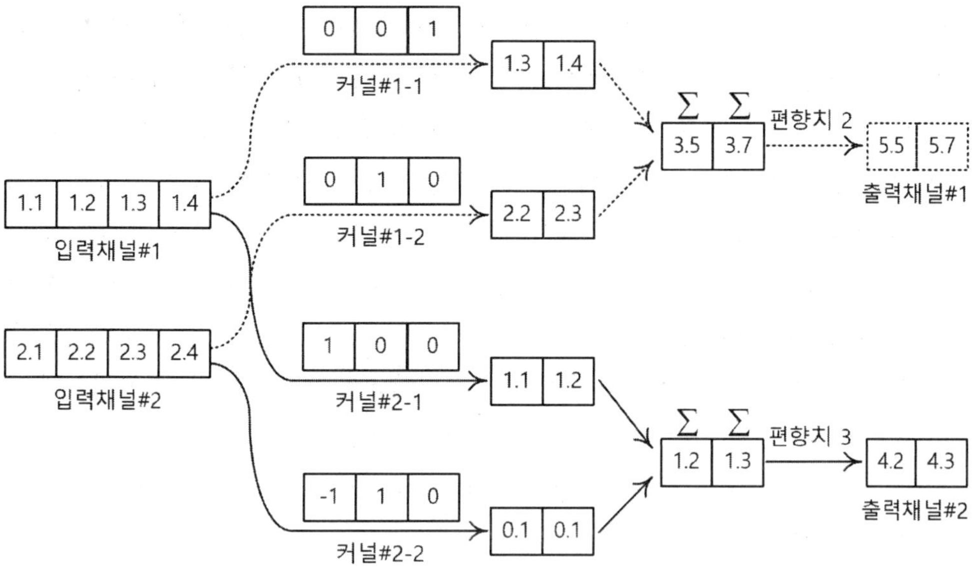

그림13.

입력채널과 출력채널 개수가 많아질수록 그림이 복잡해지기 때문에 채널 개수가 늘어도 간단하게 그릴 수 있는 방법을 PART III에서 설명한다. 이를 바탕으로 출력채널이 가지는 값을 구하는 원리를 설명한다.

PART III. 출력채널이 가지는 숫자

지금까지 입력채널과 커널이 주어졌을 때 합성곱 연산으로 출력채널을 구했다. PyTorch 기준으로 출력채널의 숫자를 구하는 과정을 두 단계로 설명할 수 있다.

Step1. 입력채널과 출력채널을 화살표로 완전연결하기

그림14-(a)와 같이 그림9에 있는 숫자를 지운 후, (b)와 같이 입력채널에서 출발하여 출력채널에 도착하는 하나의 화살표를 그린다. (a)에서는 입력채널과 출력채널이 가지는 숫자 개수를 알 수 있도록 직사각형 내부를 분할했지만 (b)에서는

생략한다. 그 이유는 입력채널에 대입할 input의 형태(shape)로부터 입력채널이 가지는 숫자 개수가 결정되기 때문이다. PyTorch에서는 구조를 분명하게 알 수 있도록 입력채널 개수를 conv1d( )에 대입한다. 입력채널#1과 출력채널#1에서 #1은 1번째를 의미한다. '화살표는 커널을 가진다' 그리고 '편향치는 출력채널로 들어간다'고 생각하자. 즉, 1개 입력채널과 1개 출력채널은 1개 화살표로 연결되고 각각의 화살표는 1개 커널을 가진다. 그리고 각각의 출력채널로 1개 편향치가 들어간다. 출력채널로 들어간다는 수학적 의미가 무엇인지는 뒤에서 구체적으로 설명한다. 화살표가 가지는 커널을 '커널#1-1(kernel_size=3)'으로 나타낸다. 여기서 '1-1'은 '출력채널#1-입력채널#1'을 의미한다. 만약 입력채널#2와 출력채널#3이 존재하면, 이 두 개 채널을 연결한 화살표는 커널#3-2를 가지게 된다. 편향치#1에서 #1은 출력채널#1로 들어가는 편향치를 나타내는 번호이다. 만약 출력채널#2가 존재하면, 출력채널#2로 들어가는 편향치#2가 존재한다. 앞으로 (c)와 같이 편향치를 편의상 생략한다.

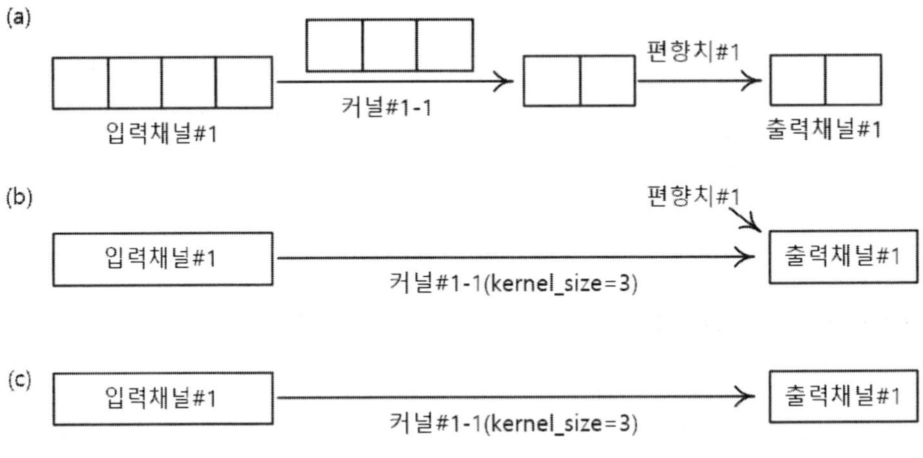

그림14.

지금까지 입력채널과 출력채널 개수가 1개일 때, 화살표로 연결하는 그림을 다루었다. 일반적으로 입력채널 또는 출력채널 개수가 2개 이상이므로 이런 경우에 화살표로 입력채널과 출력채널을 연결하면 다음과 같다.

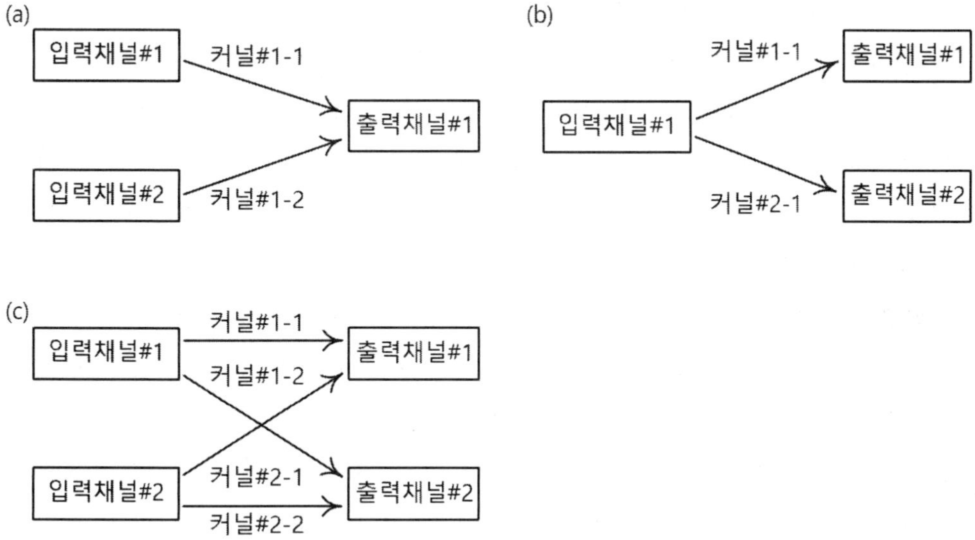

그림15.

그림15-(a)와 (c)는 각각 그림10과 13을 간단히 나타낸 그림이다. 화살표로 입력채널과 출력채널을 연결할 때, 출력채널을 기준하기 때문에 그림15-(c)를 다음과 같이 이해하자.

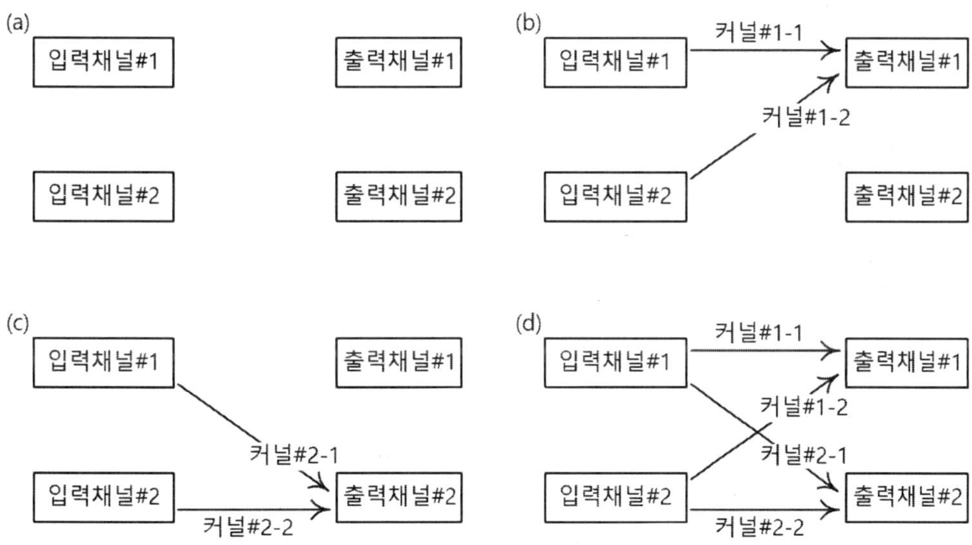

그림16.

그림16-(a)와 같이 입력채널 2개와 출력채널 2개가 주어졌을 때, (b)와 같이 출력채널#1에 두 개 입력채널을 화살표로 연결한다. 마찬가지로 (c)와 같이 출력채널#2에 두 개 입력채널을 연결한다. (b)와 (c)를 동시에 나타낸 그림이 (d)이다. 먼저 출력채널#을 고정한 후에 각각의 입력채널을 출력채널#과 연결하기 때문에 '출력채널'을 기준으로 화살표를 그리게 된다. 이를 나타내기 위하여 커널 번호가 출력채널#의 번호부터 시작했다.

편향치는 몇 개 있을까? 각각의 출력채널로 들어오는 편향치가 한 개 존재하므로 출력채널#1, #2로 들어오는 편향치#1, #2가 존재하므로 편향치는 2개 있다.

그림16-(d)와 같이 각각의 출력채널을 고정한 후에 각각의 입력채널을 고정한 출력채널과 화살표로 연결할 때, '입력채널과 출력채널이 완전연결되었다(fully connected).'고 하자. (d)는 그림13의 복잡한 완전연결을 간단히 나타낸 완전연결 그림이다.

[참고2] 노드와 채널 완전연결

이웃한 두 층이 있고 편의상 입력층과 출력층이라고 하자. 일반적으로 입력노드와 출력노드를 완전연결한 신경망과 다르게 Conv1d에서는 노드 대신에 입력채널과 출력채널을 완전연결한다. '노드 완전연결'과 '채널 완전연결'을 비교하면 다음 그림과 같다.

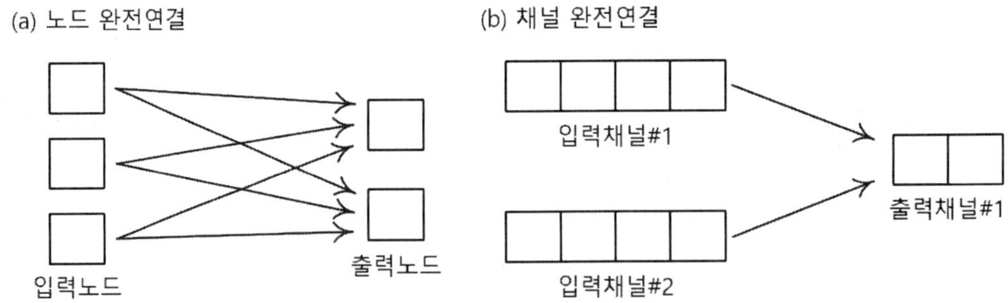

그림17.

Step2. 출력채널이 가지는 숫자를 구하기

출력채널#로 들어오는 모든 합성곱 연산 결과의 합을 A라고 하자. 그리고 출력채널#로 들어오는 편향치를 B라고 할 때, A+B가 출력채널#이 가지는 숫자이다. 예를 들면, 그림14-(c)와 그림9으로부터 입력채널#1과 커널#1-1의 합성곱 연산 결과가 출력채널#1로 들어오므로 A=[1.3, 1.4]이다. 출력채널#1로 들어오는 편향치#1이 2이므로 B=2가 된다. 따라서 출력채널#1이 가지는 숫자 A+B는 다음과 같다.

$$A + B = [1.3,\ 1.4] + 2 = [3.3,\ 3.4]$$

그림15-(a)의 경우는 출력채널#1으로 들어오는 합성곱 연산 결과는 입력채널#1과 커널#1-1을 합성곱 연산한 A1과 입력채널#2과 커널#1-2를 합성곱 연산한 A2이다. 따라서 출력채널로 들어오는 모든 합성곱 연산 결과의 합 A는 A=A1+A2가 된다. 그리고 출력채널#1로 들어오는 편향치#1를 B라고 할 때, 출력채널#1가 가진 숫자 A+B는 A1+A2+B가 된다. 위에서 다룬 아래 그림10을 이용하여 A1+A2+B를 구체적으로 계산해 보자.

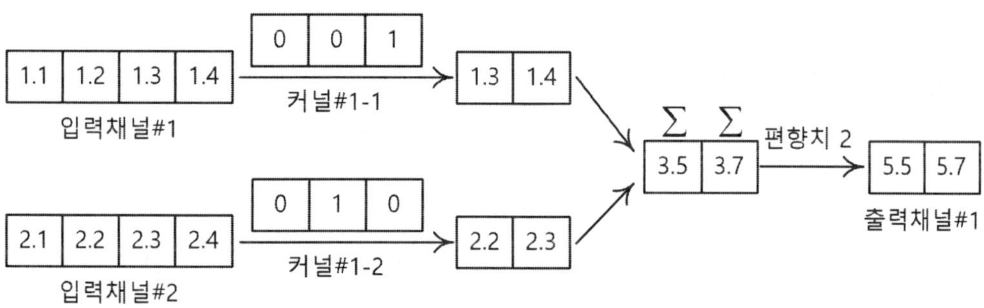

그림10.

여기서 A1=[1.3, 1.4], A2=[2.2, 2.3]과 B=2 이다. 출력채널#1으로 들어오는 합성곱 연산 결과는 A1과 A2이므로 A=A1+A2=[3.5, 3.7]이 된다. 따라서 출력채널#1이 가지는 A+B는 다음과 같이 계산된다.

$$A+B = [3.5,\ 3.7] + 2 = [5.5,\ 5.7]$$

위의 Step1과 Step2은 Conv1d를 두 가지 요소로 분리하여 설명한 내용이다. 이러한 관점은 Conv1d를 구조적으로 이해하는데 도움이 된다. 이 두 가지 요소를 요약하면 다음과 같다.

- Conv1d의 위상적 구조(Step1)

출력채널이 가진 숫자를 구하기 전에 입력채널과 출력채널을 연결한 위상적 구조를 이해해야 한다. Conv1d에서 다루는 연결은 노드 사이의 연결이 아니고 입력채널과 출력채널 사이의 완전연결이므로 '채널 완전연결'이라는 용어로 Conv1d의 위상적 구조를 기억하자.

- Conv1d의 대수적 구조(Step2)

먼저, 출력채널#에 도착하는 각각의 화살표를 타고 들어오는 모든 합성곱 연산 결과의 합을 A라고 하자. 그리고 출력채널#로 들어오는 편향치를 B라 할 때, A에 B를 더한다. 이렇게 얻은 결과인 A+B가 출력채널#이 가지는 숫자가 된다. 이러한 연산과정을 PyTorch에서 사용한 기호로 정의하면 다음과 같다.

정의 7. 입력채널과 출력채널 개수가 각각 C_{in}과 C_{out}이다. j번째 출력채널은 C_{out_j}이다. i번째 배치 원소(N_i라고 하자)는 C_{in}개 데이터를 가지고, 이중에서 k번째 데이터는 k번째 입력채널에 대입할 숫자들이며 $\text{input}(N_i, k)$라고 하자 $(0 \le k \le C_{in}-1)$. 출력채널 C_{out_j}과 k번째 입력채널을 연결하는 커널의 가중치를 $\text{weight}(C_{out_j}, k)$라 하자. 출력채널 C_{out_j}로 들어오는 편향치를 $\text{bias}(\text{C}_{\text{out}_\text{j}})$라고 하자. 배치 원소 N_i를 입력채널에 대입했을 때, 출력채널 C_{out_j}이 가지는 숫자 $\text{out}(\text{N}_\text{i}, \text{C}_{\text{out}_\text{j}})$를 다음과 같이 계산한다.

$$\text{out}\left(N_i, C_{out_j}\right) = \left\{\sum_{k=0}^{C_{in}-1} \text{input}\left(N_i, k\right) \bigstar \text{weight}\left(C_{out_j}, k\right)\right\} + \text{bais}\left(C_{out_j}\right)$$

예제 7 그림10에서 입력채널 개수 $C_{\text{in}}=2$이고 출력채널 개수 $C_{out}=1$이다. 0번째 배치 원소 N_0는 다음과 같이 2개 데이터 D_0^0과 D_0^1를 가진다.

$$\text{Batch}\, N_0=\left[D_0^0, D_0^1\right],\, D_0^0=(1.1, 1.2, 1.3, 1.4),\, D_0^1=(2.1, 2.2, 2.3, 2.4)$$

여기서 D_0^0과 D_0^1은 각각 0번째와 1번째 입력채널에 대입하는 데이터이고, $\mathrm{D}_0^0=\text{input}(N_0,0)$과 $\mathrm{D}_0^1=\text{input}(N_0,1)$이 된다. 출력채널 C_{out_0}과 k번째 입력채널을 연결하는 커널의 가중치는 $\text{weight}(C_{out_0},k)$이 된다$(0\le k\le 1)$. 출력채널 C_{out_0}로 들어오는 편향치는 $\text{bias}(C_{out_0})=2$이다. 배치 원소 N_0를 입력채널에 대입했을 때, 출력채널 C_{out_0}가 가지는 숫자 $\text{out}(N_0, C_{out_0})$를 다음과 같이 계산한다.

$$\text{out}\left(N_0, C_{out0}\right)=\left\{\sum_{k=0}^{2-1}\text{input}\left(N_0,k\right)\bigstar\text{weight}\left(C_{out0},k\right)\right\}+\text{bais}\left(C_{out0}\right)$$

$$=\begin{Bmatrix}\text{input}\left(N_0,0\right)\bigstar\text{weight}\left(C_{out0},0\right)\\+\text{input}\left(N_0,1\right)\bigstar\text{weight}\left(C_{out0},1\right)\end{Bmatrix}+2$$

$$=\begin{Bmatrix}[1.1,1.2,1.3,1.4]\bigstar[0,0,1]\\+[2.1,2.2,2.3,2.4]\bigstar[0,1,0]\end{Bmatrix}+2=\begin{Bmatrix}[1.3,1.4]\\+[2.2,2.3]\end{Bmatrix}+2=[3.5,3.7]+2$$

$$=[5.5,5.7]$$

지금까지는 PyTorch를 사용하지 않고 1차원 컨볼류션 층에 대하여 설명했다. 제2장에서는 이런한 이해를 Conv1d로 구현하는 내용을 다룬다.

제2장 PyTorch로 이해하는 Conv1d

컨볼루션 층(Convolutional layer)인 Conv1d은 입력채널, 커널과 출력채널로 구성된 간단한 신경망이다. 제1장에서 코드를 사용하지 않고 설명한 Conv1d의 두 가지 구조(위상적 구조와 대수적 구조)를 코드를 사용하여 알아보자.

PART I. 그림으로 이해한 위상적 구조를 코드로 구현

PyTorch가 Conv1d의 위상적 구조에 등장하는 입력채널, 커널과 출력채널을 어떻게 표현하는지 알아보자. 특히, 편향치와 커널이 가지는 숫자인 가중치는 상수가 아니고 학습(업데이트) 대상이므로, PyTorch가 가중치와 편향치를 표현하는 형

예제 1 아래 그림1-(a)와 (b)는 제1장의 그림14에서 다룬 '위상적 구조'이다.

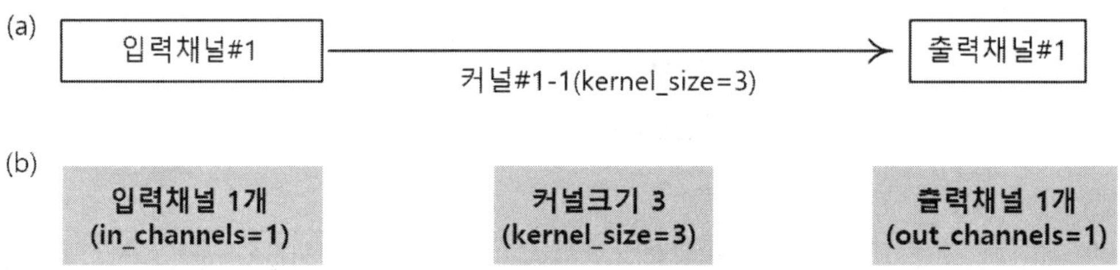

(c)

```
net = torch.nn.Conv1d ( in_channels=1, out_channels=1, kernel_size=3 )
```

(d)

```
import torch, torch.nn as nn; torch.manual_seed(1)

#(in_channels=1, out_channels=1, kernel_size=3)
net = nn.Conv1d(1, 1, 3)

print( '파라미터 초깃값 = ', list( net.named_parameters() ) )
```

```
파라미터 초깃값 =  [('weight', Parameter containing:
tensor([[[ 0.2975, -0.2548, -0.1119]]], requires_grad=True)), ('bias', Parameter containing:
tensor([0.2710], requires_grad=True))]
```

그림 1

그림1-(c)와 (d)는 (a)와 (b)를 PyTorch 코드로 변환한 것이라 생각하자. 이제 그림1을 자세히 알아보자.

- 그림1-(a) 설명

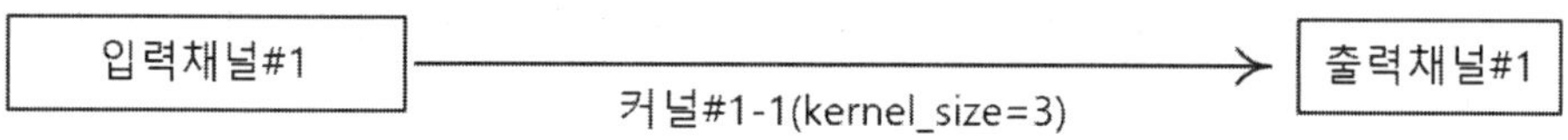

위 그림은 제1장의 그림14에서 설명한 내용으로 다음과 같다.

- 입력채널과 출력채널은 각각 1개 있다.
- 입력채널#1과 출력채널#1는 하나의 화살표로 연결되어 있다.
- 화살표는 커널#1-1을 가지고 커널크기가 3이므로 가중치는 3개가 된다.
- 입력채널#1과 커널#1-1의 합성곱 연산 결과는 출력채널#1으로 들어간다.
- 출력채널#1로 하나의 숫자인 편향치#1(그림에서 생략)이 들어간다.
- 출력채널#1으로 들어가는 모든 합성곱 연산 결과의 합에 편향치#1를 더하면 출력채널#1이 가지는 숫자가 된다

- 그림1-(b) 설명

위상적 구조의 핵심은 다음 세 가지이다.

- 입력채널 개수(in_channels)
- 커널크기(kernal_size)
- 출력채널 개수(out_channels)

- 그림1-(c) 설명

net = torch.nn.Conv1d (in_channels=1, out_channels=1, kernel_size=3)

패키지(폴더) torch가 패키지 nn을 가지고 있고, nn은 패키지 modules을 가지고

있다. 패키지 modules에 있는 모듈(파이썬 파일) conv.py에 클래스 Conv1d가 정의되어 있다. Conv1d( )의 소괄호 1번째 위치에 in_channels(입력채널 개수), 2번째 위치에 out_channels(출력채널 개수), 마지막 위치에 kernel_size(커널크기)를 대입한다. 그림1-(a)를 코드 (c)로 나타냈듯이 반대로 코드 (c)를 (a)로 나타낼 수 있어야 한다. 그리고 코드 (c)를 사용할 때는 아래와 같이 예약어를 생략하고 간단히 적는다.

net = torch.nn.Conv1d(1, 1, 3)

예를 들어, torch.nn.Conv1d(2, 3, 4)인 경우는 in_channels=2, out_channels=3, kernel_size=4를 의미한다. 이러한 PyTorch 코드로부터 다음과 같은 '채널 완전연결' 그림을 그릴 수 있어여 한다.

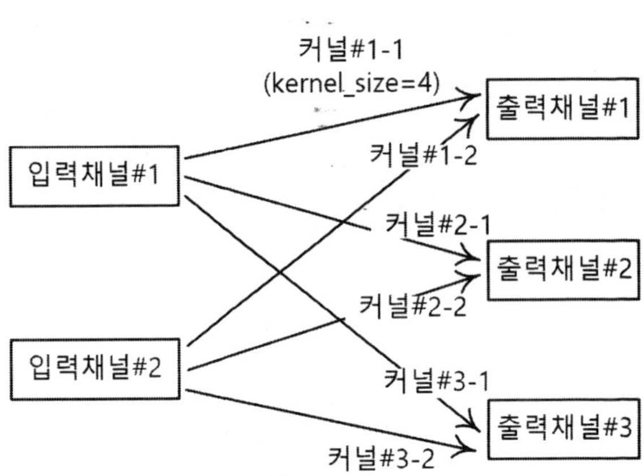

그림2.

- 그림1-(d) 설명

```python
import torch, torch.nn as nn; torch.manual_seed(1)

#(in_channels=1, out_channels=1, kernel_size=3)
net = nn.Conv1d(1, 1, 3)

print( '파라미터 초깃값 = ', list( net.named_parameters() ) )
```

```
파라미터 초깃값 =  [('weight', Parameter containing:
tensor([[[ 0.2975, -0.2548, -0.1119]]], requires_grad=True)), ('bias', Parameter containing:
tensor([0.2710], requires_grad=True))]
```

|코드 설명|

▸ 1번째 줄: import torch, torch.nn as nn는 다음 두 개 명령어를 의미한다.

import torch; import torch.nn as nn

각각을 설명하면 다음과 같다.

• import torch

패키지 torch를 불러오면(import), 폴더 torch에 있는 __init__.py가 자동으로 실행되어 __init__.py에서 import한 폴더(패키지)와 파일(모듈)을 사용할 수 있다. 여기서 패키지는 파일들의 집합으로, 윈도우 10에 Anaconda로 PyTorch를 설치하면 아래 경로에서 torch가 가지고 있는 폴더와 파일을 확인할 수 있다.

C:\ProgramData\Anaconda3\Lib\site-packages\torch

Colab은 파일 탐색기(Files explorer)에 있는 아래 경로에서 확인할 수 있다.

/usr/local/lib/python3.7/dist-packages/torch

• torch.nn

점(.) 표기법 A.B는 A가 **'가지고 있는'** B로 받아들이자. '가지고 있는'의 구체적인인 의미는 A와 B에 따라 다르다. torch.nn은 torch가 가지고 있는 nn이라고 받아들이자. 'torch 뒤에 .(점)을 붙여서 nn을 호출한다'고 표현할 수 있다. 여기서 nn(neural network)도 패키지이고 신경망을 만들 때 사용한다.

• import torch.nn as nn

두 가지 의미가 있다. 첫 번째는 torch.nn의 __init__.py가 자동으로 실행된다. 그래서 __init__.py에서 import한 폴더(패키지)와 모듈을 사용할 수 있게 된다. 두 번째는 torch.nn 대신 간단히 nn을 사용한다는 의미이다.

• torch.manual_seed(1)

코드 실행 결과를 재현하기 위하여, 무작위로 배정되는 파라미터 초깃값을 seed 1번에서 시작하는 난수 알고리즘을 사용하여 고정한다. 이 명령어로 인하여 전체 코드를 반복 실행해도 파라미터의 초깃값은 변하지 않고 고정된다.

‣ 4번째 줄: in_channels = 1(입력채널 개수 1), out_channels =1 (출력채널 개수 1)과 kernel_size =3 (커널크기 3)을 가지는 Conv1d를 의미한다. 이 코드가 실행되면 클래스 Conv1d가 호출(인스턴스 생성)되어 Conv1d에 정의된 함수 __init__가 실행되면서 커널이 가지는 가중치와 출력채널로 들어가는 편향치에 무작위로 숫자가 배정된다. 숫자는 seed 1번에서 시작하는 난수 알고리즘으로 생성된다.

‣ 6번째 줄: 가중치와 편향치의 형태(shape)를 출력한다. 형태를 알아보자.

가중치 형태(shape)

4번째 줄과 같이 Conv1d의 in_channels, out_channels과 kernel_size가 결정되면 가중치의 형태가 결정된다. 가중치는 모든 커널이 가지는 숫자이고, 커널은 입력채널과 출력채널을 연결한 화살표가 가지는 것이므로, 가중치 형태에는 커널크기, 입력채널과 출력채널 개수가 반영된다. 각각의 출력채널을 모든 입력채널과 연결하므로 출력채널 개수가 가중치 형태의 1번째 숫자가 된다.

가중치 형태 = [출력채널 개수, *, *]

그리고 각각의 출력채널과 연결된 입력채널 개수가 가중치 형태의 2번째 숫자가 된다.

가중치 형태 = [출력채널 개수, 입력채널 개수, *]

마지막으로 각각의 출력채널에 연결된 각각의 입력채널과 합성곱 연산을 하는 커널크기가 가중치 형태의 3번째 숫자가 된다.

가중치 형태 = [출력채널 개수, 입력채널 개수, 커널크기]

위 그림1-(d)에서 출력채널이 1개, 입력채널이 1개, 커널크기가 3이므로 가중치 형태는 다음과 같다.

가중치 형태 = [1, 1, 3]

[참고1] 괄호로 가중치 형태 이해

위 그림1-(d)에서 가중치가 형태 [1,1,3]로 출력되었는지 확인해보자. 설명을 위하여 (d)에 있는 가중치 출력 [[[0.2975, -0.2548, -0.1119]]] 의 대괄호를 다음과 같이 구별하자.

[{ (0.2975, -0.2548, -0.1119) }]

- 이때, 가중치 형태의 1번째 숫자(출력채널 개수)는 중괄호 { } 개수이므로 1이 된다.
- 2번째 숫자(입력채널 개수)는 각 중괄호 내부에 있는 소괄호 ( ) 개수이므로 1이 된다.
- 3번째 숫자(커널크기)는 각 소괄호 내부에 있는 숫자 개수이므로 3이 된다.

따라서 가중치는 형태 [1, 1, 3]로 출력되었다. 아래 가중치 출력으로 위 내용을 연습해보자.

```
[ [ [ 0.1822, -0.1561, -0.0685,  0.1659 ],
    [ -0.3328, 0.2120, -0.0727,  0.1799 ] ],
  [ [ 0.0491, -0.0433,  0.0981,  0.0174 ],
    [ 0.1291, -0.1378, -0.0258, -0.0318 ] ],
  [ [ 0.0512, -0.0014,  0.3091,  0.1100 ],
    [ -0.1317, -0.2135, -0.0593, -0.1525 ] ] ]
```

위의 가중치 출력으로부터 가중치 형태를 찾기 위하여 대괄호를 다음과 같이 구별해보자.

```
[ { ( 0.1822, -0.1561, -0.0685,  0.1659 ),
    ( -0.3328, 0.2120, -0.0727,  0.1799 ) },
  { ( 0.0491, -0.0433, 0.0981,  0.0174 ),
    ( 0.1291, -0.1378, -0.0258, -0.0318 ) },
  { ( 0.0512, -0.0014,  0.3091,  0.1100 ),
    ( -0.1317, -0.2135, -0.0593, -0.1525 ) } ]
```

- 가중치 형태의 1번째 숫자는 중괄호 { } 개수이므로 3이 된다.
- 가중치 형태의 2번째 숫자는 각각의 중괄호 내부에 있는 소괄호 ( ) 개수이므로 2가 된다.
- 가중치 형태의 3번째 숫자는 각각의 소괄호 내부에 있는 숫자 개수이므로 4가 된다.

따라서 가중치는 형태 [3, 2, 4]로 출력되었다.

편향치 형태(shape)

가중치 형태와 달리 편향치 형태는 출력채널 개수만 반영하므로 다음과 같다.

편향치 형태 = [출력채널 개수]

위 그림1-(d)에서 출력채널이 1개이므로 편향치 형태는 [1]이 된다.

위 그림1-(d)에서 가중치 형태가 [1,1,3]이고 편향치 형태 [1]로 출력되었는지 아래 코드로 확인할 수 있다.

```
import torch, torch.nn as nn; torch.manual_seed(1)

#(in_channels=1, out_channels=1, kernel_size=3)
net = nn.Conv1d(1, 1, 3)

print('가중치 = ', net.weight.data)
print('가중치 형태(shape) = ',net.weight.shape,'\n')

print('편향치 = ', net.bias.data)
print('편향치 형태(shape) = ',net.bias.shape)
```

```
가중치 =  tensor([[[ 0.2975, -0.2548, -0.1119]]])
가중치 형태(shape) =  torch.Size([1, 1, 3])

편향치 =  tensor([0.2710])
편향치 형태(shape) =  torch.Size([1])
```

그림3.

예제 2 그림2에 있는 컨볼류션 층 net=nn.Conv1d(2,3,4)에 있는 가중치(모든 커널에 있는 숫자의 모임)의 형태는 [출력채널개수, 입력채널개수, 커널크기]=[3,2,4]이고 편향치(모든 출력채널이 가지는 편향치 모임)의 형태는 [출력채널개수]=[3]이 된다. 이를 코드로 확인할 때, 가중치 형태는 net.weight.shape이고 편향치 형태는 net.bias.shape으로 다음과 같이 출력결과가 위 설명과 일치함을 확인할 수 있다. 출력에서 파라미터 값은 PyTorch가 seed 1번의 난수에서 발생한 숫자이다.

```python
import torch, torch.nn as nn; torch.manual_seed(1)

#(in_channels=2, out_channels=3, kernel_size=4)
net = nn.Conv1d(2, 3, 4)

print('가중치와 형태 :')
print(net.weight.data, ';', net.weight.shape,'Wn')

print('편향치와 형태 :')
print( net.bias.data, ';', net.bias.shape)
```

```
가중치와 형태 :
tensor([[[ 0.1822, -0.1561, -0.0685,  0.1659],
         [-0.3328,  0.2120, -0.0727,  0.1799]],

        [[ 0.0491, -0.0433,  0.0981,  0.0174],
         [ 0.1291, -0.1378, -0.0258, -0.0318]],

        [[ 0.0512, -0.0014,  0.3091,  0.1100],
         [-0.1317, -0.2135, -0.0593, -0.1525]]]) ; torch.Size([3, 2, 4])

편향치와 형태 :
tensor([-0.1133,  0.0169,  0.2106]) ; torch.Size([3])
```

그림4.

예제3 지금까지는 PyTorch가 가중치의 초깃값을 결정했지만 어떤 상황에서는 우리가 결정해야 한다. 다음과 같이 nn.Parameter( )를 이용하여 우리가 원하는 숫자들(n이라고 하자)로 가중치의 초깃값을 정할 수 있다. (1) 먼저, nn.Parameter( )에 대입할 수 있는 데이터의 타입(type)은 PyTorch의 tensor 타입이므로 이런 type을 반환(return)하는 함수 torch.tensor( )에 우리가 원하는 숫자들 n을 리스트 자료형으로 만들어 대입해야 한다. (2) 그리고 torch.tensor( )에 대입할 리스트는 위에서 설명한 가중치의 형태로 만들어야 한다. 아래 그림5를 보자. Conv1d(2,3,4)에 대입할 가중치의 초깃값은 형태가 [3,2,4]가 되어야 하므로 (1) 먼저, torch.tensor( )에 대입한 숫자들 n을 리스트 자료형으로 만들었다. (2) 그리고 위 [참고1]의 방법으로 torch.tensor( )에 대입한 리스트의 형태를 보면 [3,2,4]임을 알 수 있다. 편향치의 경우도 우리가 원하는 숫자들로 초깃값을 정할 수 있다. 우리가 원하는 편향치 1.0(출력채널#1이 가지는 편향치), 2.0(출력채널#2가 가지는 편향치)과 3.0(출력채널#3가 가지는 편향치)일 때, 위에서 설명한 1차원 형태를 만들어서 아래와 같이 함수 torch.tensor( )에 대입하면 된다.

```python
import torch, torch.nn as nn; torch.manual_seed(1)
net = nn.Conv1d(2, 3, 4)

net.weight=nn.Parameter(
    torch.tensor([ [ [1.11, 1.12, 1.13, 1.14], [1.21, 1.22, 1.23, 1.24] ],
                   [ [2.11, 2.12, 2.13, 2.14], [2.21, 2.22, 2.23, 2.24] ],
                   [ [3.11, 3.12, 3.13, 3.14], [3.21, 3.22, 3.23, 3.24] ]
                 ]))
net.bias=nn.Parameter(torch.tensor([1.0, 2.0, 3.0]))

print('가중치와 형태 :')
print(net.weight.data, ';', net.weight.shape,'\n')
print('편향치와 형태 :')
print( net.bias.data, ';', net.bias.shape)
```

```
가중치와 형태 :
tensor([[[1.1100, 1.1200, 1.1300, 1.1400],
         [1.2100, 1.2200, 1.2300, 1.2400]],

        [[2.1100, 2.1200, 2.1300, 2.1400],
         [2.2100, 2.2200, 2.2300, 2.2400]],

        [[3.1100, 3.1200, 3.1300, 3.1400],
         [3.2100, 3.2200, 3.2300, 3.2400]]]) ; torch.Size([3, 2, 4])

편향치와 형태 :
tensor([1., 2., 3.]) ; torch.Size([3])
```

그림5.

PART II. 그림으로 이해한 대수적 구조를 코드로 구현

제1장에서 설명한 아래 그림을 사용하여 입력채널#1에 데이터를 입력해서 출력채널#1이 가지는 숫자를 출력하는 코드를 알아보자.

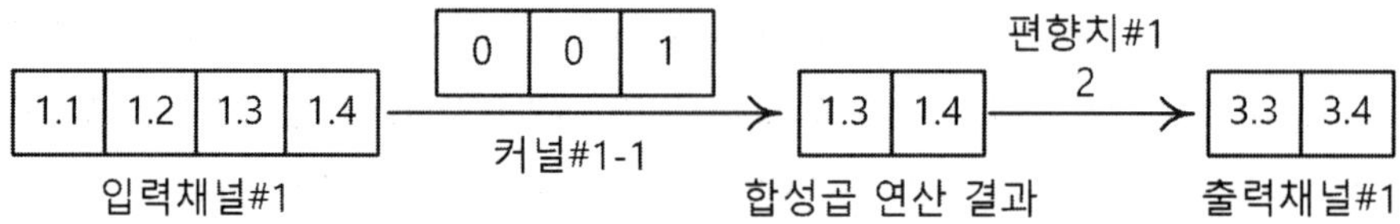

그림6.

Step1. 입력(input)

Conv1d의 입력채널에 대입하는 input 형태는 다음과 같은 3차원이다.

[배치크기, 입력채널 개수, 입력채널 길이]

배치크기(batch size)는 파라미터를 1회 업데이트할 때 사용하는 데이터 개수이다. 예를 들면, 아래 input를 Conv1d에 대입한다고 가정하자.

input = torch.tensor ([[[1.1, 1.2, 1.3, 1.4]]])

위 input 형태가 [1, 1, 4]이므로 다음이 성립한다.

[배치크기, 입력채널 개수, 입력채널 길이] = [1, 1, 4]

요약하면, Conv1d의 입력채널에 대입할 input을 먼저 결정한다. 그러면 input 형태로부터 Conv1d( )에 대입할 입력채널 개수(in_channels)가 결정된다.

Step2. 신경망 net = nn.Conv1d(in_channels, out_channels, kernel_size)

input 형태로부터 결정되는 입력채널 개수(in_channels)와 하이퍼 파라미터인 출력채널 개수(out_channels)와 커널크기(kernel_size)를 nn.Conv1d( )에 대입하여 신경망 net을 만든다. 그림6과 같이 출력채널이 1개(out_channels=1)이고 커널크기가 3(kernel_size=3)이므로 net=nn.Conv1d(1,1,3)이 된다.

Step3. 출력(output)

컨볼류션 층의 출력을 구하기 위하여 신경망 net에 input을 대입하면 된다. 즉, 코드 output = net(input)에서 output은 출력채널이 가지는 숫자가 된다.

위 Step1~Step3과 그림6에 있는 커널의 가중치를 nn.Parameter( )로 정하여 코드로 구현하면 다음과 같다.

```
import torch, torch.nn as nn; torch.manual_seed(1)

input=torch.tensor([ [ [1.1, 1.2, 1.3, 1.4] ] ])
net = nn.Conv1d(1, 1, 3)

net.weight=nn.Parameter(torch.tensor([ [ [0., 0., 1.] ] ]))
net.bias=nn.Parameter(torch.tensor([2.0]))

print('출력(output) = ',net(input).data)
```

```
출력(output) =  tensor([[[3.3000, 3.4000]]])
```

그림7.

위 출력은 제1장 그림9에서 직접 계산한 결과와 일치한다. 그리고 출력은 출력채널이 가지는 숫자이고 형태는 다음과 같은 3차원이 된다.

[배치크기, 출력채널 개수, 출력채널 길이] = [1, 1, 2]

출력채널이 가지는 숫자는 입력채널과 커널 사이의 합성곱 연산 결과이므로 입력채널 크기와 커널크기에 따라서 출력채널 길이가 변한다.

예제 4 제1장 그림13에서 직접 계산한 출력채널이 가지는 숫자를 얻을 수 있는 코드는 아래 그림8과 같다. 출력 형태 [배치크기, 출력채널 개수, 출력채널 길이]를 설명하기 대괄호, 중괄호, 소괄호로 출력을 표시하면 다음과 같다.

[{ (5.5000, 5.7000),
(4.2000, 4.3000) }]

- 출력 형태의 1번째 숫자(배치크기)는 중괄호 { } 개수이므로 1이 된다. 따라서 배치크기는 1이 된다. 입력과 출력의 배치크기가 일치함을 알 수 있다.

- 출력 형태의 2번째 숫자(출력채널 개수)는 각 중괄호 내부에 있는 소괄호 ( ) 개수이므로 2가 된다. 따라서 출력채널 개수는 2가 된다. 신경망 Conv1d( )에

입력한 출력채널 2개(out_channels=2)와 일치함을 알 수 있다.

- 출력 형태의 3번째 숫자(출력채널 길이)는 각각의 소괄호 내부에 있는 숫자 개수이므로 2가 된다.

그러므로 출력 형태는 [1, 2, 2]가 되고 아래 코드로 확인할 수 있다.

```
import torch, torch.nn as nn; torch.manual_seed(1)

input=torch.tensor([ [ [1.1, 1.2, 1.3, 1.4],
                      [2.1, 2.2, 2.3, 2.4] ]
                   ])
net = nn.Conv1d(2, 2, 3)

net.weight=nn.Parameter(torch.tensor([ [ [0., 0., 1.],
                                         [0., 1., 0.] ],

                                       [ [1., 0., 0.],
                                         [-1., 1., 0.] ]
                                      ]))
net.bias=nn.Parameter(torch.tensor([2., 3.]))

print('출력(output)와 형태(shape) : ')
print(net(input).data, ';', net(input).shape )
```

```
출력(output)와 형태(shape) :
tensor([[[5.5000, 5.7000],
         [4.2000, 4.3000]]]) ; torch.Size([1, 2, 2])
```

그림8.

예제 5 제1장 그림7에서 입력채널은 7개이고 길이가 3이므로, 아래 그림9과 같이 입력채널에 대입할 input의 형태 [배치크기, 입력채널 개수, 입력채널 길이]가 [1, 7, 3]이 되도록 만들었다. 그리고 하이퍼 파라미터인 출력채널 개수는 1, 커널크기는 2로 하여 신경망 nn.Conv1d(7,1,2)를 만들었다. 그 결과 가중치 형태 [출력채널 개수, 입력채널 개수, 커널크기]는 [1, 7, 2]가 되고 편향치 형태 [출력채널 개수]는 [1]이 되었음을 아래 출력에서 확인할 수 있다. 마지막으로 출력 형태 [배치크기, 출력채널 개수, 출력채널 길이]에서 배치크기는 input의 배치크기 1과 일치하고 출력채널 개수는 1임을 확인할 수 있다. 그리고 길이가 3인 입력채널과 크기가 2인 커널을 합성곱 연산하면 길이가 2인 출력채널이 만들어짐도 확인할 수 있다.

```
import torch, torch.nn as nn; torch.manual_seed(1)

input=torch.tensor([ [ [1., 0., 0.],
                       [0., 0., 0.],
                       [0., 1., 0.],
                       [0., 0., 0.],
                       [0., 0., 0.],
                       [0., 0., 1.],
                       [0., 0., 0.] ]
                   ])

net = nn.Conv1d(7, 1, 2)

print('input 형태 = ', input.shape)
print('가중치, 평향치 형태 = ', net.weight.shape,',',net.bias.shape)
print('출력(output)와 형태(shape) : ')
print(net(input).data, ';', net(input).shape )
```

```
input 형태 =  torch.Size([1, 7, 3])
가중치, 평향치 형태 =  torch.Size([1, 7, 2]) , torch.Size([1])
출력(output)와 형태(shape) :
tensor([[[ 0.2785, -0.2579]]]) ; torch.Size([1, 1, 2])
```

그림9.

지금까지 제1장에서 PyTorch를 사용하지 않고 일차원 컨볼류션 층에 대하여 그림으로 설명한 내용을 PyTorch의 일차원 컨볼류션 층 nn.Conv1d( )로 구현하였다. 다음 제3장에서는 일차원 컨볼류션 층 nn.Conv1d( )의 응용사례를 알아보겠다. 하나는 노이즈를 제거할 때이고 다른 하나는 걷기, 서있기와 눕기와 같은 인간 행동을 분류할 때 일차원 컨볼류션 층을 사용할 수 있음을 알아보겠다.

제3장 Conv1d 적용사례

노이즈 제거와 (걷기/눕기와 같은) 인간 행동 인식에 Conv1d를 사용해보자.

PART I. 노이즈(잡음) 제거

노이즈(잡음)이 있는 그림1의 왼쪽에 Conv1d를 적용한 결과가 그림1의 오른쪽이다. 이를 Conv1d의 스무딩(smoothing) 효과라고 하자.

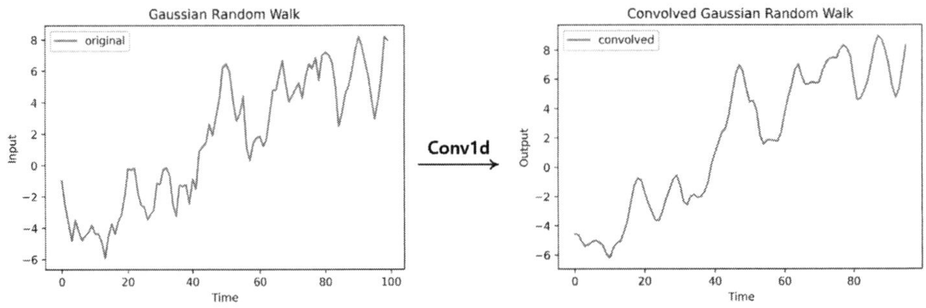

그림1.

이런 효과를 설명하기 위하여 먼저, 노이즈가 있는 데이터(그림1의 왼쪽)를 생성하자. 이때 사용할 무작위 걸음(가우시안 랜덤 워크)에 대하여 알아보자.

예제 1 수직선 위를 이동하는 사람 P가 있다고 하자. P의 출발 위치와 시각을 각각 x1과 t=1이라 하자. P가 위치 x1에서 n1 만큼 이동하여 도착한 위치와 시각을 각각 x2=x1+n1과 t=2이라 하자. 이런 과정을 거쳐서 마지막에 도착한 위치와 시각을 각각 x8=x7+n8과 t=8이라 하자. 여기서 n1, ..., n8은 그림2의 3번째 줄과 같이 표준정규분포 N(0, 1)에서 추출한다.

$$\text{gaussian8} = \left[n_1, \cdots, n_8\right]$$

출력을 보면 n1=0.6614, ..., n8=0.3817 이다.

```
1 import torch, torch.nn as nn; torch.manual_seed(1)
2
3 gaussian8=torch.normal(0, 1, size=(1,8)).view(8)
4 print('가우시안 데이터')
5 print(gaussian8.data,'Wn')
6
7 gaussianRandomWalk8=torch.cumsum(gaussian8,dim=0)
8 print('가우신안 랜덤워크')
9 print(gaussianRandomWalk8)
```

```
가우시안 데이터
tensor([ 0.6614,  0.2669,  0.0617,  0.6213, -0.4519, -0.1661, -1.5228,  0.3817])

가우신안 랜덤워크
tensor([ 0.6614,  0.9283,  0.9900,  1.6113,  1.1594,  0.9932, -0.5295, -0.1478])
```

그림2.

사람 P의 위치는 아래와 같이 guassian8 원소의 누적합이 된다(그림2의 7번째 줄).

$$\text{gaussianRandomWalk8} = \{x_1, \cdots, x_i, \cdots, x_8\},$$
$$x_1 = n_1,\ x_i = x_{i-1} + n_i (2 \le i \le 8)$$

이렇게 만든 시계열 데이터 gaussian8과 gaussianRandomWalk8를 좌표평면에 그리면 그림3과 같다. gaussian8이 양수이면 gaussianRandomWalk8는 증가하고 그렇지 않으면 감소함을 알 수 있다.

```
import matplotlib.pyplot as plt

plt.plot(gaussian8,'*', label='gaussian8')
plt.plot(gaussianRandomWalk8,label='gaussianRandomWalk8')
plt.axhline(y=0, color='black', linewidth=1)
plt.legend()
plt.xlabel('Time')
plt.show()
```

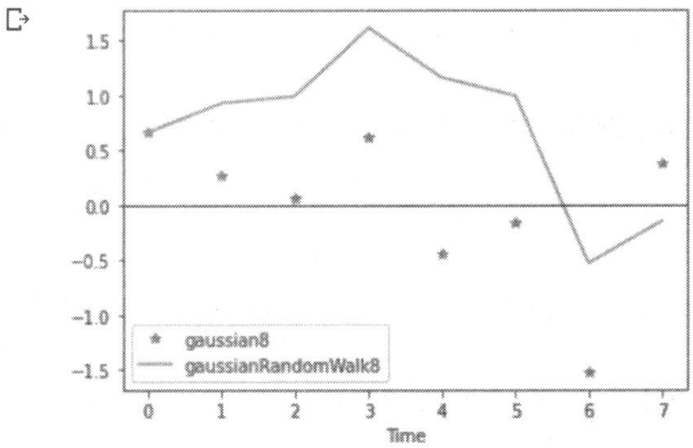

그림3.

이제, 그림1의 왼쪽과 같이 길이가 100이고 노이즈가 있는 시계열 데이터 gaussianRandomWalk를 만들고 이를 Conv1d에 입력하여 스무딩시켜보자.

예제 2 100개 숫자로 구성된 시계열 데이터 gaussianRandomWalk를 Conv1d( )에 대입할 수 있도록 3차원 형태(shape)의 input으로 변환하다.

```
import torch, torch.nn as nn; torch.manual_seed(1)

gaussian=torch.normal(0, 1, size=(1,100)).view(100)
print('가우시안 형태 = ', gaussian.shape)

gaussianRandomWalk=torch.cumsum(gaussian,dim=0)
print('랜덤워크 형태 = ', gaussianRandomWalk.shape)

input=gaussianRandomWalk.view(1,1,-1)
print('input 형태 = ',input.shape)
```

```
가우시안 형태 =  torch.Size([100])
랜덤워크 형태 =  torch.Size([100])
input 형태 =  torch.Size([1, 1, 100])
```

그림4.

그림5와 같이 input를 신경망 net에 대입하면 input과 커널 [0.1, 0.1, 0.2, 0.5, 0.3]의 합성곱 연산 결과에 편향치 0을 더하면 96개 숫자가 만들어지고 이 숫자들을 가지는 출력 output이 만들어진다.

```
import torch, torch.nn as nn; torch.manual_seed(1)

gaussian=torch.normal(0, 1, size=(1,100)).view(100)
gaussianRandomWalk=torch.cumsum(gaussian,dim=0)

input=gaussianRandomWalk.view(1,1,-1)

net = nn.Conv1d(1, 1, 5)#(in_channels=1, out_channels=1, kernel_size=5)

net.weight=nn.Parameter(torch.tensor([[[0.1, 0.1, 0.2, 0.5, 0.3]]]))

net.bias=nn.Parameter(torch.tensor([0.]))

output=net(input)
print('출력 형태 =',output.shape)
```

```
출력 형태 = torch.Size([1, 1, 96])
```

그림5.

출력 output를 좌표평면에 그리면 그림6의 오른쪽 'Convolved Gaussian Random Walk'가 되고 그림6의 왼쪽 'Gaussian Random Walk'에 있는 노이즈(잡음) 제거에 효과가 있음을 알 수 있다.

```
plt.subplot(1, 2, 1)
plt.plot(gaussianRandomWalk,label='original')
plt.legend()
plt.xlabel('Time')
plt.ylabel('Input')
plt.title('Gaussian Random Walk')

plt.subplot(1, 2, 2)
convolved = output.view(-1).detach().numpy()
plt.plot(convolved,label='convolved')
plt.legend()
plt.xlabel('Time')
plt.ylabel('Output')
plt.title('Convolved Gaussian Random Walk')

plt.subplots_adjust(right=1.7, wspace=0.4)
plt.show()
```

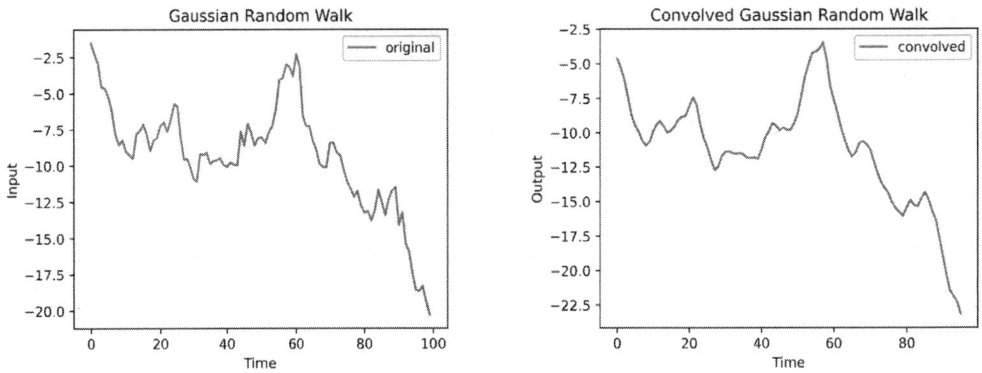

그림6.

PART II. 인간 행동 인식(Human Activity Recognition, HAR)

걷기와 눕기 같은 인간 행동을 구별하는 신경망 모델에 Conv1d( )를 사용할 수 있다. 아래 세 가지 질문과 답으로 설명을 시작한다.

Step1. 아래 질문으로 신경망 모델링을 시작

질문1. 어떤 신경망을 만들려고 하는가?

아래와 같은 여섯 가지 인간 활동(human activity)을 인식(recognition)하는 다중분류 신경망 모델 harModel을 만들어보자.

걷기(0), 계단 올라가기(1), 계단 내려가기(2), 앉아있기(3), 서있기(4), 눕기(5)

여기서 괄호 안의 숫자는 라벨이다.

질문 2. 학습데이터는 어디서 구하고 형태는?

신경망 harModel을 지도학습(supervised learning)하기 위하여 UCI(University of California Irvine) Machine Learning Repository의 HAR Using Smartphones Data Set을 사용하자. 이 데이터는 삼성 갤럭시 S2를 허리에 고정시킨 30명

의 참여자가 위 여섯 가지 활동을 할 때, 스마트폰에 내장된 가속도 센서와 자이로스코프 센서로 측정한 시계열 데이터를 전처리한 데이터이다. harModel에 대입하는 입력 데이터(x)는 참여자가 위 여섯 가지 중 하나의 활동을 할 때 측정한 9개 시계열 데이터(각각의 길이는 128) 집합이고 이때의 활동이 타겟(y)이다. 추가 설명은 아래 논문으로 대신한다.

http://www.koreascience.or.kr/article/JAKO201913747259407.pdf

질문3. harModel의 입력층과 출력층 구조는?

- 입력층 : 하나의 입력 데이터(x)가 9개 시계열 데이터 집합이므로 입력층은 9개 일차원 채널로 구성된다. 따라서 입력층과 1번째 은닉층을 일차원 컨볼류션층 Conv1d( )으로 만들 때, 입력채널이 9개이므로 Conv1d(9, *, *)가 되어야 한다. 하이퍼 파라미터인 두 개 별표(*)와 다른 은닉층은 신경망의 위상적 구조를 다룰 때 설명한다.

- 출력층 : 위 여섯 가지 활동을 분류하므로 출력층은 6개 노드로 구성된다. 따라서 마지막 은닉층과 출력층은 nn.Linear(*,6)이 된다.

Step2. 자료 다운과 이해

Step2-1. UCI에서 만든 HAR dataset 압축 파일을 다운로드한다.

```
# [코드 1]
!wget https://archive.ics.uci.edu/ml/machine-learning-databases/00240/UCI%20HAR%20Dataset.zip
```

그림7.

wget은 'web get'으로 웹에서 파일받을 때 사용하는 명령어이고 파일명에 있는 '%20'은 공백(space)를 의미한다. 코드를 실행하면 colab의 파일 탐색기에서 default 폴더인 /content/에 아래 그림8과 같은 압축 파일 'UCI HAR dataset.zip'이 생긴다.

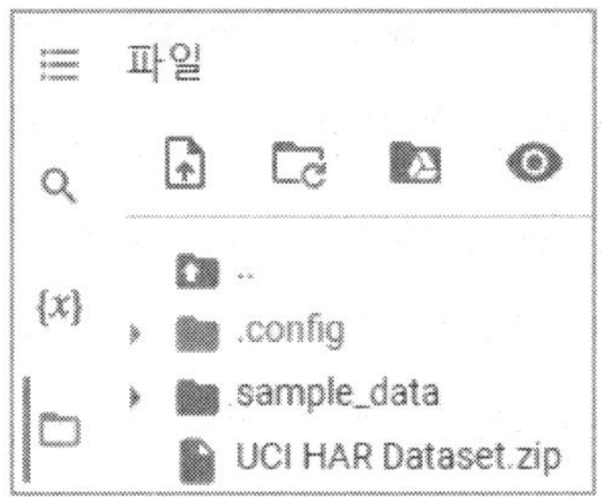

그림8.

Step2-2. unzip으로 UCI HAR Dataset.zip의 압축을 푼다.

```
# [코드 2]

!unzip 'UCI HAR Dataset.zip'
```

그림9.

압축을 풀면 /content/UCI HAR Dataset/ 밑에 폴더 /test/와 /train/이 생긴다.

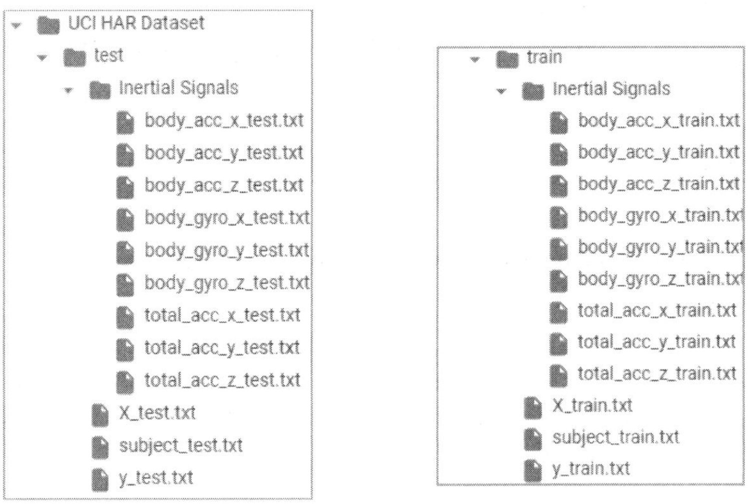

그림10.

아래 그림11을 보면 파일 body_acc_x_train.txt에는 7352개 데이터가 있고 각 데이터는 길이가 128인 시계열 데이터임을 알 수 있다.

```
# [코드 3]

import pandas as pd
pd.read_csv('./UCI HAR Dataset/train/Inertial Signals/body_acc_x_train.txt',
            sep='\s+', header=None).info()
```

```
<class 'pandas.core.frame.DataFrame'>
RangeIndex: 7352 entries, 0 to 7351
Columns: 128 entries, 0 to 127
dtypes: float64(128)
memory usage: 7.2 MB
```

그림11.

나머지 8개 파일의 형태(shape)도 다음과 같이 (행 개수, 열 개수)=(7352, 128)이다.

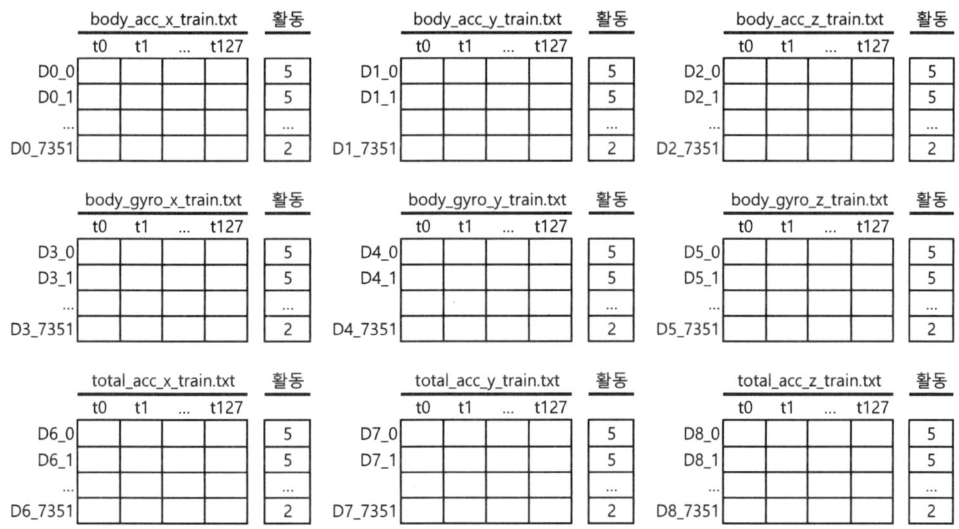

그림12

아래 집합은 9개 시계열 데이터의 그룹(group)을 원소로 가진다.

{ [Di_0, Di_1, Di_2, Di_3, Di_4, Di_5, Di_6, Di_7, Di_8] | 0≤i≤7351 }

0번째 group은 [D0_0, D0_1, D0_2, D0_3, D0_4, D0_5, D0_6, D0_7, D0_8]이고 총 7352개 group이 있다. 각각의 group은 하나의 활동(activity)에서 측정한 숫자들이다. 예를 들면, [D0_0, D0_1, D0_2, D0_3, D0_4, D0_5, D0_6, D0_7, D0_8]는 라벨 5 활동(눕기)에서 측정한 데이터셋이다.

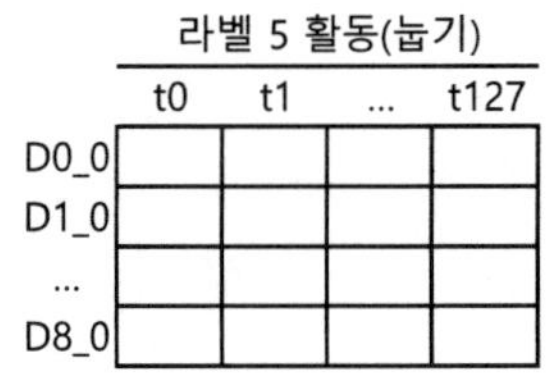

그림13

활동 라벨은 폴더 /content/UCI HAR Dataset/train/의 파일 y_train.txt에 있다. 아래 그림14의 출력을 보면 y_train.txt에는 7532개 숫자가 있음을 알 수 있다. 이 숫자는 활동할 때마다 측정한 총 그룹 개수와 일치함을 알 수 있다.

```
# [코드 4]
pd.read_csv('./UCI HAR Dataset/train/y_train.txt',
            sep='\s+', header=None).info()
```

```
<class 'pandas.core.frame.DataFrame'>
RangeIndex: 7352 entries, 0 to 7351
Data columns (total 1 columns):
 #   Column  Non-Null Count  Dtype
---  ------  --------------  -----
 0   0       7352 non-null   int64
dtypes: int64(1)
memory usage: 57.6 KB
```

그림14.

각 group은 하나의 활동(activity)에 측정한 숫자들이므로 하나의 group은 Conv1d에 대입하는 한 개의 데이터가 된다. 그리고 한 개 데이터인 각 group이 9개 시계열 데이터로 구성되었으므로 입력채널은 9개가 되어야 한다. 예를 들면, 0번째 group [D0_0, D0_1, D0_2, D0_3, D0_4, D0_5, D0_6, D0_7, D0_8]은 눕기에서 측정한 숫자들이고 한 개 데이터가 된다. 그리고 9개 시계열 데이터 D0_j(0≤j≤8)로 구성되었고 D0_j의 길이는 128이다. 0번째 group을 입력채널에 대입할 때, D0_j에 있는 128개 숫자는 j+1 번째 입력채널(아래 그림15)에 대입된다. 그림15에서 입력채널 #1에 있는 점은 128개가 되고 이러한 그림을 출력하는 코드는 아래 그림24에서 있다.

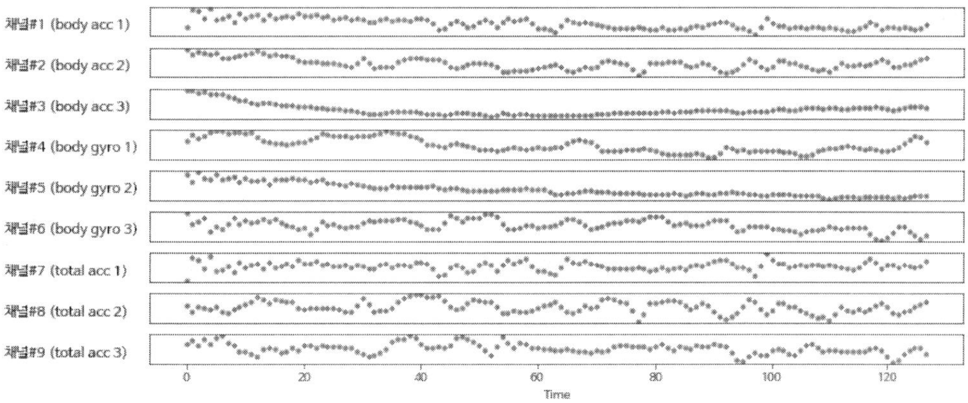

그림15

Step3. matplotlib에 사용할 한글 폰트 설치

입력채널을 좌표평면에 matplotlib로 나타낼 때 한글 폰트가 필요하므로 다음과 같이 설치한다.

```
1 # [코드 5]
2
3 # Step1. 한글 나눔 폰트 설치 (Nanum)
4 !sudo apt-get install -y fonts-nanum
5 !sudo fc-cache -fv
6 !rm ~/.cache/matplotlib -rf
7
8 # Step2. 설치한 폰트를 사용하기 위하여 Colab의 런타임을 재시작
9 # 런타임 => 런타임 다시 시작 => 예 클릭
```

그림16.

|코드 설명|

‣ 4번째 줄: sudo와 같은 리눅스 쉘 명령어를 Jupyter Notebook에서 실행하려면 명령문 앞에 느낌표(!)를 붙여야 한다. !sudo apt-get과 같이 !sudo 다음에 명령어를 입력하면 root 권한으로 명령어를 실행한다. apt-get은 시스템에서 사용 가능한 패키지 설치, 패키지 검색, 업데이트 등과 같은 작업을 수행한다. -y는 설치할 때 나타나는 물음에 yes를 사용하겠다는 옵션이다. fonts-nanum은 네이버에서 무료로 제공하는 나눔 폰트이다. 참고로 명령어 !fc-list를 실행하면 시스템에서 사용 가능한

폰트 목록을 볼 수 있고 나눔 폰트가 설치됨을 확인할 수 있다.

- 5번째 줄: fc-cache는 시스템에 있는 폰트를 읽어서 cache 정보(폰트 캐시)를 만드는 명령어이다. 폰트캐시는 자주 쓰는 글꼴을 빠르게 액세스할 수 있는 기억 장소에 저장하는 작업을 의미한다. 따라서 명령어 fc-cache를 실행함으로써 4번째 줄에서 설치한 나눔 폰트와 colab에 기본으로 설치된 폰트의 cache 정보가 만들어진다. 여기서 -f는 강제로 재생성하고 -v는 상세 정보를 보여주는 옵션이다.

- 6번째 줄: matplotlib에서 캐시된 나눔 폰트를 사용하기 위하여 colab의 파일 탐색기의 폴더 /root/.cache에 있는 matplotlib를 삭제해야 한다. 여기서 −rf는 non-empty인 /root/.cache/matplotlib/를 강제로 삭제하는 옵션이다.

- 8 ~ 9번째 줄: colab의 런타임을 재시작하면 matplotlib의 캐쉬를 다시 읽어오면서 설치된 폰트를 사용하게 된다. 아래 코드로 확인할 수 있다.

```
# [코드 6]

import matplotlib.font_manager
[f.fname for f in matplotlib.font_manager.fontManager.ttflist]
```

그림17.

Step4. 사용할 모듈을 import

```
# [코드 7]

import pandas as pd, numpy as np, torch, torch.nn as nn
import matplotlib.pyplot as plt; torch.manual_seed(1)
from torch.utils.data import TensorDataset, DataLoader, random_split
from sklearn.metrics import accuracy_score
from tqdm import tqdm
```

그림18

Step5. 다운받은 데이터를 그룹별로 묶기

아래 그림과 같이 9개 txt 파일에 있는 시계열 데이터을 그림13에서 설명한 그룹으로 재배열한 후, trainX_np에 저장하고 이때의 활동을 trainy_np에 저장하자.

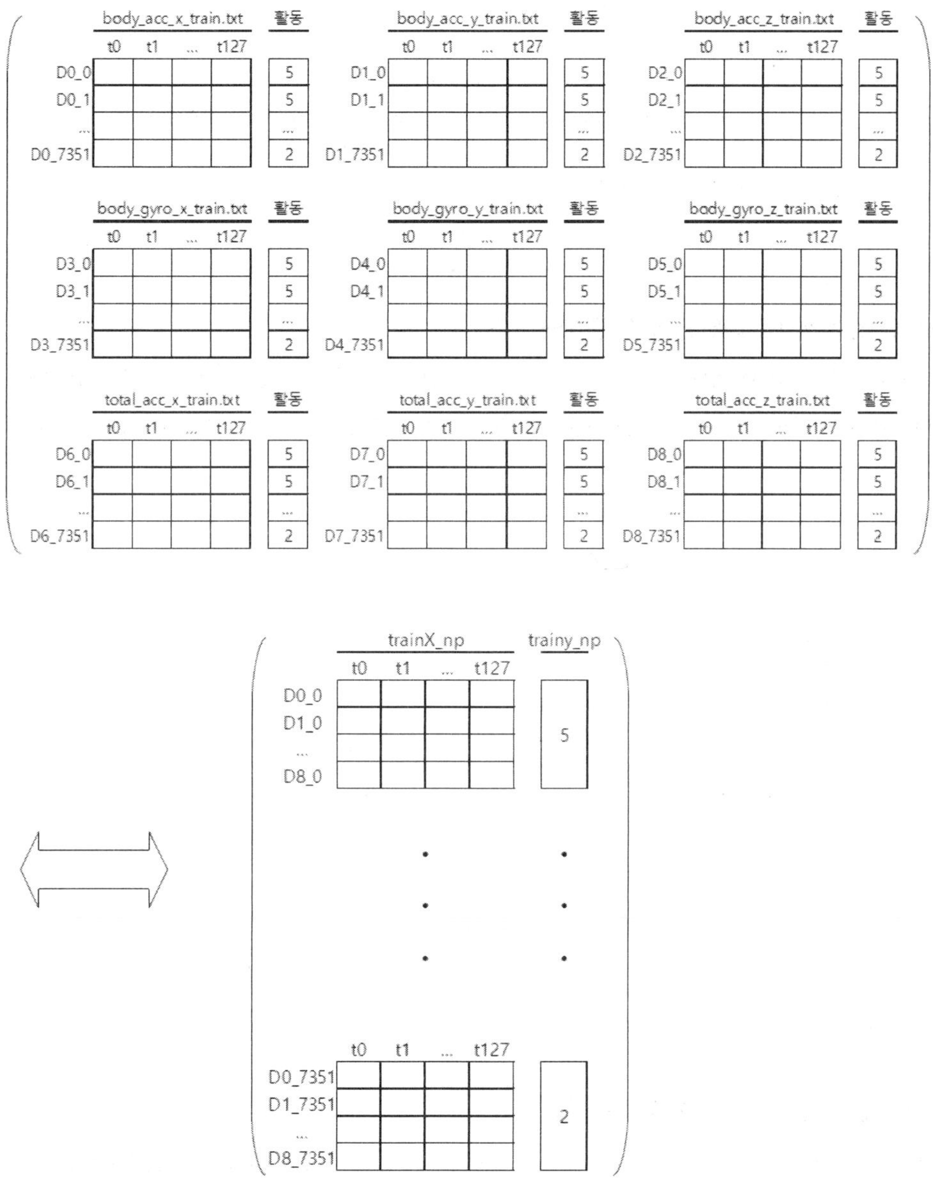

그림19

Step5-1. 하나의 txt 파일을 read하는 함수

txt 파일을 numpy 자료형으로 반환하는 함수를 정의한다.

```
# [코드 8]

# read a single file as a numpy array
def read_singlefile(filepath_filename):
  singlefile_pd = pd.read_csv(filepath_filename, header=None,
                              delim_whitespace=True)
  return singlefile_pd.values # (7352, 128)
```

그림20.

Step5-2. 9개 txt 파일명을 반환하는 함수

/content/UCI HAR Dataset/의 /test/와 /train/에 있는 파일명을 리스트 자료형으로 반환하는 함수를 정의한다. 함수를 호출할 때, suffix는 'test' 또는 'train'이 된다.

```
# [코드 9]

def ninefilenames(suffix):
  filenames = list()
  # body acceleration
  filenames += ['body_acc_x_'+suffix+'.txt', 'body_acc_y_'+suffix+'.txt',
                'body_acc_z_'+suffix+'.txt']
  # body gyroscope
  filenames += ['body_gyro_x_'+suffix+'.txt', 'body_gyro_y_'+suffix+'.txt',
                'body_gyro_z_'+suffix+'.txt']
  # total acceleration
  filenames += ['total_acc_x_'+suffix+'.txt', 'total_acc_y_'+suffix+'.txt',
                'total_acc_z_'+suffix+'.txt']
  return filenames
```

그림21.

Step5-3. trainX_np를 반환하는 함수

9개 txt 파일 경로와 9개 파일명 리스트를 입력하면 trainX_np를 반환하는 함수를 정의한다. 형태(shape)이 (7352, 128)인 9개 파일을 리스트 자료형으로 group_list에 저장한 후, np.dstack을 사용하여 group_list를 형태가 (7352, 128, 9)인 dstakedgroup_np

에 저장한다. 마지막으로 dstakedgroup_np의 1번째와 2번째를 전치(transpose)하여 형태를 (7352, 9, 128)으로 만들어 반환하는 함수를 정의한다.

```
# [코드 10]

# group 9 files as a 3d numpy array
def group_9files(ninefilespath, ninefilenames):
  group_list = list()
  for singlefilename in ninefilenames:
    data_np = read_singlefile(ninefilespath + singlefilename)
    group_list.append(data_np)
  # len(group_list)=9, group_list[0].shape=(7352, 128)
  # dstack group_list
  dstackedgroup_np = np.dstack(group_list) # (7352, 128, 9)
  return dstackedgroup_np.transpose(0,2,1)# (7352, 9, 128)
```

그림22.

여기에서 transpose를 사용하여 입력채널 크기(128)와 입력채널 개수(9)의 순서를 바꾼 이유는 Conv1d의 입력 형태 정의와 일치시키기 위함이다.

Step5-4. trainX_np와 trainy_np 구하기

두 함수 group_9files( )와 read_singlfile( )로 trainX_np와 trainy_np를 각각 구한다.

```
# [코드 11]

ninefilespath='./UCI HAR Dataset/train/Inertial Signals/'
trainX_np = group_9files(ninefilespath, ninefilenames(suffix='train'))
#shape = (7352, 9, 128)
trainy_np = read_singlefile('./UCI HAR Dataset/train/y_train.txt')
#shape = (7352, 1)
#nn.CrossEntropyLoss를 사용하기 위하여 클래스(라벨) 1 ~6을  0~5로 변환
trainy_np = trainy_np - 1
```

그림23.

train_np[0]로 위 그림15를 출력하는 코드는 다음과 같다.

```
# [코드 12]

%config InlineBackend.figure_format = 'retina' # 글씨를 선명하게
plt.rc('font', family='NanumBarunGothic')# 폰트 설정

fig, ax = plt.subplots(9, 1,  figsize=(6,5))
for i in range(3):
  plt.subplot(9, 1, i+1)
  plt.plot(trainX_np[0, i, :],'.')
  plt.title('채널#'+str(i+1)+' (body acc '+str(i+1)+') ',x=-0.18, y=0, loc='left')
  plt.setp(plt.gcf().get_axes(), xticks=[], yticks=[]);

for i in range(3):
  plt.subplot(9, 1, i+4)
  plt.plot(trainX_np[0, i+3, :],'.')
  plt.title('채널#'+str(i+4)+' (body gyro '+str(i+1)+') ',x=-0.18, y=0, loc='left')
  plt.setp(plt.gcf().get_axes(), xticks=[], yticks=[]);

for i in range(2):
  plt.subplot(9, 1, i+7)
  plt.plot(trainX_np[0, i+6, :],'.')
  plt.title('채널#'+str(i+7)+' (total acc '+str(i+1)+') ',x=-0.18, y=0,loc='left')
  plt.setp(plt.gcf().get_axes(), xticks=[], yticks=[]);

plt.subplot(9, 1, 9)
plt.plot(trainX_np[0, 8, :],'.')
plt.title('채널#'+str(9)+' (total acc '+str(3)+') ',x=-0.13, y=0, loc='left')
plt.xlabel('Time')
plt.setp(plt.gcf().get_axes(),  yticks=[]);

plt.tight_layout()
plt.subplots_adjust(left=0.125,bottom=0.1,right=1.7,top=0.9,wspace=0.4,hspace=0.4)

plt.savefig('bodyacc_bodygyro_totalacc.png', bbox_inches='tight')
plt.show()
```

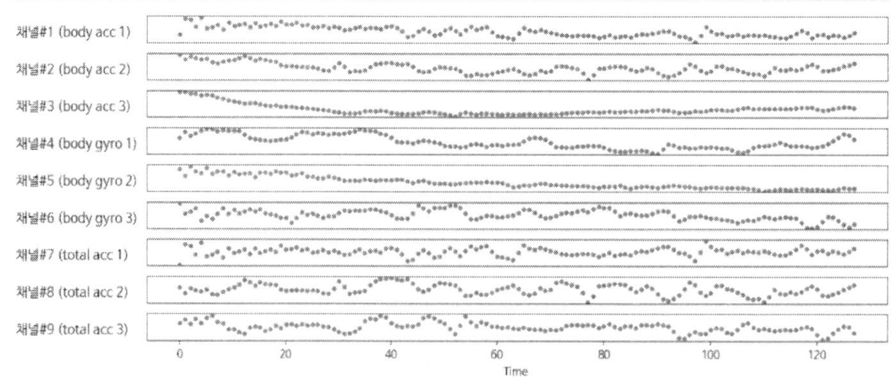

그림24.

Step5-5. testX_np와 testy_np 구하기

trainX_np, trainy_np 와 동일한 방법으로 testX_np와 testy_np를 각각 구한다.

```
# [코드 13]

ninefilespath='./UCI HAR Dataset/test/Inertial Signals/'
testX_np = group_9files(ninefilespath, ninefilenames(suffix='test'))
#shape = (2947, 9, 128)
testy_np = read_singlefile('./UCI HAR Dataset/test/y_test.txt')
#shape = (2947, 1)
#nn.CrossEntropyLoss를 사용하기 위하여 클래스(라벨) 1 ~6을  0~5로 변환
testy_np = testy_np - 1
```

그림25.

Step6. Numpy 자료형을 PyTorch tensor 자료형으로 변환하기

다음 그림과 같이 numpy 자료형인 trainX_np와 trainy_np를 PyTorch의 tensor로 변환하여 각각을 trainX와 trainy에 저장한다. testX_np와 testy_np도 마찬가지이다.

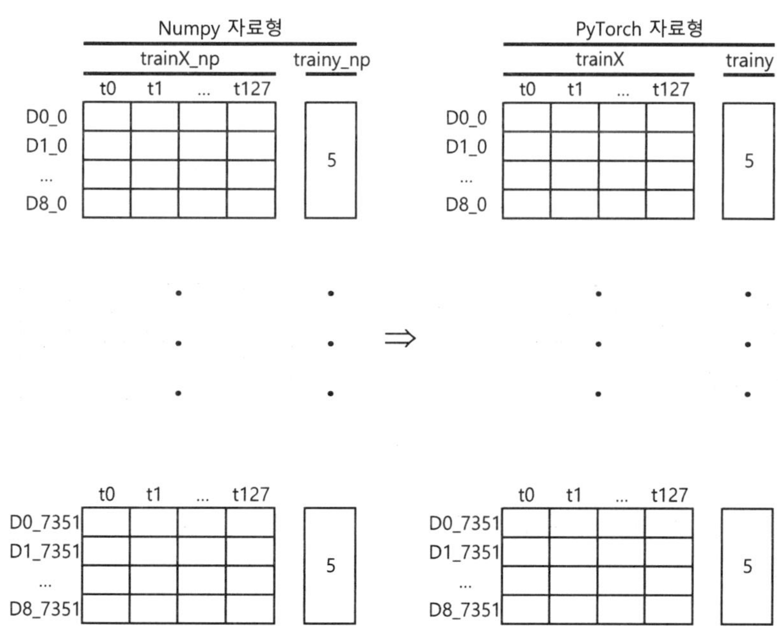

그림26.

이때 사용하는 코드는 아래와 같다.

```
# [코드 14] ndarry를 tensor로 변환

device = torch.device('cuda:0' if torch.cuda.is_available() else 'cpu')

trainX=torch.from_numpy(trainX_np).float().to(device)
trainy=torch.from_numpy(trainy_np).float().to(device)
testX=torch.from_numpy(testX_np).float().to(device)
testy=torch.from_numpy(testy_np).float().to(device)
```

그림27.

Step7. trainX와 trainy를 하나의 변수에 저장하기

다음 그림과 같이 trainX와 trainy를 결합하여 trainXy에 저장한다. testX와 testy도 마찬가지이다.

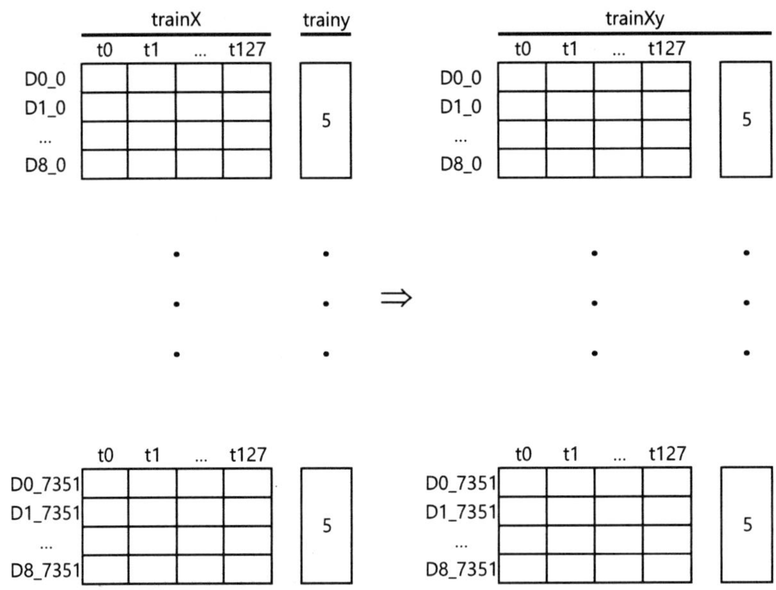

그림28.

이때 사용하는 코드는 아래와 같다.

```
# [코드 15] trainX와 trainy 합치기

trainXy = TensorDataset(trainX, trainy)
testXy = TensorDataset(testX, testy)
```

그림29

Step8. trainXy를 train용과 valid용으로 분할

아래 그림은 trainXy의 80%을 학습에 사용하기 위하여 train_dataset에 저장하고 나머지 20%를 과적합을 방지하기 위하여 valid_dataset에 저장하는 그림이다.

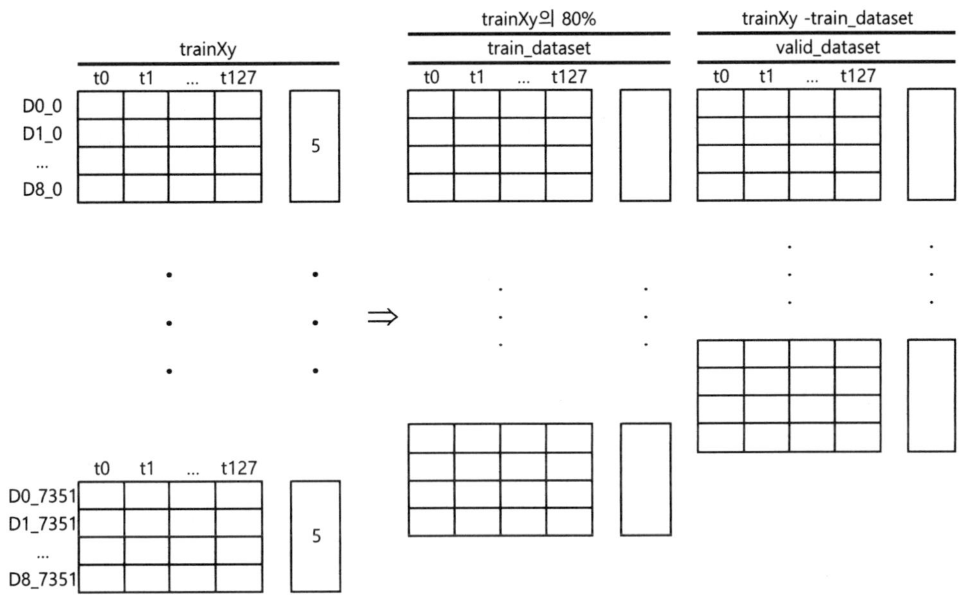

그림30

이때 사용하는 코드는 아래와 같다.

```
# [코드 16]

# trainXy를 train_dataset 80%와 valid_dataset 20%로 나누기
trainXy_size = len(trainXy)
train_size = int(trainXy_size * 0.8)
valid_size = trainXy_size - train_size
train_dataset, valid_dataset = random_split(trainXy,
                                    [train_size, valid_size])
```

그림31.

Step9. 배치(batch) 만들기

5881개 원소를 가지는 train_dataset를 batch_size=32인 부분집합(배치)로 분할한다. 1471개 원소를 가지는 valid_dataset도 batch_size=32 부분집합(배치)로 분할한다. 이때 사용하는 코드는 아래와 같다.

```
# [코드 17] 배치 만들기

batch_size=32
train_dataloader = DataLoader(train_dataset, batch_size=batch_size,
                              shuffle=True, drop_last=True)
valid_dataloader = DataLoader(valid_dataset, batch_size=batch_size,
                              shuffle=True, drop_last=True)
```

그림32.

Step10. 신경망 구조

우리가 사용할 신경망의 위상적 구조는 아래와 같다. Step2-2의 마지막 문단에서 설명한 대로 입력채널은 9개가 되고 출력노드는 6개가 된다. 하이퍼 파라미터인 은닉층 구조와 개수는 아래 사이트에서 Keras로 구현된 내용을 참고했다.

https://machinelearningmastery.com/cnn-models-for-human-activity-recognition-time-series-classification/

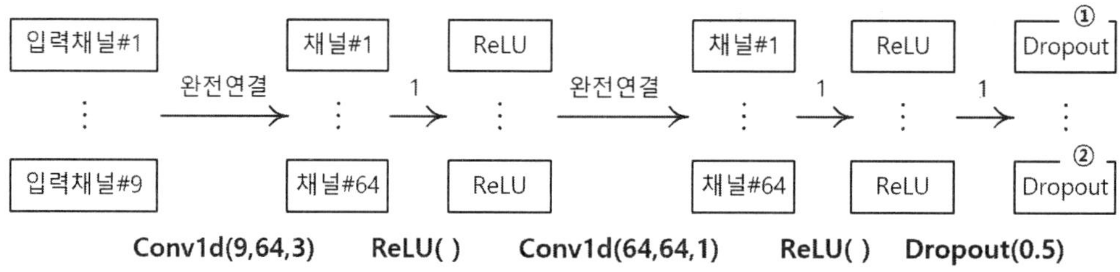

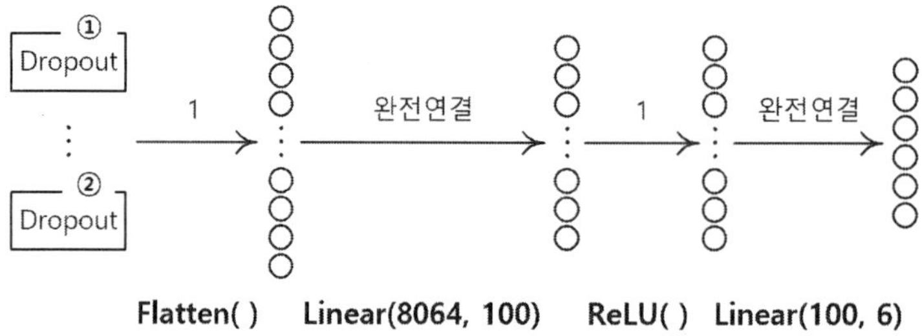

그림33.

입력 데이터 1개에 대하여 Flatten 층이 출력하는 숫자 개수 in_features(아래 그림 34)가 처음 선형층의 입력 노드가 된다.

```
# [코드 18]

net_temp=nn.Sequential(
    nn.Conv1d(9,64,3),
    nn.ReLU(),
    nn.Conv1d(64,64,1),
    nn.ReLU(),
    nn.Dropout(0.5),
    nn.Flatten(),
    #nn.Linear(in_features,100),
    #nn.ReLU(),
    #nn.Linear(100,6)
    )

for batch_input, batch_target in train_dataloader:
  in_features = net_temp(batch_input)[0].shape.numel()
  break
```

그림34.

따라서 신경망은 다음과 같다.

```
# [코드 19]

#in_features =  8064
net=nn.Sequential(
    nn.Conv1d(9,64,3),
    nn.ReLU(),
    nn.Conv1d(64,64,1),
    nn.ReLU(),
    nn.Dropout(0.5),
    nn.Flatten(),
    nn.Linear(in_features,100),
    nn.ReLU(),
    nn.Linear(100,6)
    )
net=net.to(device)
```

그림35.

그림35에서 시계열 데이터의 특징을 추출하기 위하여 컨볼류션 층을, 데이터의 비선형 특징은 ReLU 층으로, 과적합 방지 목적으로 Dropout 층을, 컨볼류션 층에서 선형층으로 넘어가 위하여 Flatten 층을 사용했다.

Step11. 학습

Step11-1. 최적화 방법, cross entropy와 학습률 스케줄러

신경망 파라미터의 업데이트 공식을 선택하여 optimizer에 저장하고 다중 분류 손실을 계산할 때 사용할 크로스엔트로피손실을 celoss에 저장한다. 그리고 파라미터를 업데이터 하기 위하여 데이터를 모두 사용한 시점인 epoch이 10의 배수가 될 때마다 업데이트 공식에 사용하는 학습률(learning rate)를 절반씩 줄이는 객체 scheduler를 정의한다.

```
# [코드 20]

# 최적화 방법
optimizer = torch.optim.Adam(net.parameters(),lr=0.001)

# loss 함수에 사용할 cross entropy
celoss=nn.CrossEntropyLoss()

# epoch=10, 20, ...일 때 학습률을 절반으로 줄이기.
scheduler = torch.optim.lr_scheduler.StepLR(optimizer,
                                            step_size=10, gamma=0.5)
```

그림36.

Step11-2. 조기종료(Early stopping)

다음 코드는 validation_loss가 train_loss 이상이 되는 횟수가 25회 이상이면 학습을 중단하는 코드이다. 클래스 EarlyStopping의 함수 __init__( )는 그림37의 마지막 코드에서 EarlyStopping의 인스턴스 early_stopping이 만들어 질 때 실행된다. 그리고 __call__( )은 그림38의 31번째 줄에서 객체 early_stopping이 호출될 때 실행된다. __call__( )에서 정의한 early_stopping.counter가 25가 되면 early_stopping.boolean이

True가 된다.

```
# [코드 21]

class EarlyStopping():

    def __init__(self, tolerance=25, min_delta=0):
        self.tolerance = tolerance
        self.min_delta = min_delta
        self.counter = 0
        self.boolean = False

    def __call__(self, train_loss, validation_loss):
        if (validation_loss - train_loss) > self.min_delta:
            self.counter += 1
            if self.counter >= self.tolerance:
                self.boolean = True

# EarlyStopping 인스턴스
early_stopping = EarlyStopping()
```

그림37.

Step11-3. 신경망 학습

세 파트(part1, part2, part3)로 나누어 신경망 학습을 진행한다.

```
# [코드 22]

train_losses = []; valid_losses = []; lrs=[]
epochs=100
for epoch in tqdm(range(epochs)):

  ''' part 1. 학습(train) '''
  for batch_input, batch_target in train_dataloader:
    optimizer.zero_grad()
    train_loss=celoss(net(batch_input),
                      batch_target.squeeze().long())
    train_loss.backward()
    optimizer.step()#batch 마다 파라미터 업데이트
```

```
 # 각 epoch에서 마지막 batch로 구한 train_loss 저장
 train_losses.append(train_loss.cpu().detach().numpy())
 # epoch 마다 학습률 스케쥴러 작동.
 lrs.append(optimizer.param_groups[0]["lr"])
 scheduler.step()

 ''' part 2. 검증(valid) '''
 with torch.no_grad():
  temp_losses = []
  for batch_input, batch_target in valid_dataloader:
   valid_loss=celoss(net(batch_input),
            batch_target.squeeze().long())
   temp_losses.append(valid_loss.cpu().detach().numpy())
  valid_loss_mean = np.mean(temp_losses, dtype=float)
  valid_losses.append(valid_loss_mean)

 ''' part 3. early stopping '''
 early_stopping(train_losses[-1], valid_losses[-1])
 if early_stopping.boolean or (epoch == epochs-1):
  print("We are earlystopped or reached a maximum epoch index:",
     epoch, " of ", str(epochs-1))
  torch.save(net.state_dict(), 'net.pt')
  break

train_losses
```

그림38.

part 1의 목적은 신경망 학습이므로 train_dataloader에 있는 batch_input과 batch_target을 사용하여 신경망 net의 파라미터를 업데이트한다. 각 for loop에서 계산한 train_loss을 train_losses에 순차적으로 append(보관)한다. part 2과 part3의 목적은 part 1에서의 학습이 학습 데이터에 과적합되지 않도록 함에 있다. 따라서 part 2와 part3에서는 신경망 net의 파라미터를 업데이트하지 않는다. part 2에서는 valid_dataloader에 있는 batch_input과 batch_target을 사용하여, 각 for loop에서 계산한 32(배치크기)개 valid_loss의 평균을 valid_losses에 순차적으로 append(보관)한다. part 3에서는 각 for loop 마다, 그림37에서 정의한 객체 early_stopping에 train_losses의 마지막에 있는 train_loss와 valid_losses의 마지막에 있는 valid_loss를 대입하여 valid_loss가 train_loss 보다 큰지를 체크한다. 크게 된 횟수가 25가 되면 마지막으로 업데이트된 신경망의 파라미터를 파일 net.pt로 저장하고 학습을 위한 for loop은 중단된다. 다른 파일에서 학습된 신경망 파라미터 값을 저장한 net.pt를 사용하기 위해서는 먼저 net과 동일한 구조를 가지는 신경망 net1을 만든다. 그리고 net.pt를 load하여 net1의 파라미터 값을 net.pt에 있는 net의 파라미터 값으로 교체하면 된다. 마지막 train_loss는 0.072이다.

학습할 때 사용한 학습률 lrs(그림38의 17번째 줄)은 아래 같이 출력할 수 있다.

```
# [코드 23]

plt.plot(range(len(lrs)), lrs)
plt.title('Learning rate decay')
plt.xlabel('Epoch')
plt.ylabel('Learning rate')
```

```
Text(0, 0.5, 'Learning rate')
```

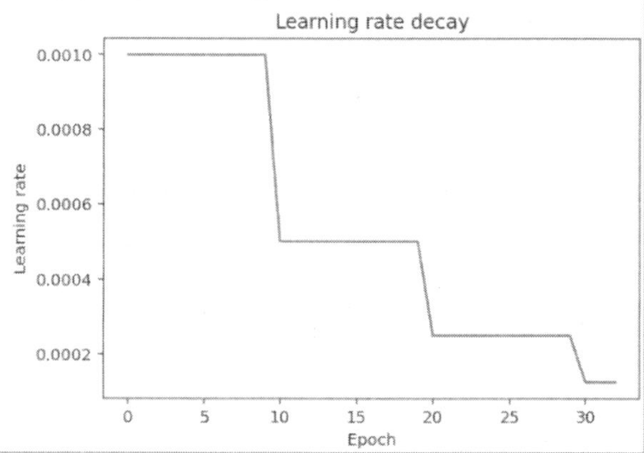

그림39.

그림39로부터 다음과 같이 학습이 종료되었음을 알 수 있다. epoch이 1만큼 증가할 때마다 validation_loss가 train_loss 이상이 되는 횟수가 누적되다가 epoch = 10이 되면 초기 학습률이 절반으로 줄다. 이런 과정을 epoch = 30까지 반복한 후에 epoch이 40이 되기 전에 validation_loss가 train_loss 이상이 되는 누적 횟수가 25회가 되어 신경망 학습이 조기 종료 되었다. 그림37에서 정의한 클래스 EarlyStopping의 인자인 tolerance=25는 하이퍼 파라미터이므로 25를 줄이면 더 빨리 종료되고 늘리면 학습하는 시간이 더 길어진다.

Step12. 신경망 정확도

학습에 사용하지 않은 테스트 데이터(testXy)로 신경망의 예측력(정확도)를 조사해야 한다. 정확도(accuracy)를 계산하기 위하여 사용한 함수 accuracy_score( )는 예측라벨(yhat)과 실제라벨(actual)이 일치하는 비율을 반환한다. 코드 실행 결과 정확도가 약 89.5% 나왔다.

```
# [코드 24]

predictions, actuals = list(), list()

for inputs, targets in testXy:

    # inputs.shape = torch.Size([9, 128])
    # inputs.unsqueeze(0).shape = torch.Size([1, 9, 128])

    yhat = net(inputs.unsqueeze(0))
    # yhat.shape = torch.Size([1, 6])

    yhat = yhat.cpu().detach().numpy().argmax(1)
    # yhat의 6개 숫자 중 최댓값의 index

    actual = targets.cpu().long().numpy()
    # actual.shape = (1,)

    predictions.append(yhat)
    actuals.append(actual)

# np.shape(predictions)=(2947, 1), np.shape(actuals)=(2947, 1)

predictions, actuals = np.vstack(predictions), np.vstack(actuals)
# np.shape(predictions)=(2947, 1), np.shape(actuals)=(2947, 1)

accuracy = accuracy_score(actuals, predictions)
print(accuracy) # 0.8951476077366813
```

그림40.

PART III. Conv1d 뒤에 LSTM을 연결한 신경망

PART II에서 사용한 신경망은 일차원 컨볼로션(Conv1d) 층 뒤에 선형(Linear) 층을 연결한 신경망이다. 이번에는 아래 그림 41과 같이 Conv1d층과 Linear층 사이에 시계열 데이터를 다루는 LSTM층을 추가해 보자.

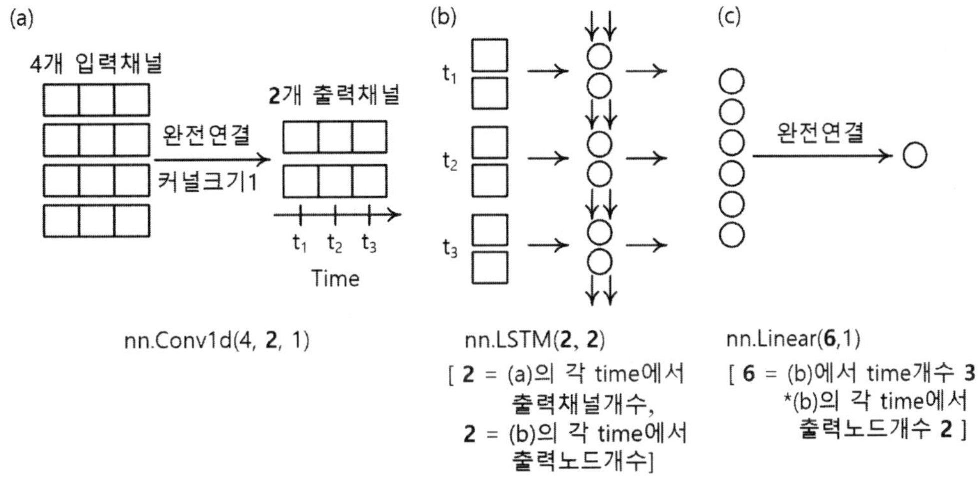

그림41.

위의 위상적 구조에서 설명하려는 내용은 두 가지이다.

첫 번째는 (a) Conv1d에서 (b) LSTM으로 넘어갈 때, LSTM에 대입할 숫자를 결정하는 내용이고 두 번째는 (b) LSTM에서 (c) Linear로 넘어갈 때, Linear에 대입할 숫자를 결정하는 내용이다. 차례대로 알아보자.

- 그림41-(a) Conv1d에서 (b) LSTM으로 넘어가는 경우
  - Conv1d의 출력을 LSTM에 대입해야 하므로 Conv1d의 출력구조가 LSTM의 입력층 구조에 반영되어야 한다.

  - LSTM(input_size, hidden_size)는 다음과 같은 의미이다.

    ① input_size = 각 time에서 LSTM 입력층의 노드 개수

hidden_size = 각 time에서 LSTM 출력층의 노드 개수

LSTM 입력층에 시계열 데이터가 입력되고, 시계열 데이터의 각 time에 있는 숫자 A는 한 개 또는 여러 개의 숫자로 구성된다. 각 time에서 A가 가진 숫자 개수는 동일하므로 이를 input_size라고 하고 LSTM에 알려준다. 이제 Conv1d의 출력구조에서 input_size를 결정해보자. Conv1d 출력구조의 time은 t1, t2, t3이고 각 time에서 2개 노드가 있다. 그 이유는 2개 출력채널이 있기 때문이다. 따라서 LSTM의 각 time에는 Conv1d의 출력채널 개수 만큼의 숫자가 있다.

① input_size = 각 time에서 LSTM 입력층의 노드 개수
= 2 〈 ∵(a)의 각 time에서 Conv1d의 출력채널 개수
hidden_size = 2 (Conv1d의 출력구조와 무관한 하이퍼파라미터)

‣ 그림41-(b) LSTM에서 (c) Linear로 넘어가는 경우
- LSTM의 출력을 Linear에 대입해야 하므로 LSTM의 출력구조가 Linear의 입력층 구조에 반영되어야 한다.

- Linear(in_features, out_features)는 다음과 같은 의미이다.

② in_features = Linear의 입력노드 개수
out_features = Linear의 출력노드 개수

여기서 in_features = 6인 이유는 LSTM의 출력구조에서 time은 t1, t2, t3이고 각 time에서 2개 출력노드가 있기 때문이다. 즉, 다음이 성립한다.

② in_features = Linear의 입력노드 개수
= (LSTM의 time 개수 3) × (각 time에서 LSTM의 출력노드 개수 2)
out_features = 1 (LSTM의 출력구조와 무관한 하이퍼 파라미터)

지금까지 설명한 이웃한 두 층의 위상적 구조(Conv1d 층, LSTM 층, Linear 층)을 코드로 나타내면 그림42와 같이 클래스(Conv1d_LSTM)의 함수(메소드) __init__( )의 body에 각각을 독립적으로 정의한다. 참고로 이웃한 두 층의 위상적 구조를 연결하지 않음을 기억하자.

```
import torch.nn as nn

class Conv1d_LSTM(nn.Module):
  def __init__(self, out_channels=2, n_hidden=2, seq_length=3):
    super( ).__init__( )
    # (a) Conv1d
    self.conv1d = nn.Conv1d(in_channels=4,
                            out_channels=out_channels,
                            kernel_size=1)

    # (b) Conv1d 출력채널 개수 = LSTM의 input_size
    self.lstm = nn.LSTM(input_size=out_channels,
                        hidden_size=n_hidden,
                        batch_first=True)

    # (c) LSTM seq_length*hidden_size = Linear의 입력노드 개수
    self.linear = nn.Linear(in_features=seq_length*n_hidden,
                            out_features=1)
```

그림42.

이제 이러한 위상적 구조를 사용하여 데이터가 흘러갈 수 있도록 대수적 구조를 만들어 보자. Conv1d층, LSTM층과 Linear층이 다른 특징을 가지므로 입력 데이터의 형태도 다르다. 즉, 각각의 입력 형태를 알아야 Conv1d층의 출력을 LSTM층에 대입할 수이고, LSTM층의 출력을 Linear층에 입력할 수 있다. 따라서 먼저 Conv1d층, LSTM층과 Linear층의 입력 형태를 알아보자.

그림41-(a) conv1d에 입력할 수 있는 input의 형태 [B , inC , S]

형태가 [배치크기 B, 입력채널 개수 inC, 각 입력채널이 받아들이는 숫자 개수 S]인 input를 conv1d에 입력할 수 있다.

- 배치크기(batch_size, B)는 파라미터를 1회 업데이트할 사용할 데이터 개수이다. B는 위상적 구조를 결정하기 이전인 데이터 전처리 과정에서 결정된다.

- 입력채널은 일렬로 나열된 숫자들을 받아들이는 Conv1d의 입력층을 구성하는 기본 요소이다. 이러한 입력채널 개수를 in_channels 또는 inC로 나타내자. inC도 데이터 전처리 과정에서 결정된다.

- 각 입력채널이 받아들이는 숫자 개수는 동일하고 이를 sequence_length 또는 S로 나타내자. S도 데이터 전처리 과정에서 결정된다.

그림41-(b) lstm에 입력할 수 있는 데이터 형태 [B , S , input_size]

형태가 [배치크기 B, LSTM 입력층에 올 시계열 데이터 길이 S, 각 time에서 LSTM 입력층의 노드 개수 input_size]인 데이터를 lstm에 입력할 수 있다. conv1d_out = conv1d(input)을 lstm에 대입하기 하기 위하여 conv1d_out 형태 [B, outC, S]=[B, input_size, S]를 [B, S, input_size]로 변형하여 대입한다(아래 코드 32번째 줄).

그림41-(c) linear에 입력할 수 있는 데이터 형태 [B , in_features]

형태가 [배치크기 B, Linear 입력 노드 개수 in_features]인 데이터를 linear에 입력할 수 있다. lstm_out, _ = lstm(conv1d_out.transpose(1,2))을 linear에 대입하기 하기 위하여 lstm_out 형태 [B, S, hidden_size]를 flatten( )함수를 사용하여 [B, S*hidden_size]로 변형한 lstm_out_flatten(코드 39번째)를 linear에 대입한다(코드 42번째).

함수 __init__( )에서 변수 self로 접근할 수 있도록 만들어 놓은(정의한) Conv1d층, LSTM층과 Linear층의 위상적 구조를 사용하여, 데이터 input을 흘려 보내는 코드는 함수(메소드) forward(self, input)의 body에 정의한다. 즉, Conv1d층에 input을 대입하여 얻은 출력을 LSTM의 입력 형태로 변형하여 LSTM층에 입력한다. LSTM층에 얻은 출력을 Linear의 입력 형태로 변형하여 Linear층에 입력하여 출력을 얻도록 정의한다.

```
# [코드 1]
import torch.nn as nn
class Conv1d_LSTM(nn.Module):
  def __init__(self, out_channels=2, n_hidden=2, seq_length=3):
    super( ).__init__( )
    # (a) Conv1d
    self.conv1d = nn.Conv1d(in_channels=4,
                            out_channels=out_channels,
                            kernel_size=1)

    # (b) Conv1d 출력채널 개수 = LSTM의 input_size
    self.lstm = nn.LSTM(input_size=out_channels,
                        hidden_size=n_hidden,
                        batch_first=True)

    # (c) LSTM seq_length*hidden_size = Linear의 입력노드 개수
    self.linear = nn.Linear(in_features=seq_length*n_hidden,
                            out_features=1)

# B=batch_size,inC=in_channels,outC=in_channels, S=sequence_length
  def forward(self, input):
    #(a) conv1d input 형태 (B,inC,S)
    conv1d_out = self.conv1d(input)
    print('conv1d_out: (B,outC,S)=',
          conv1d_out.detach().numpy().shape)

    #(b) lstm input 형태 (B, S, input_size) when batch_first=True
    # conv1d_out 형태 (B, outC, S)를 lstm input 형태로 변형
    # 따라서 outC = input_size 이므로 (B, S, outC)로 변형
    print('conv1d_out.transpose: ',
          conv1d_out.transpose(1,2).detach().numpy().shape)
    lstm_out, _ = self.lstm(conv1d_out.transpose(1,2))
    print('lstm_out: (B, S, hidden_size)=',
          lstm_out.detach().numpy().shape)

    #(c) linear input 형태 (B, in_features)
    # lstm_out 형태 (B, S, hidden_size)를 linear input 형태로 변형
    # 따라서 [B, S*hidden_size]으로 flatten
    lstm_out_flatten=torch.flatten(lstm_out, start_dim=1)
    print('lstm_out_flatten: (B, S*hidden_size)=',
          lstm_out_flatten.detach().numpy().shape)
    output = self.linear(lstm_out_flatten)
    return output
```

그림43.

그림35에서는 nn.Sequential( )을 사용하여 신경망을 정의했다. nn.Sequential( )에 순차적으로 대입할 있는 신경망들은 (1) 각 신경망 출력이 한 방향이고 (2) 신경망 출력을 다음 신경망의 입력으로 사용할 수 있어야 한다. 그러나 LSTM 출력은 한 방향이 아니므로 nn.Sequential( )에 LSTM을 대입할 수 없다. 그래서 그림43과 같이 신경망을 위상적 구조와 대수적 구조로 분리하여 각각 __init__( )와 forward( )에 정의했다.

그림44의 6번째 코드에서 클래스 Conv1d_LSTM의 인스턴스를 만들면 __init__( )가 실행되어 Conv1d층, LSTM층과 Linear층의 위상적 구조가 완성된다. 8번째에서 Conv1d_LSTM의 인스턴스 net에 input을 대입하면 그림43에서 정의한 forward( )가 실행되어 nn.Conv1d( ), nn.LSTM( )과 nn.Linear( )의 입출력 형태 출력(그림43의 24, 33, 40번째 줄)을 얻게 된다.

```
1 #[코드 2]
2
3 import torch
4 input=torch.ones(10,4,3)
5 print('input: (B, inC, S)=',input.numpy().shape)
6 net=Conv1d_LSTM( )
7 print('linear_out: (B, out_features) =',
8         net(input).detach().numpy().shape)
```

```
input: (B, inC, S)= (10, 4, 3)
conv1d_out: (B,outC,S)= (10, 2, 3)
conv1d_out.transpose: (10, 3, 2)
lstm_out: (B, S, hidden_size)= (10, 3, 2)
lstm_out_flatten: (B, S*hidden_size)= (10, 6)
linear_out: (B, out_features) = (10, 1)
```

그림44.

PART II(그림35)에서 사용한 nn.Conv1d( )와 nn.Linear( ) 사이에 그림43과 동일한 방법으로 nn.LSTM( )를 추가하면 그림45의 클래스 HAR_Conv1d_LSTM이 된다. 이 클래스는 위상적 구조와 대수적 구조만을 정의한 toy 신경망이지만, 시계열 데이터를 처리하기 위하여 Conv1d층, LSTM층과 Linear층을 순차적으로 연결하는 원리를 보여주고 있다. 클래스 HAR_Conv1d_LSTM에서 사용한 Conv1d층, LSTM층과 Linear층의 입출력의 형태를 그림46과 같이 확인할 수 있다.

```
# [코드 3]
import torch.nn as nn
class HAR_Conv1d_LSTM(nn.Module):
  def __init__(self, out_channels=64, n_hidden=2, seq_length=128):
    super( ).__init__( )
    # 그림41-(a) Conv1d
    self.conv1d = nn.Conv1d(in_channels=9,
                            out_channels=out_channels,
                            kernel_size=3,
                            padding=1)
    # (b) LSTM input_size = Conv1d 출력채널 개수
    self.lstm = nn.LSTM(input_size=out_channels,
                        hidden_size=n_hidden,
                        batch_first=True)
    # (c) Linear 입력노드 개수=LSTM seq_length*hidden_size
    self.linear = nn.Linear(in_features=seq_length*n_hidden,
                            out_features=6)

# B=batch_size,inC=in_channels,outC=in_channels, S=sequence_length
  def forward(self, input):
    # (a) conv1d input 형태 (B,inC,S)
    conv1d_out = self.conv1d(input)
    print('conv1d_out: (B,outC,S)=',
          conv1d_out.detach().numpy().shape)
    # (b) lstm input 형태[B, S, input_size] when batch_first=True
    # conv1d_out 형태[B, outC, S]를 lstm input 형태로 변형
    # 따라서 outC = input_size 이므로 [B, S, outC]로 변형
    print('conv1d_out.transpose: ',
          conv1d_out.transpose(1,2).detach().numpy().shape)
    lstm_out, _ = self.lstm(conv1d_out.transpose(1,2))
    print('lstm_out: (B, S, hidden_size)=',
          lstm_out.detach().numpy().shape)
    # (c) linear input 형태[B, in_features]
    # lstm_out 형태[B, S, hidden_size]를 linear input 형태로 변형
    # 따라서 [B, S*hidden_size]으로 flatten
    lstm_out_flatten=torch.flatten(lstm_out, start_dim=1)
    print('lstm_out_flatten: (B, S*hidden_size)=',
          lstm_out_flatten.detach().numpy().shape)
    output = self.linear(lstm_out_flatten)
    return output
```

그림45.

```
# [코드 4]
import torch
input=torch.ones(32,9,128)
print('input: (B, inC, S)=',input.numpy().shape)
net=HAR_Conv1d_LSTM( )
print('linear_out: (B, out_features) =',
      net(input).detach().numpy().shape)
```

```
input: (B, inC, S)= (32, 9, 128)
conv1d_out: (B,outC,S)= (32, 64, 128)
conv1d_out.transpose:  (32, 128, 64)
lstm_out: (B, S, hidden_size)= (32, 128, 2)
lstm_out_flatten: (B, S*hidden_size)= (32, 256)
linear_out: (B, out_features) = (32, 6)
```

그림46.

제 2부

이차원 컨볼류션 층 Conv2d

제4장 그림으로 이해하는 Conv2d

이미지를 처리하는 합성곱 신경망(Convolutional neural network, CNN)에 사용되는 컨볼루션 층(Convolutional layer)인 Conv2d에 대하여 PyTorch 코드를 사용하지 않고 알아보자. 용어와 기호를 정의할 때, 일반적인 정의 대신 이해를 돕기 위하여 예를 들어 정의를 하겠다.

PART I. 이차원 채널

정의 1. 그림1-(a)와 같이 한 개 숫자를 가지는 정사각형 네모를 '노드(node)'라고 하자. 노드는 여덟 개이고 제1행에 네 개 숫자(6, 1, 5, 8), 제2행에도 네 개 숫자(2, 4, 3, 7)이 있다. (b)는 높이(Height, H)가 2이고 폭(Width, W)이 4인 직사각형으로 8개 노드가 가지는 값을 묶은 그림이다.

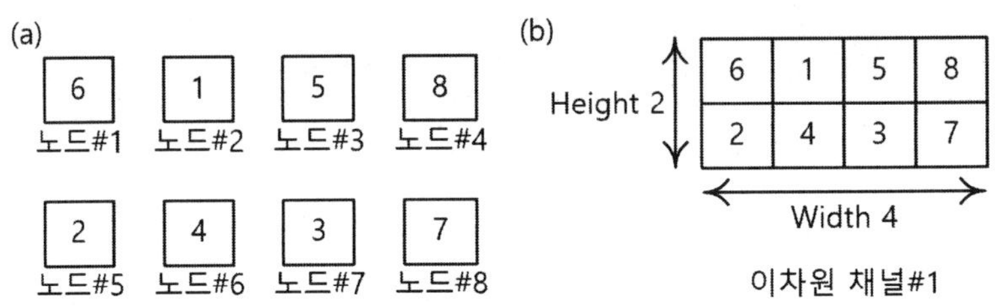

그림1.

정의1에 있는 직사각형의 높이(H)는 행렬에서 행의 개수이고 폭(W)는 열의 개수이다. 높이와 폭이 있는 직사각형 모양을 '이차원 채널(channel)' 또는 '채널'이라고 하자. 채널에 대입한 숫자를 다음과 같이 나타내자.

$$\text{이차원 채널} \begin{bmatrix} 6\,1\,5\,8 \\ 2\,4\,3\,7 \end{bmatrix}$$

또는

이차원 채널 [[6, 1, 5, 8], [2, 4, 3, 7]]

편의상 이차원 채널이 가지는 숫자를 생략하고 '이차원 채널' 또는 '채널'이라고 도 하겠다. '이차원 채널은 높이(H)와 폭(W)을 가진 행렬'이라고 볼 수 있다. 그림 1-(b)에 있는 이차원 채널은 2개 행을 가지는 행렬이고 각각의 행은 4개 숫자를 가진다. 형태(shape)은 [H, W] = [2, 4]라고 하자.

[참고1] 높이(H)를 폭(W)보다 먼저 표기

위의 형태를 보면, 직사각형의 세로에 해당하는 높이(H)를 가로에 해당하는 폭(W) 보다 먼저 적는다. 그리고 높이와 폭이 k로 같으면 '크기 k'인 이차원 채널이라 하겠다.

정의 2. 그림1-(b)에서 '이차원 채널에 대입한 데이터는 1개이다'라고 하자

흑백 이미지 데이터는 다음 예제와 같이 하나의 이미지 행렬로 나타낼 수 있으므로 이차원 채널이 된다.

예제 1 sklearn.datasets.load_digits에는 0부터 9사이의 숫자 이미지를 크기가 8인 작은 정사각형(픽셀 pixel, picture element 의미)으로 분할하여 각 픽셀에 0부터 16사이의 정수가 있는 '이미지 행렬'이 저장되어 있다.

(a)

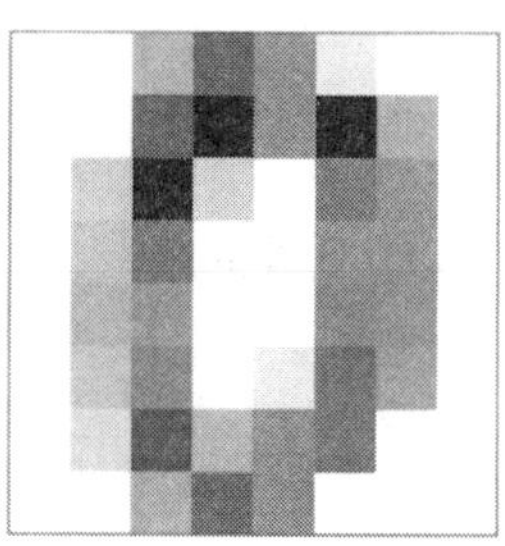

(b)

0	0	5	13	9	1	0	0
0	0	13	15	10	15	5	0
0	3	15	2	0	11	8	0
0	4	12	0	0	8	8	0
0	5	8	0	0	9	8	0
0	4	11	0	1	12	7	0
0	2	14	5	10	12	0	0
0	0	6	13	10	0	0	0

그림2.

흰색에 가까운 픽셀일수록 0에 가까운 정수이고 검정색에 가까울수록 16에 가까운 정수이다. 예를 들면, 그림2-(a)는 숫자 0의 이미지 행렬을 그림으로 출력한 것이고 (b)는 이때 사용한 이미지 행렬이다. 위 이미지 행렬을 이차원 채널로 생각

하면 높이(H)와 폭(W)는 모두 8이 되므로 형태 [H, W]=[8,8]인 이차원 채널이다. RGB 컬러 이미지는 다음 예제와 같이 Red 이미지, Geen 이미지, Blue 이미지로 분해되므로 새 개의 이미지 행렬로 나타낼 수 있다. 따라서 RGB 컬러 이미지는 세 개의 이차원 채널이 된다.

예제 2 그림3와 같이 RGB 컬러 이미지를 Red 이미지, Green 이미지와 Blue 이미지로 분해할 수 있고 각각을 이차원 채널로 나타낼 수 있으므로 하나의 컬러 이미지로부터 3개의 이차원 채널이 만들어진다. 이차원 채널의 높이H와 폭W, 그리고 픽셀에 있는 숫자들은 편의상 정한 숫자이다. 뒤에서 실제 jpg 이미지를 다룰 때 실제 H, W 그리고 픽셀이 가지는 숫자를 설명하게 된다.

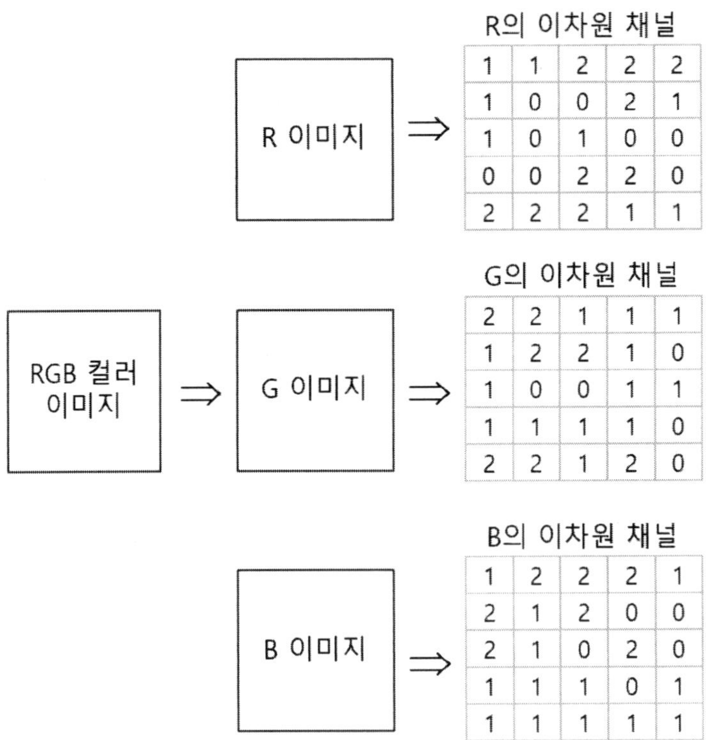

그림3.

PART II. 합성곱 연산

Conv2d에 사용되는 합성곱 연산을 정의하기 위하여 먼저 아다마르 곱(Hadamard Product)를 정의하고 이어 프로베니우스 내적(Frobenius inner product)를 정의하자.

정의 3. 크기가 같은 행렬 $\begin{bmatrix}1&2\\3&4\end{bmatrix}$, $\begin{bmatrix}5&0\\0&6\end{bmatrix}$의 '아다마르 곱'을 다음과 같이 정의한다.

$$\begin{bmatrix}1&2\\3&4\end{bmatrix}\bigcirc\begin{bmatrix}5&0\\0&6\end{bmatrix}=\begin{bmatrix}1\times5&2\times0\\3\times0&4\times6\end{bmatrix}=\begin{bmatrix}5&0\\0&24\end{bmatrix}$$

정의 4. 크기가 같은 두 행렬 $\begin{bmatrix}1&2\\3&4\end{bmatrix}$, $\begin{bmatrix}5&0\\0&6\end{bmatrix}$의 '프로베니우스 내적 $\oplus$'을 다음과 같이 아다마르 곱의 성분의 합으로 정의한다.

$$\begin{bmatrix}1&2\\3&4\end{bmatrix}\oplus\begin{bmatrix}5&0\\0&6\end{bmatrix}=\begin{bmatrix}1&2\\3&4\end{bmatrix}\bigcirc\begin{bmatrix}5&0\\0&6\end{bmatrix}\text{의 성분의 합}$$

$$=\begin{bmatrix}5&0\\0&24\end{bmatrix}\text{의 성분의 합}$$

$$=5+0+0+24=29$$

'프로베니우스 내적'을 '내적'이라 하겠다. 내적을 이용하여 Conv2d에 사용되는 합성곱 연산을 정의하고, 이 과정에서 커널, 커널크기와 가중치를 정의하자.

정의 5. $\begin{bmatrix}1&2&3\\4&5&6\\7&8&9\end{bmatrix}$과 $\begin{bmatrix}w_{11}&w_{12}\\w_{21}&w_{22}\end{bmatrix}$의 '2D 합성곱 연산 ★'은 다음과 같다.

$$\begin{bmatrix}1&2&3\\4&5&6\\7&8&9\end{bmatrix}\star\begin{bmatrix}w_{11}&w_{12}\\w_{21}&w_{22}\end{bmatrix}=\begin{bmatrix}\begin{bmatrix}1&2\\4&5\end{bmatrix}\oplus\begin{bmatrix}w_{11}&w_{12}\\w_{21}&w_{22}\end{bmatrix} & \begin{bmatrix}2&3\\5&6\end{bmatrix}\oplus\begin{bmatrix}w_{11}&w_{12}\\w_{21}&w_{22}\end{bmatrix}\\ \begin{bmatrix}4&5\\7&8\end{bmatrix}\oplus\begin{bmatrix}w_{11}&w_{12}\\w_{21}&w_{22}\end{bmatrix} & \begin{bmatrix}5&6\\8&9\end{bmatrix}\oplus\begin{bmatrix}w_{11}&w_{12}\\w_{21}&w_{22}\end{bmatrix}\end{bmatrix}$$

여기서 $\begin{bmatrix}1\,2\,3\\4\,5\,6\\7\,8\,9\end{bmatrix}$를 '이차원 입력채널'이라 하자. $\begin{bmatrix}w_{11}\,w_{12}\\w_{21}\,w_{22}\end{bmatrix}$는 '커널(kernel)'이고 '커널크기(kernel_size)'는 2가 된다. 커널이 가진 숫자 w_{11} ,w_{12}, w_{21}, w_{22}를 '가중치(weight)'라 하자. 일반적으로 '입력채널★커널'에서 커널크기는 입력채널의 크기보다 작다. 그리고 합성곱 연산에 사용한 커널과 연산결과는 입력채널과 동일한 2차원의 채널임을 기억하자.

다음 이차원 입력채널에 대하여 합성곱 연산 정의를 단계별로 알아보자.

$$\begin{bmatrix}a_{11}\,a_{12}\,a_{13}\\a_{21}\,a_{22}\,a_{23}\\a_{31}\,a_{32}\,a_{33}\end{bmatrix}=\begin{bmatrix}1\,2\,3\\4\,5\,6\\7\,8\,9\end{bmatrix}$$

Step1. 입력채널의 1행1열 성분인 a_{11}부터 시작해서 커널 크기와 같은 행렬 $\begin{bmatrix}a_{11}\,a_{12}\\a_{21}\,a_{22}\end{bmatrix}=\begin{bmatrix}1\,2\\4\,5\end{bmatrix}$을 추출하여 커널과 내적을 한다.

$$\begin{bmatrix}1\,2\\4\,5\end{bmatrix}\oplus\begin{bmatrix}w_{11}\,w_{12}\\w_{21}\,w_{22}\end{bmatrix}=w_{11}+2w_{12}+4w_{21}+5w_{22}$$

내적해서 얻은 숫자를 a_{11}의 위치인 1행1열에 적는다. 커널과 내적하는 행렬을 '수용 영역(receptive field)'라고 한다.

Step2. 위의 Step1을 반복한다. 단 입력채널의 1행1열인 a_{11} 대신에 바로 다음(stride=1)인 1행2열 숫자 a_{12}로 이동한 행렬 $\begin{bmatrix}a_{12}\,a_{13}\\a_{22}\,a_{23}\end{bmatrix}=\begin{bmatrix}2\,3\\5\,6\end{bmatrix}$과 커널을 내적한다.

$$\begin{bmatrix}2\,3\\5\,6\end{bmatrix}\oplus\begin{bmatrix}w_{11}\,w_{12}\\w_{21}\,w_{22}\end{bmatrix}=2w_{11}+3w_{12}+5w_{21}+6w_{22}$$

내적해서 얻은 숫자를 a_{12}의 위치인 1행2열에 적는다.

Step3. 위와 같이 a_{12} 대신에 바로 다음 숫자 a_{13}로 이동한다. 그러나 a_{13}에서는 위와 같은 크기 2인 행렬을 만들 수 없기 때문에 a_{13}의 다음 숫자인 a_{21}으로 이동한다. a_{21}에서는 위와 같은 크기 2인 행렬 $\begin{bmatrix} a_{21} & a_{22} \\ a_{31} & a_{32} \end{bmatrix} = \begin{bmatrix} 4 & 5 \\ 7 & 8 \end{bmatrix}$을 만들 수 있으므로 커널과 내적한다.

$$\begin{bmatrix} 4 & 5 \\ 7 & 8 \end{bmatrix} \oplus \begin{bmatrix} w_{11} & w_{12} \\ w_{21} & w_{22} \end{bmatrix} = 4w_{11} + 5w_{12} + 7w_{21} + 8w_{22}$$

내적해서 얻은 숫자를 a_{21}의 위치인 2행1열에 적는다.

Step4. 위와 같은 계산을 반복한다. 그 결과 마지막은 a_{21} 대신에 바로 다음 숫자 a_{22}로 이동한 행렬 $\begin{bmatrix} a_{22} & a_{23} \\ a_{32} & a_{33} \end{bmatrix} = \begin{bmatrix} 5 & 6 \\ 8 & 9 \end{bmatrix}$와 커널을 내적한다.

$$\begin{bmatrix} 5 & 6 \\ 8 & 9 \end{bmatrix} \oplus \begin{bmatrix} w_{11} & w_{12} \\ w_{21} & w_{22} \end{bmatrix} = 5w_{11} + 6w_{12} + 8w_{21} + 9w_{22}$$

내적해서 얻은 숫자를 a_{22}의 위치인 2행2열에 적는다.

예제 3 입력채널 $\begin{bmatrix} 1 & 2 & 3 \\ 4 & 5 & 6 \\ 7 & 8 & 9 \end{bmatrix}$과 $\begin{bmatrix} 1 & 0 \\ 0 & 0 \end{bmatrix}$의 '합성곱 연산 ★'은 다음과 같다.

$$\begin{bmatrix} 1 & 2 & 3 \\ 4 & 5 & 6 \\ 7 & 8 & 9 \end{bmatrix} \star \begin{bmatrix} 1 & 0 \\ 0 & 0 \end{bmatrix} = \begin{bmatrix} \begin{bmatrix} 1 & 2 \\ 4 & 5 \end{bmatrix} \oplus \begin{bmatrix} 1 & 0 \\ 0 & 0 \end{bmatrix} & \begin{bmatrix} 2 & 3 \\ 5 & 6 \end{bmatrix} \oplus \begin{bmatrix} 1 & 0 \\ 0 & 0 \end{bmatrix} \\ \begin{bmatrix} 4 & 5 \\ 7 & 8 \end{bmatrix} \oplus \begin{bmatrix} 1 & 0 \\ 0 & 0 \end{bmatrix} & \begin{bmatrix} 5 & 6 \\ 8 & 9 \end{bmatrix} \oplus \begin{bmatrix} 1 & 0 \\ 0 & 0 \end{bmatrix} \end{bmatrix}$$

$$= \begin{bmatrix} 1 & 2 \\ 4 & 5 \end{bmatrix}$$

여기서 가중치는 1, 0, 0, 0이 된다. 이러한 합성곱 연산을 다음과 같은 그림으로 나타내자. Conv1d에서 입력채널, 커널과 연산결과의 차원이 모두 동일하고 1차원이 되듯이 Conv2d에서도 입력채널, 커널과 연산결과의 차원이 모두 동일하고 2차원이 됨을 알 수 있다.

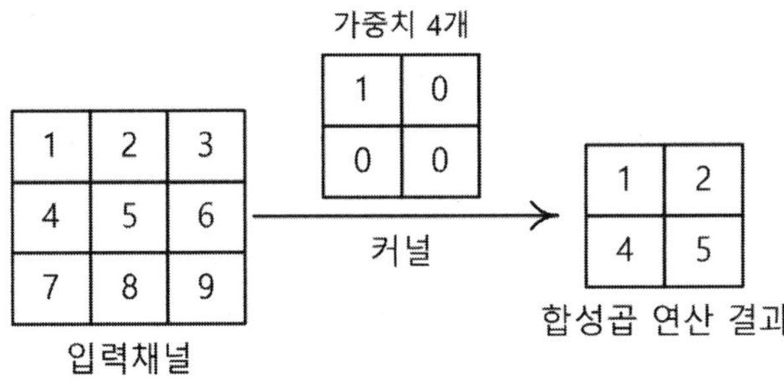

그림4.

이차원 입력채널이 가지는 숫자들의 패턴을 추출할 때, 위에서 다룬 입력채널과 커널의 2D 합성곱 연산을 이용할 수 있다.

예제 4 아래와 같이 입력채널의 각 열은 영 아닌(non-zero) 숫자로 이루어지거나 모두 영(zero)으로 이루어졌다. 이때, 아래 같이 각 열이 구별되는 특별한 숫자로 구성된 커널을 사용하면 이런 열 방향의 패턴을 추출할 수 있다. 즉, 1D 합성곱에서와 마찬가지로 2D 합성곱 연산 결과에도 입력채널이 가진 패턴이 나타난다.

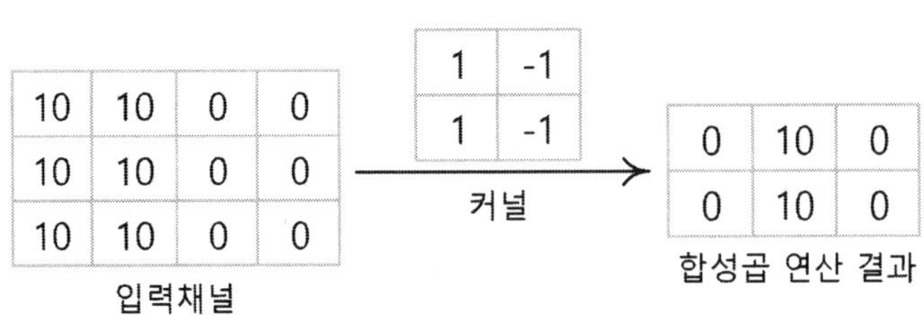

그림5.

제5장에서 이러한 패턴 추출을 이미지로 확인해보겠다.

[참고2] 합성곱 연산과 교차상관(cross-correlation) 연산

신호처리에서 두 함수 w와 f의 '합성곱 연산'과 '교차상관 연산' 정의는 다음과 같다.

$$\text{합성곱 연산:} \quad (w * f)(i,j) = \sum_{u=-\infty}^{\infty} \sum_{v=-\infty}^{\infty} w(u,v) f(i-u, j-v)$$

$$\text{교차상관 연산:} \quad (w \otimes f)(i,j) = \sum_{u=-\infty}^{\infty} \sum_{v=-\infty}^{\infty} w(u,v) f(i+u, j+v)$$

그림4에서 사용한 입력채널과 커널로 두 연산 결과를 비교하자. 함수 w의 정의역은 $\{(0,0),(0,1),(1,0),(1,1)\}$이고 대응하는 함숫값은 다음과 같다고 하자.

$$[w(0,0),\ w(0,1), w(1,0), w(1,1)] = [1,0,0,0]$$

함수 f의 정의역은 $\{0,1,2\} \times \{0,1,2\}$이고 대응하는 함숫값은 다음과 같다고 하자.

$$f(i,j) = 3i + j + 1\,(0 \le i,j \le 2)$$

그림4에서 f와 w의 내적으로 구한 결과는 $w * f$으로 구할 수 없다.

$$\begin{bmatrix} 1\,2 \\ 4\,5 \end{bmatrix} \neq \begin{bmatrix} (w * f)(1,1) & (w * f)(1,2) \\ (w * f)(2,1) & (w * f)(2,2) \end{bmatrix}$$

$$= \begin{bmatrix} \sum_{u=0}^{1} \sum_{v=0}^{1} w(u,v) f(1-u, 1-v) & \sum_{u=0}^{1} \sum_{v=0}^{1} w(u,v) f(1-u, 2-v) \\ \sum_{u=0}^{1} \sum_{v=0}^{1} w(u,v) f(2-u, 1-v) & \sum_{u=0}^{1} \sum_{v=0}^{1} w(u,v) f(2-u, 2-v) \end{bmatrix} \text{— (식1)}$$

그러나 $w \otimes f$으로 다음과 같이 구할 수 있다.

$$\begin{bmatrix} 1\,2 \\ 4\,5 \end{bmatrix} = \begin{bmatrix} (w \otimes f)(0,0) & (w \otimes f)(0,1) \\ (w \otimes f)(1,0) & (w \otimes f)(1,1) \end{bmatrix}$$

$$= \begin{bmatrix} \sum_{u=0}^{1}\sum_{v=0}^{1} w(u,v)f(u,v) & \sum_{u=0}^{1}\sum_{v=0}^{1} w(u,v)f(u,1+v) \\ \sum_{u=0}^{1}\sum_{v=0}^{1} w(u,v)f(1+u,v) & \sum_{u=0}^{1}\sum_{v=0}^{1} w(u,v)f(1+u,1+v) \end{bmatrix} \quad \text{— (식2)}$$

따라서 위에서 정의한 연산 ★은 교차상관 연산 ⊗이라고 할 수 있다. 그런데도 연산 ★를 연산 ∗의 이름인 합성곱 연산이라고 하는 이유는 무엇일까? 그 이유는 커널이 가지는 가중치가 업데이트되며, (식2)의 $w \otimes f$에 사용한 $w(u,v)$를 $w(1-u,1-v)$으로 변경하면 (식2)는 (식1)이 되기 때문이다. 우리가 사용할 PyTorch의 Conv2d 설명에는 연산 ★는 'cross-correlation operator(교차상관 연산)'이라고 되어있지만, '합성곱 연산 ★'이라는 용어를 사용하겠다.

합성곱 연산 결과를 이동시키는 역할을 하는 편향치(bias)를 정의하자.

정의 6. 아래와 같이 합성곱 연산 결과에 더하는 숫자 10을 '편향치(bias)'라 한다.

$$\begin{bmatrix}1&2&3\\4&5&6\\7&8&9\end{bmatrix} \star \begin{bmatrix}1&0\\0&0\end{bmatrix} + \begin{bmatrix}10&10\\10&10\end{bmatrix} = \begin{bmatrix} \begin{bmatrix}1&2\\4&5\end{bmatrix} \oplus \begin{bmatrix}1&0\\0&0\end{bmatrix} & \begin{bmatrix}2&3\\5&6\end{bmatrix} \oplus \begin{bmatrix}1&0\\0&0\end{bmatrix} \\ \begin{bmatrix}4&5\\7&8\end{bmatrix} \oplus \begin{bmatrix}1&0\\0&0\end{bmatrix} & \begin{bmatrix}5&6\\8&9\end{bmatrix} \oplus \begin{bmatrix}1&0\\0&0\end{bmatrix} \end{bmatrix} + \begin{bmatrix}10&10\\10&10\end{bmatrix}$$

$$= \begin{bmatrix}1&2\\4&5\end{bmatrix} + \begin{bmatrix}10&10\\10&10\end{bmatrix} = \begin{bmatrix}11&12\\14&15\end{bmatrix}$$

정의6에서 편향치 10으로 구성된 이차원 채널은 합성곱 연산 결과의 형태와 동일하므로 간단히 다음과 같이 나타내자.

$$\begin{bmatrix}1&2&3\\4&5&6\\7&8&9\end{bmatrix} \star \begin{bmatrix}1&0\\0&0\end{bmatrix} + 10 = \begin{bmatrix}11&12\\14&15\end{bmatrix}$$

편향치까지 더한 결과 $\begin{bmatrix}11&12\\14&15\end{bmatrix}$를 '출력채널'이라고 하자. 합성곱 연산 결과는 A= $\begin{bmatrix}1&2\\4&5\end{bmatrix}$이고 편향치를 더한 후는 B=$\begin{bmatrix}11&12\\14&15\end{bmatrix}$이다. A와 B의 채널 크기는 동일하고 1, 2, 4, 5의 상대적 위치와 11, 12, 14, 15의 상대적 위치는 동일하다. 그러나 편향치

를 더하기 전후의 절대적 위치는 다르게 된다. 즉, 편향치는 합성곱 연산으로 얻게되는 숫자들의 분포를 유지하면서 숫자들을 이동시키는 역할을 한다. 이러한 합성곱 연산과 편향치의 합을 다음과 같이 나타내자.

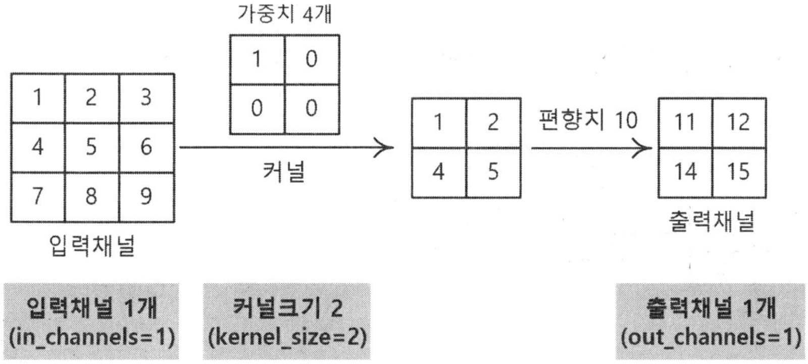

그림6.

그림6에서 입력채널 개수, 출력채널 개수와 커널크기를 표시한 이유는 합성곱 연산 과정의 위상적 구조를 결정하는데 사용되기 때문이다. 자세한 내용은 제5장에서 다룬다.

지금까지 입력채널이 1개일 때, 출력채널을 구했다. 일반적으로 입력채널이 1개 보다 많기 때문에, 입력채널이 2개, 출력채널이 1개이고 커널크기가 2일 때, 입력채널, 커널과 편향치에 숫자를 입력하여 합성곱 연산으로 만들어지는 출력채널을 구해보자.

예제 5 그림7에서 입력채널#1과 커널#1-1의 합성곱 연산 결과는 $\begin{bmatrix}1&2\\4&5\end{bmatrix}$이다. 마찬가지로 입력채널#2와 커널#1-2의 합성곱 연산 결과는 $\begin{bmatrix}5&4\\2&3\end{bmatrix}$이다. 독립적으로 구한 두 개의 합성곱 연산 결과를 다음과 같이 성분별로 더한다.

$$\begin{bmatrix}1&2\\4&5\end{bmatrix}+\begin{bmatrix}5&4\\2&3\end{bmatrix}=\begin{bmatrix}6&6\\6&8\end{bmatrix}$$

그리고 편향치 10을 더하여 출력채널#1을 구한다.

$$\begin{bmatrix} 6 & 6 \\ 6 & 8 \end{bmatrix} + 10 = \begin{bmatrix} 16 & 16 \\ 16 & 18 \end{bmatrix}$$

이러한 계산과정은 다음 그림과 같다.

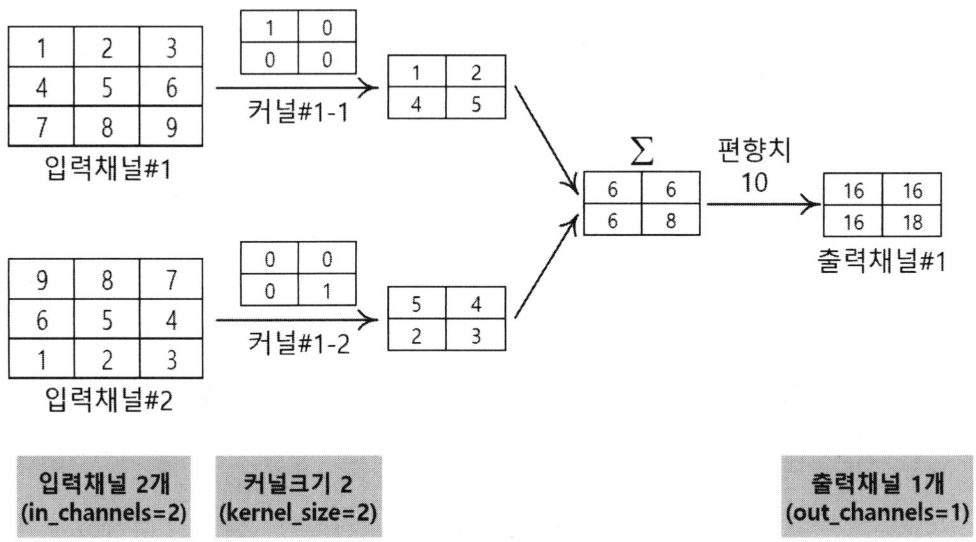

그림7.

커널#1-1에서 번호 #1-1은 출력채널#1과 입력채널#1을 연결한 커널을 나타낸다. 마찬가지로, 커널#1-2는 출력채널#1과 입력채널#2를 연결한 커널이다. 그리고 편향치 10을 출력채널#1이 가진 편향치라고 하자.

입력채널이 2개, 출력채널이 2개, 커널크기가 2일 때, 출력채널을 구해보자.

예제 6 아래 그림과 같이 각 출력채널이 가지는 값이 독립적으로 계산됨을 강조하기 위하여 아래 그림에서 출력채널#1에 도달하는 화살표를 점선으로 표시하고 출력채널#2에서는 실선으로 표시했다. 출력채널 사이에 입력채널이 가지는 값은 공유하지만 커널과 편향치는 공유하지 않는다.

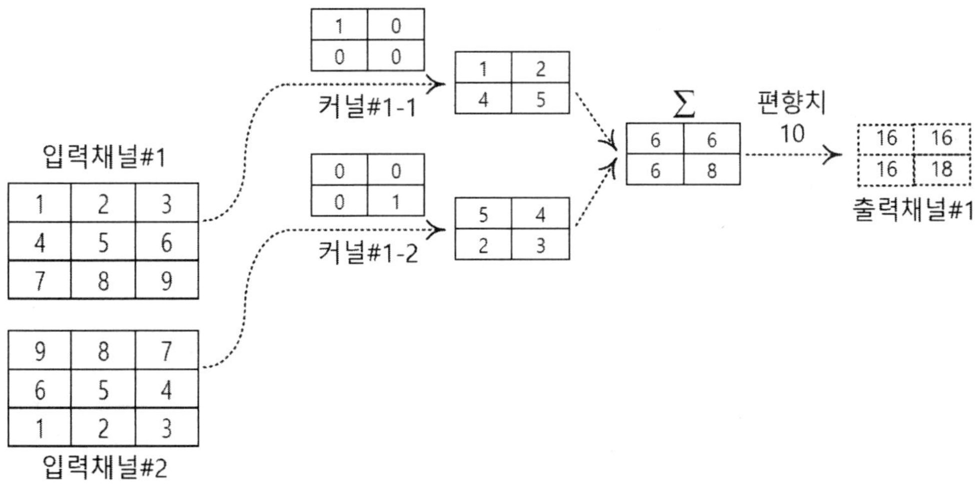

그림8.

위의 그림8와 아래 그림9를 비교하면 입력채널#1, #2가 가지는 값을 공유하여 출력채널#1과 #2를 구함을 알 수 있다. 그러나 출력채널#1을 구할 때 사용한 커널 #1-1, #1-2와 편향치 10을 출력채널#2를 구할 때는 재사용하지 않는다. 아래 그림13과 같이 커널#2-1, #2-2와 편향치 20를 사용하여 출력채널#2를 구한다. 즉, 각각의 출력채널에 대하여 입력채널 개수 만큼의 커널이 존재함을 알 수 있다. 만약 입력채널이 10개이고 출력채널이 20개이면, 출력채널 20개 각각에 대하여 입력채널 10개 만큼의 커널이 존재하므로 총 커널 개수는 다음과 같다.

$$커널개수 = (출력채널\ 개수) \times (입력채널\ 개수) = 20 \times 10$$

입력채널과 출력채널 개수를 알면, 위와 같이 커널개수는 알 수 있지만 커널크기는 알 수 없다. 따라서 컨볼류션층을 정의할 때 커널크기를 명시해야 한다.
편향치의 경우는 각각의 출력채널이 1개의 편향치를 가지고 출력채널이 20개이므로 편향치도 20개가 존재한다. 출력채널 개수를 알면 편향치 개수도 알 수 있기 때문에 컨볼류션층을 정의할 때, 출력채널 개수를 명시하므로 편향치 개수는 명시하지 않는다.

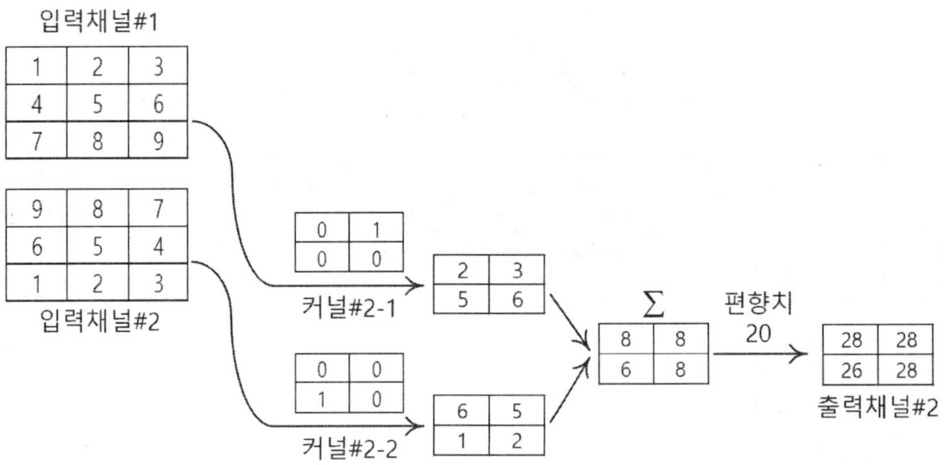

그림9.

그림8과 그림9를 함께 그리면 그림10이 된다.

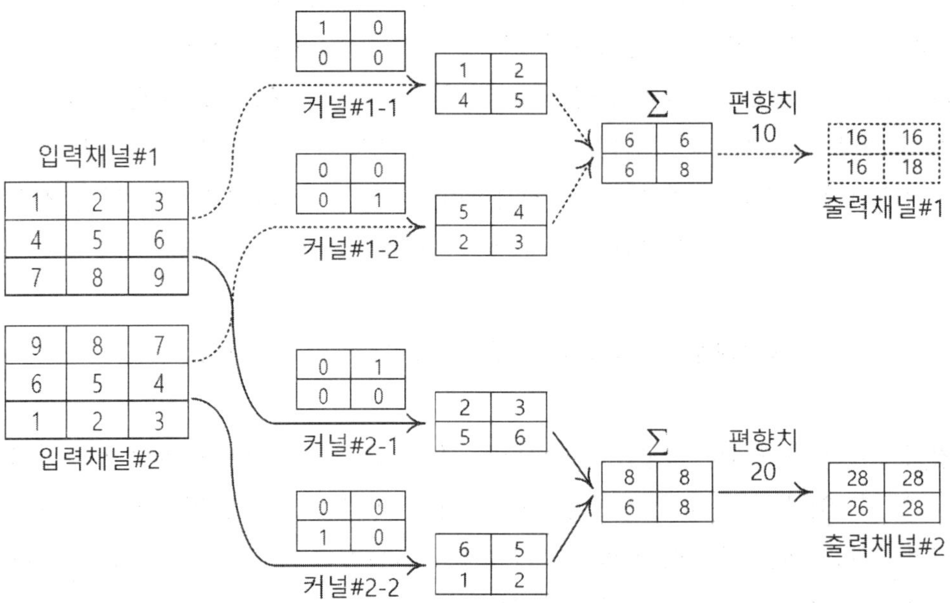

그림10.

입력채널과 출력채널 개수가 많아질수록 그림이 복잡해지기 때문에 아래 PART III에서 채널 개수가 늘어도 간단하게 그릴 수 있는 방법을 설명한다.

PART III. 출력채널이 가지는 숫자

지금까지 예를 들어 합성곱 연산으로 출력채널이 가지는 숫자를 계산했다. 이러한 계산과정을 PyTorch 기준에서 일반적으로 설명하면 두 단계로 나눌 수 있다.

Step1. 입력채널과 출력채널을 화살표로 완전연결하기

아래 그림11-(a)와 같이 그림6에 있는 숫자를 지운 후, (b)와 같이 입력채널에서 출발하여 출력채널에 도착하는 하나의 화살표를 그린다. (a)에서는 입력채널과 출력채널이 가지는 숫자 개수를 알 수 있도록 직사각형 내부를 분할했지만 (b)에서는 생략한다. 그 이유는 입력채널에 대입할 input의 형태(shape)로부터 입력채널이 가지는 숫자 개수가 결정되기 때문이다. 또한 input 형태로부터 입력채널 개수도 알 수 있기 때문에 Keras에서는 입력채널 개수를 Conv2d( )에 대입하지 않는다. 그러나 PyTorch에서는 구조를 분명하게 알 수 있도록 입력채널 개수를 대입한다. 이를 제5장에서 설명한다.

입력채널#1과 출력채널#1에서 #1은 1번째를 의미한다. '화살표는 커널을 가진다' 그리고 '편향치는 출력채널로 들어간다'고 생각하자. 즉, 1개 입력채널과 1개 출력채널은 1개 화살표로 연결되고 각각의 화살표는 1개 커널을 가진다. 그리고 각각의 출력채널로 1개 편향치가 들어간다. 입력채널#1에서 출발해서 출력채널#1에 도착하는 화살표가 가지는 커널을 '커널#1-1(kernel_size=2)'으로 나타냈다. 여기서 '1-1'은 '출력채널#1-입력채널#1'을 의미한다. 만약 입력채널#2와 출력채널#3이 존재하면 이 두 개 채널을 연결한 화살표는 커널#3-2를 가지게 된다. 커널번호를 표기할 때, 출력채널 번호를 먼저 표기하는 이유는 PyTorch가 커널이 가지는 가중치를 저장할 때 출력채널을 기준으로 하기 때문이다. 제5장에서 예를 들어 설명하겠다. 편향치#1에서 #1은 출력채널#1로 들어가는 편향치를 나타내는 번호이다. 만약 출력채널#2가 존재하면 출력채널#2로 들어가는 편향치#2가 존재한다. 앞으로 그림11-(c)와 같이 편향치를 생략한다. 커널은 반드시 사용해야 하지만 편향치는 신경망을 만들 때, 사용하지 않도록 설정할 수 있다. 편향치 사용 여부의 default는 사용이다(bias=True).

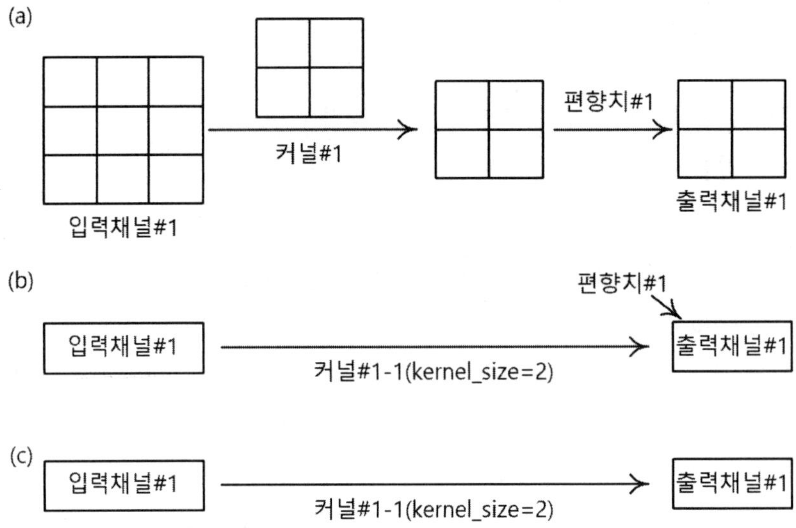

그림11.

입력채널 또는 출력채널이 2개 이상일 때, 다음과 같이 연결한다.

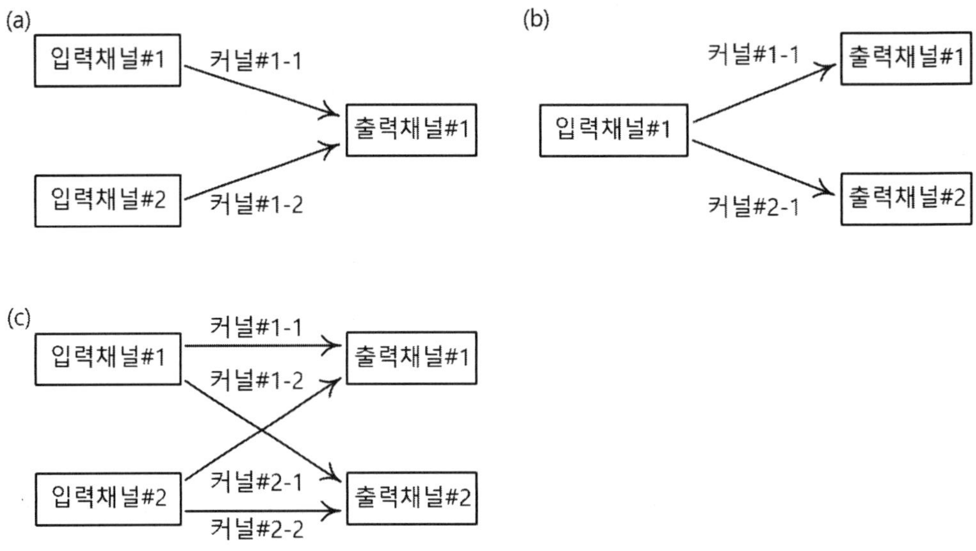

그림12.

그림12-(a)와 (c)는 각각 그림7과 10을 간단히 나타낸 그림이다. 그림12-(c)의 커널 번호는 다음 그림과 같이 출력채널을 기준으로 한다.

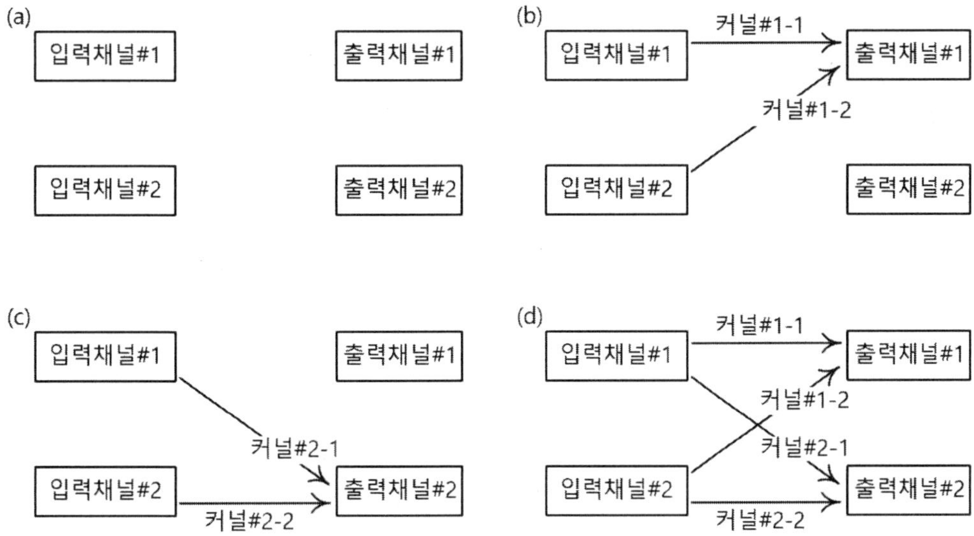

그림13.

그림13-(a)와 같이 입력채널 2개와 출력채널 2개가 주어졌을 때, (b)와 같이 출력채널#1에 두 개 입력채널을 화살표로 연결한다. 마찬가지로 (c)와 같이 출력채널#2에 두 개 입력채널을 연결한다. (b)와 (c)를 동시에 나타낸 그림이 (d)이다. 먼저 출력채널#을 고정한 후에 각각의 입력채널을 출력채널#과 연결하기 때문에 '출력채널'을 기준으로 화살표를 그리게 된다. 이를 나타내기 위하여 커널 번호가 출력채널#의 번호부터 시작한다.

편향치는 몇 개 있을까? 각각의 출력채널로 들어오는 편향치가 1개 존재하므로 출력채널#1, #2로 들어오는 편향치#1, #2가 존재한다. 따라서 편향치는 2개 있다.

그림13-(d)는 그림10를 간단히 나타낸 그림이고 각각의 출력채널을 고정한 후에 각각의 입력채널을 출력채널과 화살표로 연결할 때, '입력채널과 출력채널이 완전연결되었다(fully connected)'고 하자.

[참고3] 채널 완전연결

제1장에서 설명한 Conv1d의 '채널 완전연결'과 Conv2d의 '채널 완전연결'은 동일함을 알 수 있다. 차이점은 Conv1d에서는 일차원 채널을 사용하고 Conv2d에서는 이차원 채널을 사용함에 있다. 그래서 Conv1d과 Conv2d의 '채널 완전연결' 그림을 동일하게 그렸다.

Step2. 출력채널이 가지는 숫자를 구하기

출력채널로 들어오는 모든 합성곱 연산 결과의 합을 A라고 하자. 그리고 출력채널로 들어오는 편향치를 B라고 할 때, A+B가 출력채널이 가지는 숫자이다. 예를 들면, 그림11-(c)와 그림6으로부터 입력채널#1과 커널#1-1의 합성곱 연산 결과가 출력채널#1로 들어오므로 A=$\begin{bmatrix}1\,2\\4\,5\end{bmatrix}$이다. 출력채널#1로 들어오는 편향치#1이 10이므로 B=10이 된다. 따라서 출력채널#1이 가지는 숫자 A+B는 다음과 같이 된다.

$$A + B = \begin{bmatrix}1\,2\\4\,5\end{bmatrix} + 10 = \begin{bmatrix}11\,12\\14\,15\end{bmatrix}$$

그림12-(a)의 경우는 출력채널#1으로 들어오는 것은 입력채널#1과 커널#1-1을 합성곱 연산한 결과 A1과 입력채널#2과 커널#1-2를 합성곱 연산한 결과 A2이다. 따라서 출력채널로 들어오는 모든 합성곱 연산 결과의 합 A는 A=A1+A2가 된다. 그리고 출력채널#1로 들어오는 편향치#1을 B라고 할 때, 출력채널#1가 가진 숫자 A+B는 A1+A2+B가 된다. 위에서 다룬 그림7을 이용하여 A1+A2+B를 구체적으로 계산해 보자.

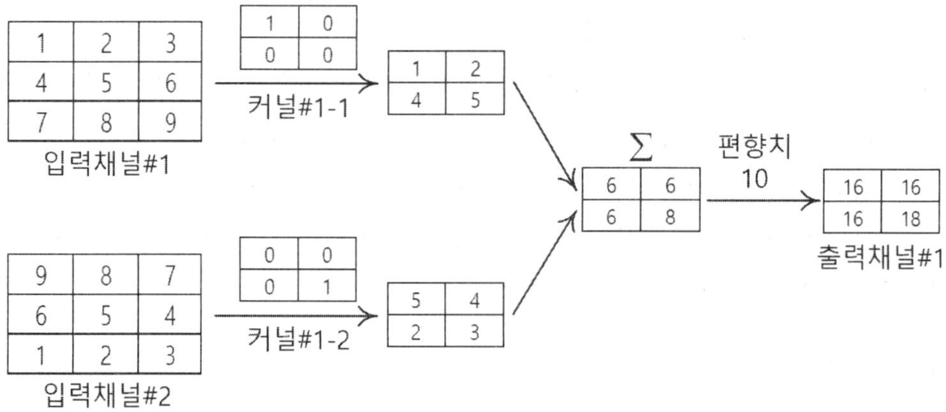

그림7.

여기서 A1=$\begin{bmatrix}1\,2\\4\,5\end{bmatrix}$, A2=$\begin{bmatrix}5\,4\\2\,3\end{bmatrix}$과 B=10 이다. 출력채널#1으로 들어오는 합성곱 연산

결과는 A1과 A2이므로 $A=A1+A2=\begin{bmatrix}6&6\\6&8\end{bmatrix}$이 된다. 따라서 출력채널#1이 가지는 A+B는 다음과 같이 계산된다.

$$A+B = \begin{bmatrix}6&6\\6&8\end{bmatrix} + 10 = \begin{bmatrix}16&16\\16&18\end{bmatrix}$$

위의 Step1과 Step2은 Conv2d를 두 가지 요소로 분리하여 설명한 내용이다. 이러한 관점은 Conv2d를 구조적으로 이해하는데 도움이 된다. 이 두 가지 요소를 요약하면 다음과 같다.

- **Conv2d의 위상적 구조(Step1)**

출력채널이 가진 숫자를 구하기 전에 입력채널과 출력채널을 연결한 위상적 구조를 이해해야 한다. 먼저, Conv2d에서 다루는 연결은 노드 사이의 연결이 아니고 입력채널과 출력채널 사이의 완전연결이므로 '채널 완전연결'이라는 용어로 Conv2d의 위상적 구조를 기억하자. 특히, 출력채널을 기준으로 입력채널을 연결함을 기억하자. 예를 들면, 입력채널#1, #2, #3가 있고 출력채널#1, #2가 있다고 할 때, 출력채널#1을 모든 입력채널과 연결한다. 즉, 커널#1-1, #1-2, #1-3을 가지는 3개 화살표가 만들어진다. 마찬가지로 출력채널#2를 모든 입력채널과 연결한다. 즉, 커널#2-1, #2-2, #2-3을 가지는 3개 화살표가 만들어지므로 채널 완전연결에 의하여 총 6개 화살표가 만들어진다. 이차원 입력채널에 대입할 수 있는 데이터는 이차원 형태 [H, W]를 가진다.

- **Conv2d의 대수적 구조(Step2)**

먼저, 출력채널#에 도착하는 각각의 화살표를 타고 들어오는 모든 합성곱 연산 결과의 합을 A라고 하자. 그리고 출력채널#로 들어오는 편향치를 B라 할 때, A에 B를 더한다. 이렇게 얻은 결과인 A+B가 출력채널#이 가지는 숫자가 되고 형태 [H,W]로 저장된다. 이러한 연산과정을 PyTorch에서 사용한 기호로 정의하면 다음과 같다.

정의 7. 입력채널과 출력채널 개수가 각각 C_{in}과 C_{out}이다. j번째 출력채널은 C_{out_j}이다. i번째 배치 원소(N_i라고 하자)는 C_{in}개 데이터를 가지고, 이중에서 k번째 데이터는 k번째 입력채널에 대입할 숫자들이며 $\text{input}(N_i, k)$라고 하자 $(0 \le k \le C_{in} - 1)$. 출력채널 C_{out_j}과 k번째 입력채널을 연결하는 커널의 가중치를 $\text{weight}(C_{out_j}, k)$라 하자. 출력채널 C_{out_j}로 들어오는 편향치를 $\text{bias}(\mathrm{C}_{\mathrm{out}_j})$라고 하자. 배치 원소 N_i를 입력채널에 대입했을 때, 출력채널 C_{out_j}이 가지는 숫자 $\text{out}(\mathrm{N}_i, \mathrm{C}_{\mathrm{out}_j})$를 다음과 같이 계산한다.

$$\text{out}\left(N_i, C_{out_j}\right) = \left\{\sum_{k=0}^{C_{in}-1} \text{input}\left(N_i, k\right) \bigstar \text{weight}\left(C_{out_j}, k\right)\right\} + \text{bais}\left(C_{out_j}\right)$$

그림11에서 출력채널이 가지는 숫자를 $\text{out}(\mathrm{N}_i, \mathrm{C}_{\mathrm{out}_j})$의 정의를 사용하여 계산해 보자.

예제 7 그림7에서 입력채널 개수 $C_{\text{in}} = 2$이고 출력채널 개수 $C_{out} = 1$이다. 0번째 배치 원소 N_0는 다음과 같이 2개 데이터 D_0^0과 D_0^1을 가진다.

$$\text{Batch}\, N_0 = \left[D_0^0, D_0^1\right],\ D_0^0 = \begin{bmatrix} 1\,2\,3 \\ 4\,5\,6 \\ 7\,8\,9 \end{bmatrix},\ D_0^1 = \begin{bmatrix} 9\,8\,7 \\ 6\,5\,4 \\ 3\,2\,1 \end{bmatrix}$$

여기서 D_0^0과 D_0^1은 각각 0번째와 1번째 입력채널에 대입하는 데이터이고, $\mathrm{D}_0^0 = \text{input}(N_0, 0)$과 $\mathrm{D}_0^1 = \text{input}(N_0, 1)$이 된다. 출력채널 C_{out_0}과 k번째 입력채널을 연결하는 커널의 가중치는 $\text{weight}(C_{out_0}, k)$이 된다$(0 \le k \le 1)$. 출력채널 C_{out_0}로 들어오는 편향치는 $\text{bias}(C_{out_0}) = 10$이다. 배치 원소 N_0을 입력채널에 대입했을 때, 출력채널 C_{out_0}가 가지는 숫자 $\text{out}(N_0, C_{out_0})$을 다음과 같이 계산한다.

$$\text{out}\left(N_0, C_{out_0}\right) = \left\{\sum_{k=0}^{2-1} \text{input}\left(N_0, k\right) \bigstar \text{weight}\left(C_{out_0}, k\right)\right\} + \text{bais}\left(C_{out_0}\right)$$

$$= \left\{\begin{matrix} \text{input}\left(N_0, 0\right) \bigstar \text{weight}\left(C_{out_0}, 0\right) \\ +\text{input}\left(N_0, 1\right) \bigstar \text{weight}\left(C_{out_0}, 1\right) \end{matrix}\right\} + 10$$

$$= \left\{\begin{matrix} \begin{bmatrix} 1 & 2 & 3 \\ 4 & 5 & 6 \\ 7 & 8 & 0 \end{bmatrix} \bigstar \begin{bmatrix} 1 & 0 \\ 0 & 0 \end{bmatrix} \\ +\begin{bmatrix} 9 & 8 & 7 \\ 6 & 5 & 4 \\ 3 & 2 & 1 \end{bmatrix} \bigstar \begin{bmatrix} 0 & 0 \\ 0 & 1 \end{bmatrix} \end{matrix}\right\} + 10 = \left\{\begin{matrix} \begin{bmatrix} 1 & 2 \\ 4 & 5 \end{bmatrix} \\ +\begin{bmatrix} 5 & 4 \\ 2 & 3 \end{bmatrix} \end{matrix}\right\} + 10 = \begin{bmatrix} 6 & 6 \\ 6 & 8 \end{bmatrix} + 10$$

$$= \begin{bmatrix} 16 & 16 \\ 16 & 18 \end{bmatrix}$$

지금까지 PyTorch를 사용하지 않고 이차원 컨볼류션층을 그림과 수식으로 설명했다. 제5장에서 그림으로 이해한 이차원 컨볼류션층을 PyTorch로 구현해보자.

제5장 PyTorch로 이해하는 Conv2d

이미지 처리에 주로 사용되는 합성곱 신경망(Convolutional neural network, CNN)에 사용되는 컨볼루션 층(Convolutional layer)인 Conv2d은 입력채널, 출력채널과 커널로 구성된 간단한 신경망이다. 제4장에서 코드를 사용하지 않고 설명한 Conv2d의 두 가지 구조(위상적 구조와 대수적 구조)를 코드를 사용하여 설명하겠다.

PART I. 그림으로 이해한 위상적 구조를 코드로 구현

먼저, 제4장의 그림11에서 다룬 위상적 구조를 이용하여 Conv2d에 등장하는 입력채널, 커널, 편향치, 출력채널을 PyTorch가 어떻게 표현하는지 알아보자. 특히, 커널이 가지는 숫자인 가중치와 편향치는 상수가 아니고 학습(업데이트) 대상이므로, PyTorch가 가중치와 편형치를 표현하는 형태(shape)에 대한 충분한 이해가 필요하다.

예제 1 그림으로 이해한 Conv2d의 위상적 구조를 PyTorch 코드로 변환하기 위하여 제4장의 그림6에서 다룬 '그림으로 이해하는 위상적 구조'를 아래 그림1-(a)와 (b)에 나타냈다. (c)는 (a)와 (b)를 PyTorch 코드로 어떻게 반영하는지를 보여주고 (d)는 (c)가 작동하는 프로그램이다.

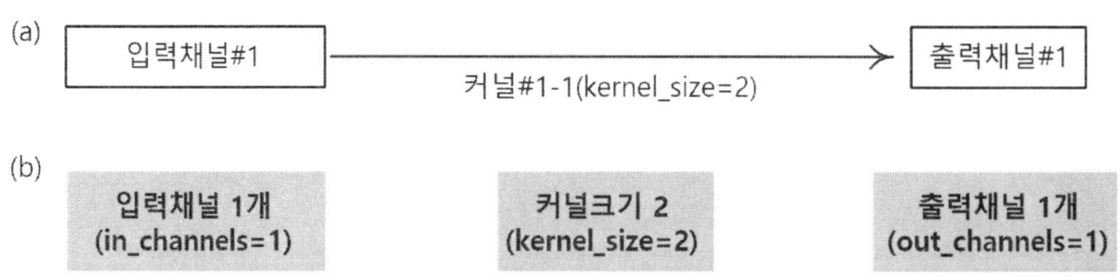

(c)
```
net = torch.nn.Conv2d ( in_channels=1, out_channels=1, kernel_size=2 )
```

(d)

```
import torch, torch.nn as nn; torch.manual_seed(1)

#(in_channels=1, out_channels=1, kernel_size=2)
net = nn.Conv2d(1, 1, 2)

print( 'Conv2d 파라미터 초깃값 = ', list( net.named_parameters() ) )
```

```
Conv2d 파라미터 초깃값 =  [('weight', Parameter containing:
tensor([[[[ 0.2576, -0.2207],
          [-0.0969,  0.2347]]]], requires_grad=True)), ('bias', Parameter containing:
tensor([-0.4707], requires_grad=True))]
```

그림1.

이제 그림1을 자세히 알아보자.

- 그림1-(a) 설명

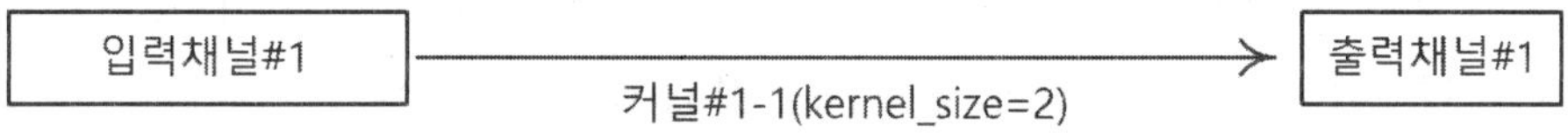

위 그림은 제4장의 그림6에서 설명한 내용으로 다음과 같다.

- 입력채널과 출력채널은 각각 1개 있다.
- 입력채널#1과 출력채널#1는 하나의 화살표로 연결되어 있다.
- 화살표는 커널#1-1을 가지고 커널크기가 2이므로 가중치는 2×2=4개가 된다.
- 입력채널#1과 커널#1-1의 합성곱 연산 결과는 출력채널#1으로 들어간다.
- 출력채널#1로 하나의 숫자인 편향치#1가 들어간다.
- 출력채널#1로 들어온 모든 합성곱 연산 결과의 합에 편향치#1을 더하면
- 출력채널#1이 가지는 숫자가 된다

- 그림1-(b) 설명

위상적 구조의 핵심은 아래 세 가지이다.

입력채널 개수(in_channels), 커널크기(kernal_size), 출력채널 개수(out_channels)

- 그림1-(c) 설명

net = torch.nn.Conv2d (in_channels=1, out_channels=1, kernel_size=2)

패키지(폴더) torch가 패키지 nn을 가지고 있고, nn은 패키지 modules를 가지고 있다. modules에 있는 모듈 conv.py에 클래스 Conv2d가 정의되어 있다. Conv2d( )의 1번째 위치에 in_channels(입력채널 개수), 2번째 위치에 out_channels(출력채널 개수)와 마지막 위치에 kernel_size(커널크기)를 대입한다. 그림1-(a)를 코드 (c)로 나타냈듯이 반대로 코드 (c)를 (a)로 나타낼 수 있어야 한다. 그리고 코드 (c)를 사용할 때는 아래와 같이 예약어를 생략하고 간단히 적는다.

net = torch.nn.Conv2d(1, 1, 2)

예를 들어, torch.nn.Conv2d(2, 3, 4)인 경우는 in_channels=2, out_channels=3, kernel_size=4를 의미한다. 이러한 PyTorch 코드로부터 다음과 같은 '채널 완전연결' 그림을 그릴 수 있어여 한다.

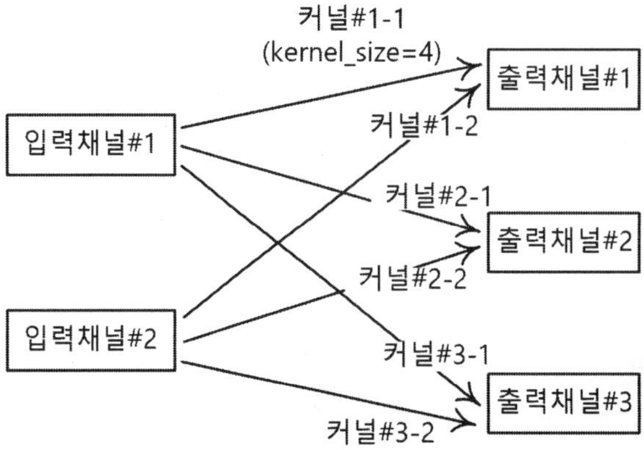

그림2.

- 그림1-(d) 설명

```
1 import torch, torch.nn as nn; torch.manual_seed(1)
2
3 #(in_channels=1, out_channels=1, kernel_size=2)
4 net = nn.Conv2d(1, 1, 2)
5
6 print( 'Conv2d 파라미터 초깃값 = ', list( net.named_parameters() ) )
```

```
Conv2d 파라미터 초깃값 =  [('weight', Parameter containing:
tensor([[[[ 0.2576, -0.2207],
          [-0.0969,  0.2347]]]], requires_grad=True)), ('bias', Parameter containing:
tensor([-0.4707], requires_grad=True))]
```

|코드 설명|

- 1번째 줄: import torch, torch.nn as nn는 다음 두 개 명령어를 의미한다.

import torch; import torch.nn as nn

각각을 설명하면 다음과 같다.

- import torch

패키지 torch를 불러오면(import), torch의 __init__.py가 자동으로 실행되어 __init__.py에서 import한 폴더(패키지)와 모듈을 사용할 수 있다. 여기서 패키지는 파일들의 집합으로, 윈도우 10에 Anaconda로 PyTorch를 설치하면 아래 경로에서 torch가 가지고 있는 폴더와 파일을 확인할 수 있다.

C:\ProgramData\Anaconda3\Lib\site-packages\torch

Colab은 파일 탐색기(Files explorer)의 아래 경로에서 확인할 수 있다.

/usr/local/lib/python3.7/dist-packages/torch

- torch.nn

점(.) 표기법 A.B는 A가 **'가지고 있는'** B로 받아들이자. '가지고 있는'의 구체적인 의미는 A와 B에 따라 다르다. torch.nn은 torch가 가지고 있는 nn이라고 받아들이자. 'torch 뒤에 .(점)을 붙여서 nn을 호출한다'고 표현할 수 있다. 여기서 nn(neural network)도 패키지이고 신경망을 만들 때 사용한다.

• import torch.nn as nn

두 가지 의미가 있다. 첫 번째는 torch.nn의 __init__.py가 자동으로 실행된다. 그래서 __init__.py에서 import한 폴더(패키지)와 모듈을 사용할 수 있게 된다. 두 번째는 torch.nn 대신 간단히 nn을 사용한다.

• torch.manual_seed(1)

코드 실행 결과를 재현하기 위하여, 무작위로 배정되는 파라미터 초깃값을 seed 1번에서 시작하는 난수 알고리즘을 사용하여 고정한다. 이 명령어로 인하여 전체 코드를 반복 실행해도 파라미터의 초깃값은 변하지 않고 고정된다.

‣ 4번째 줄: in_channels = 1(입력채널 개수 1), out_channels =1 (출력채널 개수 1)과 kernel_size =2 (커널크기 2)를 가지는 Conv2d를 의미한다. 이 코드가 실행되면(클래스 Conv2d를 호출하면) 커널이 가지는 가중치와 출력채널로 들어가는 편향치에 무작위로 숫자가 배정된다. 숫자를 배정할 때, seed 1번에서 시작하는 난수 알고리즘이 적용된다.

‣ 6번째 줄: 가중치와 편향치의 형태(shape)을 출력한다. 형태를 알아보자.

가중치 형태(shape)

4번째 줄과 같이 Conv2d의 in_channels, out_channels과 kernel_size가 결정되면 가중치의 형태가 결정된다. 가중치는 모든 커널이 가지는 숫자이고, 커널은 입력채널과 출력채널을 연결한 화살표가 가지는 것이므로, 가중치 형태에는 커널크기, 입력채널와 출력채널 개수가 반영되어야 한다. 각각의 출력채널을 모든 입력채널과 연결하므로 다음과 같이 출력채널 개수가 가중치 형태의 1번째 숫자가 된다.

가중치 형태 = [출력채널 개수, *, *]

그리고 각각의 출력채널과 연결된 입력채널 개수가 다음과 같이 가중치 형태의 2번째 숫자가 된다.

가중치 형태 = [출력채널 개수, 입력채널 개수, *]

마지막으로 각각의 출력채널에 연결된 각각의 입력채널과 합성곱 연산을 하는 커널의 높이(Height, H)와 폭(Width, W)가 가중치 형태의 3, 4번째 숫자가 된다.

가중치 형태 = [출력채널 개수, 입력채널 개수, 커널높이 H, 커널폭 W]

위 그림1-(d)에서 출력채널이 1개, 입력채널이 1개, 커널크기가 2(커널높이 H= 2, 커널폭 W=2)이므로 가중치 형태는 다음과 같다.

가중치 형태 = [1, 1, 2, 2]

[참고1] 괄호로 가중치 형태 이해

위 그림1-(d)에서 가중치가 형태 [1,1,2,2]로 출력되었는지 확인해보자. 설명을 위하여 (d)에 있는 가중치 출력에 사용한 괄호를 다음과 같이 표현하자.

[{ (〈 0.2576, -0.2207 〉,
〈 -0.0969, 0.2347 〉) }]

- 이때, 가중치 형태의 1번째 숫자(출력채널 개수)는 중괄호 { } 개수이므로 1이 된다.
- 2번째 숫자(입력채널 개수)는 각 중괄호 내부에 있는 소괄호 ( ) 개수이므로 1이 된다.
- 3번째 숫자(H)는 각 소괄호 내부에 있는 화살괄호 < > 개수이므로 2이 된다.
- 4번째 숫자(W)는 각 화살괄호 내부에 있는 숫자 개수이므로 2가 된다.

따라서 가중치는 형태 [1, 1, 2, 2]로 출력되었다. 아래 가중치 출력으로 연습해보자.

```
[ [ [ [ 0.1822, -0.1561, -0.0685,  0.1659 ] ],
    [ [ -0.3328, 0.2120, -0.0727,  0.1799 ] ] ],
  [ [ [ 0.0491, -0.0433,  0.0981,  0.0174 ] ],
    [ [ 0.1291, -0.1378, -0.0258, -0.0318 ] ] ],
  [ [ [ 0.0512, -0.0014,  0.3091,  0.1100 ] ],
    [ [ -0.1317, -0.2135, -0.0593, -0.1525 ] ] ] ]
```

위의 가중치 출력으로부터 가중치 형태를 찾기 위하여 다음과 같이 괄호를 변경하자.

[{ (〈 0.1822, -0.1561, -0.0685, 0.1659 〉),
(〈 -0.3328, 0.2120, -0.0727, 0.1799 〉) },
{ (〈 0.0491, -0.0433, 0.0981, 0.0174 〉),
(〈 0.1291, -0.1378, -0.0258, -0.0318 〉) },
{ (〈 0.0512, -0.0014, 0.3091, 0.1100 〉),
(〈 -0.1317, -0.2135, -0.0593, -0.1525 〉) }]

- 가중치 형태의 1번째 숫자(출력채널 개수)는 중괄호 { } 개수이므로 3이 된다.
- 2번째 숫자(입력채널 개수)는 각 중괄호 내부에 있는 소괄호 ( ) 개수이므로 2이 된다.
- 3번째 숫자(H)는 각 소괄호 내부에 있는 화살괄호 < > 개수이므로 1이 된다.
- 4번째 숫자(W)는 각 화살괄호 내부에 있는 숫자 개수이므로 4가 된다.

따라서 가중치는 형태 [3, 2, 1, 4]로 출력되었다.

편향치 형태(shape)

가중치 형태와 달리 편향치 형태는 출력채널 개수만 반영하면 된다.

편향치 형태 = [출력채널 개수]

위 그림1-(d)에서 출력채널이 1개이므로 편향치 형태는 [1]이 된다.

코드로 가중치와 편향치 형태를 확인하면 다음과 같다.

```
import torch, torch.nn as nn; torch.manual_seed(1)

net1d = nn.Conv1d(1, 1, 2)
print( 'Conv1d')
print( '가중치 = ', net1d.weight.data,'; 형태= ', net1d.weight.shape)
print( '편향치 = ', net1d.bias.data, '; 형태= ', net1d.bias.shape,'\n')

net2d = nn.Conv2d(1, 1, 2)
print( 'Conv2d')
print( '가중치 = ', net2d.weight.data,'; 형태= ', net2d.weight.shape)
print( '편향치 = ', net2d.bias.data, '; 형태= ', net2d.bias.shape)
```

```
Conv1d
가중치 =  tensor([[[ 0.3643, -0.3121]]]) ; 형태=  torch.Size([1, 1, 2])
편향치 =  tensor([-0.1371]) ; 형태=  torch.Size([1])

Conv2d
가중치 =  tensor([[[[ 0.2347, -0.4707],
          [ 0.2999, -0.1029]]]]) ; 형태=  torch.Size([1, 1, 2, 2])
편향치 =  tensor([0.2544]) ; 형태=  torch.Size([1])
```

그림3.

Conv1d(1,1,2)와 Conv2d(1,1,2)의 가중치와 편향치 형태를 비교하면 다음과 같다.

	가중치 형태	편향치 형태
Conv1d	[출력채널개수, 입력채널개수, 커널크기] = [1, 1, 2]	[출력채널개수] = [1]
Conv2d	[출력채널개수, 입력채널개수, 커널높이H, 커널폭W] = [1, 1, 2, 2]	[출력채널개수] = [1]

그림4.

예제 2 그림2에 있는 가중치 형태는 [출력채널개수, 입력채널개수, 커널높이H, 커널폭W] = [3, 2, 4, 4]이고 편향치 형태는 [출력채널개수] = [3]이 된다. 이를 코드로 확인하면 다음과 같다.

```
import torch, torch.nn as nn; torch.manual_seed(1)

net = nn.Conv2d(2, 3, 4)

print('가중치 형태 = ', net.weight.shape )
print( '편향치 형태 = ', net.bias.shape )
```

```
가중치 형태 =  torch.Size([3, 2, 4, 4])
편향치 형태 =  torch.Size([3])
```

그림5.

예제 3 지금까지는 PyTorch가 가중치와 편향치 숫자를 결정하도록 했지만 어떤 상황에서는 우리가 결정해야 한다. 다음과 같이 nn.Parameter( )를 이용하여 우리가 원하는 숫자로 초깃값을 정할 수 있다.

```
import torch, torch.nn as nn; torch.manual_seed(1)
net = nn.Conv2d(2, 3, 4)

net.weight=nn.Parameter(torch.ones(3,2,4,4))
net.bias=nn.Parameter(torch.zeros(3))

print('가중치 형태 :', net.weight.shape)
print('편향치 형태 :', net.bias.shape)
```

```
가중치 형태 : torch.Size([3, 2, 4, 4])
편향치 형태 : torch.Size([3])
```

그림6.

PART II. 그림으로 이해한 대수적 구조를 코드로 구현

제4장에서 설명한 아래 그림을 사용하여 입력채널#1에 데이터를 입력해서 출력채널#1이 가지는 숫자를 출력하는 코드를 알아보자.

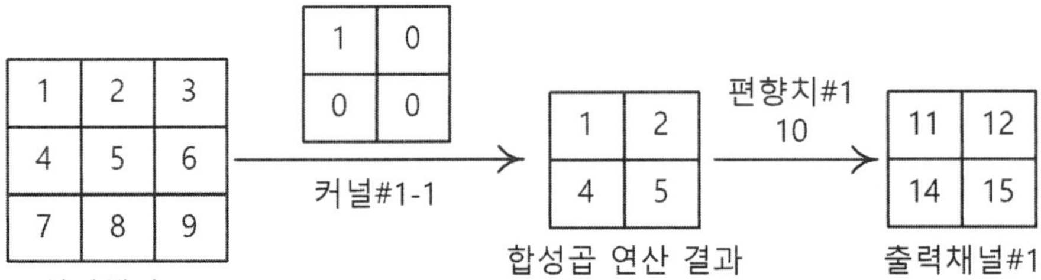

그림7.

Step1. 입력(input)

Conv2d의 입력채널에 대입하는 input 형태는 다음과 같은 4차원이다.

[배치크기, 입력채널 개수, 입력채널 높이H, 입력채널 폭W]

여기서 배치크기(batch size)는 파라미터를 1회 업데이트할 때 사용하는 데이터 개수이다. 예를 들면, 아래 input를 Conv2d에 대입한다고 가정하자.

input = torch.tensor ([[[[1., 2., 3.], [4., 5., 6.], [7., 8., 9.]]]])

input 형태를 구하기 위하여 아래와 같이 괄호를 변경하자.

[{ (< 1., 2., 3. >, < 4., 5., 6. >, < 7., 8., 9. >) }]

위 [참고1]에서 다룬 괄호로 가중치 형태 구분을 적용하면 input 형태는 [1, 1, 3, 3]임을 알 수 있다. 즉, 다음이 성립한다.

[배치크기, 입력채널 개수, 입력채널 높이, 입력채널 폭] = [1, 1, 3, 3]

요약하면, Conv2d의 입력채널에 대입할 input을 먼저 결정한다. 그러면 input 형태로부터 Conv2d( )에 대입할 입력채널 개수(in_channels)가 결정된다.

Conv1d와 Conv2d의 input 형태를 비교하면 다음과 같다.

	입력(input) 형태
Conv1d	[배치크기, 입력채널 개수, 입력채널 길이]
Conv2d	[배치크기, 입력채널 개수, 입력채널 높이H, 입력채널 폭W]

그림8.

Step2. 신경망 net = nn.Conv2d(in_channels, out_channels, kernel_size)

input 형태로부터 결정되는 입력채널 개수(in_channels), 하이퍼 파라미터인 출력채널 개수(out_channels)와 커널크기(kernel_size)를 nn.Conv2d( )에 대입하여 신경망 net을 만든다.

Step3. 출력(output)

output = net(input)은 출력층에 있는 출력채널이 가지는 숫자를 가진다.

위 Step1~Step3를 코드로 구현하면 다음과 같다.

```
import torch, torch.nn as nn; torch.manual_seed(1)

input=torch.tensor([ [ [ [1., 2., 3.],
                         [4., 5., 6.],
                         [7., 8., 9.]
                   ] ] ])

net = nn.Conv2d(1, 1, 2)

net.weight=nn.Parameter(torch.tensor([ [ [ [1., 0.],[0., 0.]
                                     ] ] ]))

net.bias=nn.Parameter(torch.tensor([10.0]))

print('출력(output)과 형태 : ')
print(net(input).data, ':', net(input).data.shape)
```

```
출력(output)과 형태 :
tensor([[[[11., 12.],
          [14., 15.]]]]) : torch.Size([1, 1, 2, 2])
```

그림9.

위 출력은 제4장의 그림6에서 직접 계산한 결과와 일치한다. 그리고 출력은 출력채널이 가지는 숫자이고 출력채널 형태도 다음과 같은 4차원이다.

[배치크기, 출력채널 개수, 출력채널 높이, 출력채널 폭] = [1, 1, 2, 2]

제6장 Conv2d 적용사례

컨볼루션 신경망으로 이미지를 처리하기 위하여 이미지 전처리에 사용되는 기본 명령어를 알아보자. 그리고 이미지 이진분류와 얼굴 검출에 사용되는 CNN을 소개한다. 특히, 부록에서 얼굴 검출을 위한 신경망 학습 코드를 제공한다.

PART I. 이미지 처리 기초

데이터 과학 및 머신러닝 온라인 경진대회를 주최하는 커뮤니티인 캐글(Kaggle, 2017년 구글에서 인수)에서 제공하는 이미지 데이터를 사용하여 이미지를 전처리 해보자.

Step1. 캐글에서 Colab으로 이미지 데이터 다운로드

- 캐글 서버에 있는 dogs-vs-cats를 Colab에서 사용하자.
- PC로 다운로드한 dogs-vs-cats를 Colab으로 업로드하면 시간이 오래 걸리므로 캐글 서버에서 Colab으로 다운로드하는 방법을 알아보자.
- 아래와 같은 명령어로 Colab과 Kaggle 사이에서 인터페이스 역할을 하는 패키지 kaggle을 업그레이드한다. 이를 '캐글 API(Application Programming Interface) 클라이언트'라고 하자. 클라이언트를 사용하여 dogs-vs-cats를 다운로드하는 명령어를 캐글에게 보낼 것이다.

```
# [코드 I-1] kaggle API 클라이언트 업데이트

!pip install --upgrade --force-reinstall --no-deps kaggle
```

그림1.

- 클라이언트가 캐글로 다운로드 명령어를 보낼 때, 캐글 API 토큰(캐글 가입자임을 캐글이 확인할 수 있는 파일로, 사용자 이름과 key를 가진 json 파일)도 함께 보내야 하므로, 토큰을 다운로드하자.

- 캐글 API 토큰을 다운로드하기 위하여 먼저 kaggle 홈페이지를 방문한다. 그리고 상단에 있는 오리 캐릭터를 클릭한다. 다음으로 'Account'를 클릭하여 본인 계정으로 이동한다. 마지막으로 'Create New API Token'을 클릭하면 'kaggle.json' 파일이 PC로 다운로드된다. 파일을 열어보면 Json 형식으로 username과 key만 있다.

그림2.

- PC로 다운로드한 kaggle.json 파일을 그림3과 같이 Colab의 파일 탐색기(Files explorer)를 이용하여 Colab에 업로드한다 (좌측 그림과 같은 탐색기를 열기 위해서 직사각형 모형의 폴더 아이콘(🗀)을 클릭하면 된다.) 업로드한 kaggle.json 파일은 현재 작업 폴더인 /content/에 위치한다(그림3 우측).

그림3.

- 그림1에서 설치한 클라이언트가 root/.kaggle에서 kaggle.json을 찾기 때문에 /content에 업로드한 kaggle.json을 아래 코드로 root/.kaggle로 이동해야 한다.

```
# [코드 1-2] root 밑에 폴더 .kaggle 만들어 json 이동

!mkdir ~/.kaggle

import shutil
shutil.move("/content/kaggle.json", "/root/.kaggle/kaggle.json")
```

그림4.

- 이제 '캐글 API 클라이언트'를 설치했고 kaggle.json 파일을 root/.kaggle에 저장했으므로 캐글에서 Colab으로 직접 다운로드할 준비가 끝났다.

- 캐글 API가 지원하는 명령어 중 하나인 'kaggle competitions download'를 사용하여 다음과 같이 이미지 데이터셋인 dogs-vs-cats를 다운로드한다.

```
# [코드 1-3] 데이터 다운로드

!kaggle competitions download -c dogs-vs-cats

Warning: Your Kaggle API key is readable by other users on this sy
Downloading dogs-vs-cats.zip to /content
 99% 805M/812M [00:02<00:00, 251MB/s]
100% 812M/812M [00:02<00:00, 288MB/s]
```

그림5.

- 그림5의 warning 지시대로 아래 코드를 실행한다.

```
# [코드 1-4]

!chmod 600 /root/.kaggle/kaggle.json
```

그림6.

- 다운로드한 파일 dogs-vs-cats.zip을 압축해제하면 test1.zip과 train.zip이 생긴다. test1.zip은 competition 참가자가 만든 모델의 예측력(dog 또는 cat를 예측)을 검증하기 위한 데이터셋이므로 정답 라벨이 없다. 따라서 사용하지 않는다. 정답 라벨이 있는 train.zip을 unzip하면 압축 풀린 파일은 현재 폴더(./) 밑의 /train에 저장된다. 그리고 더 이상 사용하지 않는 파일을 삭제한다.

```
# [코드 I-5]  압축해제와 삭제

!unzip dogs-vs-cats.zip
!unzip train.zip
!rm *.zip *.csv
```

그림7.

- 폴더 /content/train에 저장된 파일 개수(25000개)와 파일명이 dog 또는 cat으로 시작하는 파일 개수(각각 12500개, 12500개)는 다음 명령어로 확인할 수 있다.

```
# [코드 I-6] 폴더에 포함된 파일 개수 확인

!find ./train -type f | wc -l #25000개 데이터
!find ./train -type f -name "dog*" | wc -l #12500개
!find ./train -type f -name "cat*" | wc -l #12500개
```

그림8.

명령어 find로 ./train에서 타입(-type)이 regular files(f)인 파일들을 한 줄에 하나씩 적는다(리스트 list). 이를 다음 명령어에 넘긴다(파이프라인 또는 막대기 | = shift키 +W키). 명령어 wc(word count)는 리스트 list에 적힌 라인(line) 개수를 출력한다.

Step2. cat과 dog 파일 분리

먼저, 폴더 /content/cat5dog5/cat과 /content/cat5dog5/dog를 생성한다(코드 I-7). 그리고 ./train에 있는 cat 이미지 파일 5개를 copy하여 ./cat5dog5/cat에 저장하고 ./train에 있는 dog 이미지 파일 5개도 copy하여 ./cat5dog5/dog에 저장한다(코드 I-8). 다음으로 원하는대로 저장되었는지를 확인하기 위하여 생성한 폴더에 있는 파일 개수

를 출력한다(코드 I-9). 마지막으로 코드 I-10에서 저장한 파일들을 파일명 오름차순으로 정렬한다.

```
# [코드 I-7] cat과 dog 저장할 폴더 생성

!mkdir -p ./cat5dog5/cat ./cat5dog5/dog

# [코드 I-8] cat과 dog 저장

import os; import shutil
# 이미지 파일 이름 리스트 생성
cat_files = [f'cat.{i}.jpg' for i in range(5)]
dog_files = [f'dog.{i}.jpg' for i in range(5)]

# 각 폴더 cat/dog으로 이미지 이동
for file in cat_files[:5]:
    src = os.path.join('./train', file)
    dst = os.path.join('./cat5dog5/cat', file)
    shutil.copy(src, dst)

for file in dog_files[:5]:
    src = os.path.join('./train', file)
    dst = os.path.join('./cat5dog5/dog', file)
    shutil.copy(src, dst)

 # [코드 I-9] 저장된 이미지 개수 확인

!find ./cat5dog5/cat -type f | wc -l #5
!find ./cat5dog5/dog -type f | wc -l #5

# [코드 I-10] 파일명 오름차순으로 정렬

import glob
file_list=glob.glob("./cat5dog5/*/*")
file_list.sort()
file_list
```

그림9.

Step3. PIL과 OpenCV-python

이미지 처리에 사용하는 라이브러리 PIL과 OpenCV-python을 알아보자.

Step3-1. PIL

Colab에는 이미지 처리를 쉽게 할 수 있는 라이브러리 pillow가 설치되어 있다. pillow를 설치할 때 폴더 PIL이 /usr/local/lib/python3.7/dist-packages/에 만들어진다. 다음과 같이 PIL로부터 모듈 Image를 호출하여 함수 lmage.open( )으로 이미지를 오픈한다. 오픈한 이미지 형식(format)은 'JPEG' 이고 색상모드(mode)는 RGB이다.

```
# [코드 I-11]

from PIL import Image; import numpy as np
im=Image.open('./cat5dog5/cat/cat.0.jpg')

print('반환타입 : ',type(im)) # <class 'PIL.JpegImagePlugin.JpegImageFile'>
print(f'파일이름 : {im.filename}') # ./cat5dog5/cat/cat.0.jpg
print(f'파일형식(format) : {im.format}') # JPEG
print(f'색상모드 : {im.mode}') # RGB
print(f'용량(size) : {im.size}','Wn') # (500, 374)

# PIL로 로드한 이미지를 numpy로 변환하면
# 형태는 (폭 Width, 높이 Height, 채널개수 C)
print('numpy 형태(W, H, C) = ',np.array(im).shape) # (374, 500, 3)
```

그림10.

아래 그림11은 폴더 ./cat5dog5/에는 10장 jpg(cat 5장과 dog 5장)을 흑백으로 출력하는 코드이다. 변수 file_list(그림9)에는 10장 jpg 파일명이 저장되어 있다. file_list에 있는 각각의 jpg 파일명을 함수 Image.open( )에 대입하여 RGB로 읽어들인 후, 흑백으로 변환 convert("L")하여 변수 img에 저장했다. 여기서 L은 디스플레이 기기의 밝은 정도를 나타내는 휘도(Luminance)를 나타낸다. 참고로 그림10에서 type(im)는 PIL.JpegImagePlugin.JpegImageFile이고 그림11에서 type(img)은 PIL.Image.Image이다. 여기서 PIL.JpegImagePlugin.JpegImageFile은 PIL.ImageFile.ImageFile의 subclass임을 다음 코드로 확인할 수 있다.

issubclass(PIL.JpegImagePlugin.JpegImageFile, PIL.ImageFile.ImageFile)

또는

help(PIL.JpegImagePlugin.JpegImageFile)

img의 크기를 축소하기 위하여 img가 가지고 있는 속성인 함수 resize( )에 크기 (width, height)=(256,256)을 대입한 결과를 변수 img_resize에 저장하였다. 그리고 img_resize를 함수 plt.imshow( )에 대입하여 이미지를 출력했다.

```
# [코드 1-12] PIL로 읽기

import matplotlib.pyplot as plt
from PIL import Image

fig=plt.figure(figsize=(7,5))
for index in range(10):
  plt.subplot(2,5, index+1)
  img=Image.open(file_list[index]).convert("L")#Grayscale로 변환
  img_resize=img.resize((256, 256))
  # 이미지를 grayscale로 open해도
  # matplotlib.pyplot.imshow()에서 최종적으로 gray를 명시해야 함
  plt.imshow(img_resize,cmap='gray')
  plt.axis('off')

plt.subplots_adjust(wspace = 0.1, hspace=-0.6)
#plt.savefig('cat5dog5.tiff', dpi=300,bbox_inches='tight',
#             pad_inches=0)

plt.show()
```

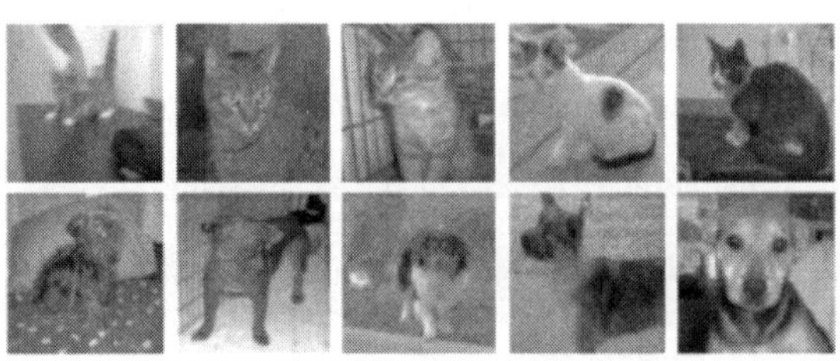

그림11.

Step3-2. OpenCV-python

Colab에는 이미지 처리를 쉽게 할 수 있는 라이브러리 OpenCV-python가 설치되어 있다. OpenCV-python을 설치할 때, /usr/local/lib/python3.7/dist-packages/에 폴더 cv2가 만들어진다. 다음과 같이 cv2를 호출하여 함수 cv2.imread( )로 이미지를 읽어들인다. cv2.imread는 /usr/include/opencv2/imgcodecs.hpp에 정의되어 있다. img = cv2.imread(jpg)일 때, img는 3차원 numpy.ndarray가 되고 0, 1, 2번째 채널은 각각 jpg의 Blue, Green, Red 이미지 값을 가진다.

```
# [코드 I-13]  OpenCV로 읽기

import matplotlib.pyplot as plt, cv2

fig=plt.figure(figsize=(7,5))
for index in range(10):
  plt.subplot(2,5, index+1)
  img_BGR = cv2.imread(file_list[index])
  imgBGR_resize=cv2.resize(img_BGR, (256, 256))
  imgBGR_resize_RGB = cv2.cvtColor(imgBGR_resize,
                                   cv2.COLOR_BGR2RGB)
  imgBGR_resize_RGB_gray = cv2.cvtColor(imgBGR_resize_RGB,
                                        cv2.COLOR_RGB2GRAY)
  # 이미지를 grayscale로 open해도
  # plt.imshow()에서 최종적으로 gray를 명시해야 함
  plt.imshow(imgBGR_resize_RGB_gray,cmap='gray')
  plt.axis('off')

plt.subplots_adjust(wspace = 0.1, hspace=-0.6)
#plt.savefig('cat5dog5.tiff', dpi=300,bbox_inches='tight',
#            pad_inches=0)
plt.show()
print(imgBGR_resize_RGB.shape)  # (256, 256, 3)
print(imgBGR_resize_RGB_gray.shape)  # (256, 256)
```

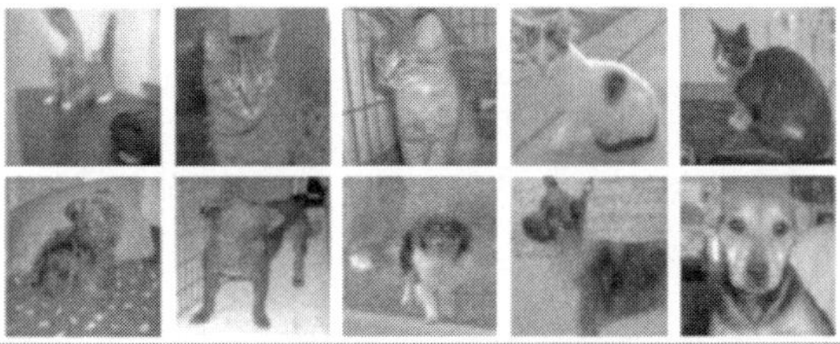

그림12.

Step4. 이미지 transforms

함수 torchvision.transforms( )를 이용하면 칼라 이미지를 흑백(grayscale)으로 변형할 수 있고 크기, 회전 등과 같은 다양하게 변형할 수 있다. 아래 그림13은 이러한 결과를 그림으로 확인할 수 있도록 정의한 함수이다.

```
# [코드 I-14] transforms 함수

import matplotlib.pyplot as plt,torchvision.transforms as transforms
import torch, numpy as np
from PIL import Image

def transform(trans, title):
  img_notrans = Image.open('./cat5dog5/cat/cat.2.jpg').convert("L")

  plt.figure(figsize=(6, 5))
  for i in range(4):
      plt.subplot(2, 4, i+1)
      plt.imshow(img_notrans, cmap='gray')
      plt.axis("off")
      if i+1==1:
        plt.title('Original')

      plt.subplot(2, 4, i+5)
      img_tensor=torch.tensor(np.array(img_notrans))
      img_trans = trans(img_tensor.unsqueeze(0))
      plt.imshow(img_trans.squeeze(), cmap='gray')
      plt.axis("off")
      if i+5==5:
        plt.title(title)

  print('img_notrans.size (width, height) = ',img_notrans.size)
  print('img_trans.shape = ',img_trans.shape)
  plt.subplots_adjust(wspace = 0.1, hspace=-0.2)
  plt.show()
```

그림13.

- 이미지 크기를 (폭,높이)=(256,256)으로 조정하는 함수는 transforms.Resize((256,256))이다.

```
# [코드 I-15]
transform(transforms.Resize((256,256)),'Resize')
```

```
img_notrans.size (width, height) =  (312, 396)
img_trans.shape =  torch.Size([1, 256, 256])
```

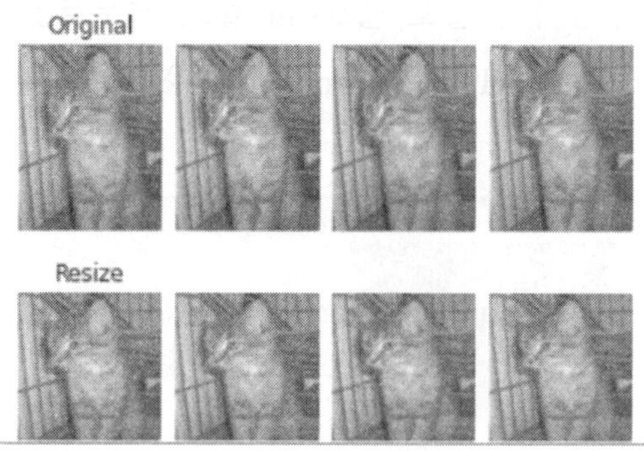

그림14.

- 이미지 jpg를 (폭, 높이)=(256,256)이고 중심이 jpg의 중심과 일치하도록 잘라 내는 함수는 transforms.CenterCrop(256)이다.

```
# [코드 I-16]
transform(transforms.CenterCrop(256),'CenterCrop')
```

```
img_notrans.size (width, height) =  (312, 396)
img_trans.shape =  torch.Size([1, 256, 256])
```

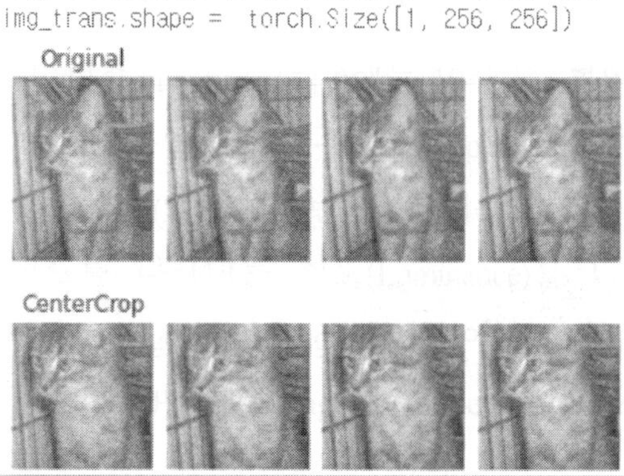

그림15.

- 이미지를 y축 기준으로 대칭이동할 확률이 0.5이고 이동하지 않을 확률이 0.5인 함수는 transforms.RandomHorizontalFlip( )이다.

```
# [코드 I-17]
transform(transforms.RandomHorizontalFlip(),'RandomHorizontalFlip')
```

```
img_notrans.size (width, height) =  (312, 396)
img_trans.shape =  torch.Size([1, 396, 312])
```

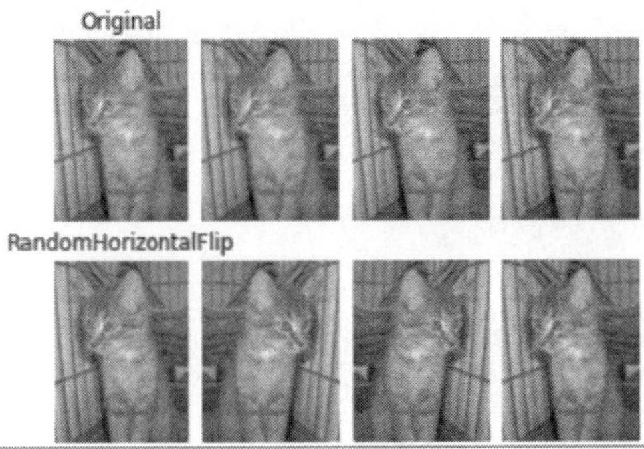

그림16.

- 이미지를 x축 기준으로 대칭이동할 확률이 0.5이고 이동하지 않을 확률이 0.5인 함수는 transforms.RandomVerticalFlip( )이다.

```
# [코드 I-18]
transform(transforms.RandomVerticalFlip(),'RandomVerticalFlip')
```

```
img_notrans.size (width, height) =  (312, 396)
img_trans.shape =  torch.Size([1, 396, 312])
```

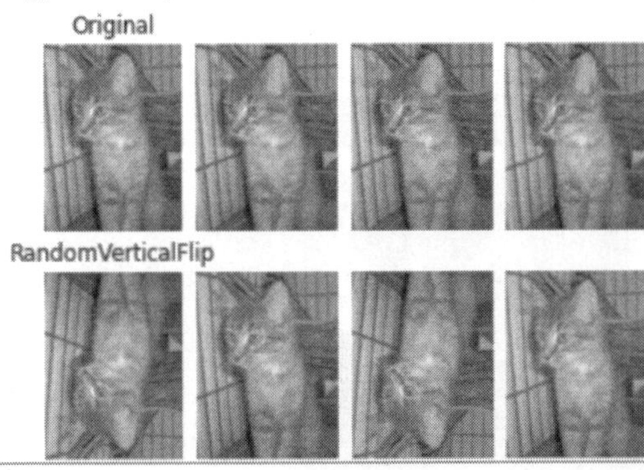

그림17.

- 이미지 jpg를 jpg의 중심기준으로 회전이동한다. 회전 각도를 -90°와 90° 사이에서 무작위로 선택하는 함수는 transforms.RandomRotation((-90,90))이다.

```
# [코드 I-19]
transform(transforms.RandomRotation((-90,90)),'RandomRotation')
```

```
img_notrans.size (width, height) =  (312, 396)
img_trans.shape =  torch.Size([1, 396, 312])
```

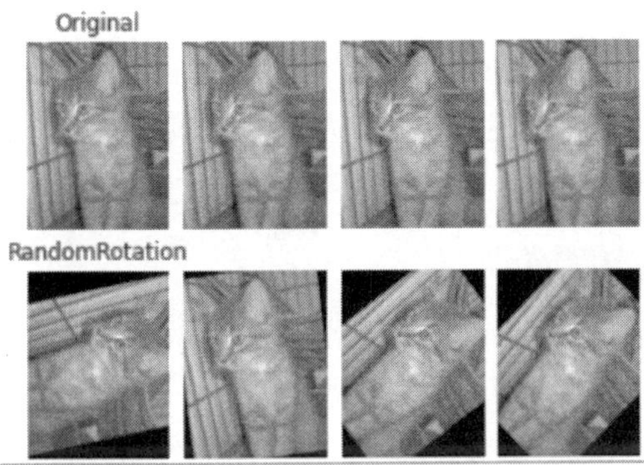

그림18.

- 이미지의 폭과 높이가 150 이상일 때, (폭, 높이)=(150, 150)으로 잘라내는 함수는 transforms.RandomCrop((150, 150))이다.

```
# [코드 I-20]
transform(transforms.RandomCrop((150, 150)),'RandomCrop')
```

```
img_notrans.size (width, height) =  (312, 396)
img_trans.shape =  torch.Size([1, 150, 150])
```

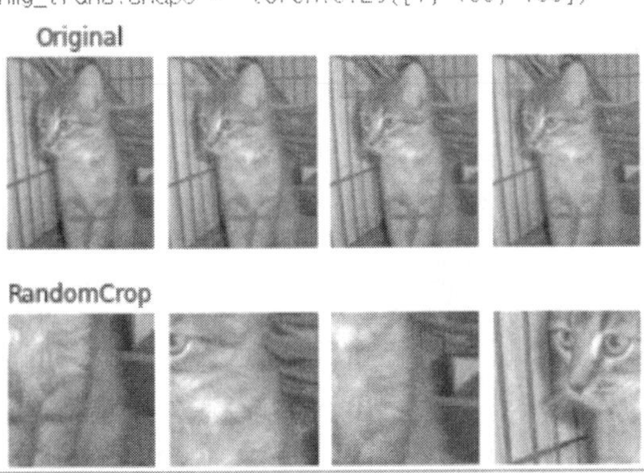

그림19.

- 이미지를 random하게 crop한 이미지를 다시 크기 400으로 만드는 함수는 transforms.RandomResizedCrop((400, 400))이다.

```
# [코드 1-21]
transform(transforms.RandomResizedCrop((400, 400)),'RandomResizedCrop')
```

```
img_notrans.size (width, height) =  (312, 396)
img_trans.shape =  torch.Size([1, 400, 400])
```

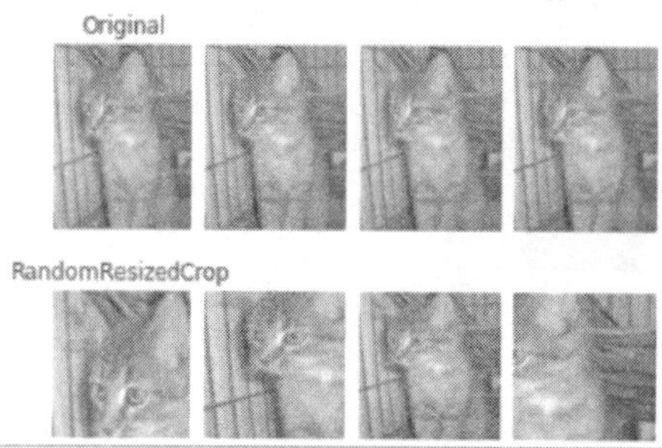

그림 20.

- 변형 함수들을 random하게 적용하는 함수는 transforms.RandomApply( )이다.

```
# [코드 1-22]
transform(transforms.RandomApply([
    transforms.CenterCrop(256),
    transforms.RandomVerticalFlip()
    ], p=0.9),'RandomApply')
```

```
img_notrans.size (width, height) =  (312, 396)
img_trans.shape =  torch.Size([1, 396, 312])
```

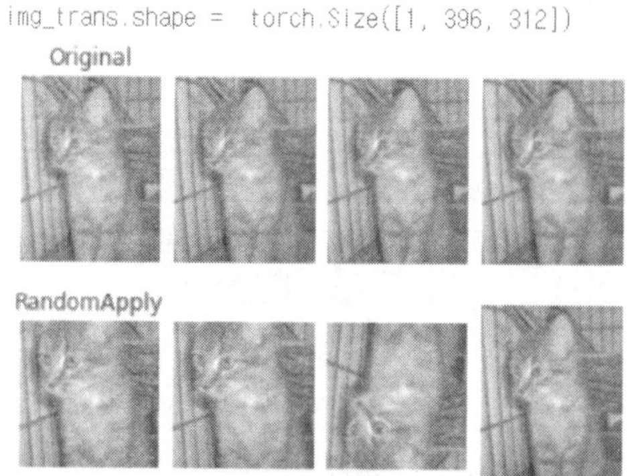

그림 21.

PART II. 이미지 이진분류

데이터 과학 및 머신러닝 온라인 경진대회를 주최하는 커뮤니티인 캐글(Kaggle)에서 이미지 데이터를 다운받아 이진분류 신경망을 학습해보자.

Step1. 캐글에서 Colab으로 이미지 데이터 다운로드

PART I의 Step1과 동일한 내용이다. PART I의 [코드 I-1], ..., [코드 I-6]을 차례로 실행한다.

```
# [코드 I-1] kaggle API 클라이언트 업데이트
!pip install --upgrade --force-reinstall --no-deps kaggle

# PART I 설명을 따라 "kaggle.json" 다운로드 받고 이를 Colab에 업로드

# [코드 I-2] root 밑에 폴더 .kaggle 만들어 json 이동
!mkdir ~/.kaggle
import shutil
shutil.move('/content/kaggle.json', '/root/.kaggle/kaggle.json')

# [코드 I-3] 데이터 다운로드
!kaggle competitions download -c dogs-vs-cats

# [코드 I-4]
!chmod 600 /root/.kaggle/kaggle.json

# [코드 I-5]  압축해제와 삭제
!unzip dogs-vs-cats.zip
!unzip train.zip
!rm *.zip *.csv

# [코드 I-6] 폴더에 포함된 파일 개수 확인
!find ./train -type f | wc -l #25000개 데이터
!find ./train -type f -name "dog*" | wc -l #12500개
!find ./train -type f -name "cat*" | wc -l #12500개
```

그림22

Step2. cat과 dog 이미지 파일을 분리하여 저장하기

- 먼저, train용과 test용으로 데이터를 저장할 폴더 /content/catdog/를 생성한다. 그리고 /content/catdog/train 밑에 train용 cat과 dog 이미지 파일을 저장할 폴더 /content/catdog/train/cat과 /content/catdog/train/dog를 만든다. 그리고 ./catdog/test 밑에 test용 cat과 dog 파일을 저장할 폴더 /content/catdog/test/cat과 ./catdog/test/dog를 만든다.

```
# [코드 11-1] 폴더 cat, dog 만들기
import os
os.mkdir('/content/catdog')

# train용 폴더 생성
os.mkdir('/content/catdog/train')
trainCat_path = os.path.join('/content/catdog/train', 'cat')
os.mkdir(trainCat_path)
trainDog_path = os.path.join('/content/catdog/train', 'dog')
os.mkdir(trainDog_path)

# test용 폴더 생성
os.mkdir('/content/catdog/test')
testCat_path = os.path.join('/content/catdog/test', 'cat')
os.mkdir(testCat_path)
testDog_path = os.path.join('/content/catdog/test', 'dog')
os.mkdir(testDog_path)
```

그림23.

Colab의 default 작업 디렉토리는 파일 탐색기(Files explorer)에서 있는 폴더 /content이다. /content에 /content/A/B를 생성하려면 먼저 /content/A를 생성한 후에 /content/A/B를 생성해야 한다. 그래서 그림23에서 /content에 하위 폴더를 생성할 때, ./catdog를 생성한 후, /content/catdog/train을 생성했다. 그리고 ./catdog/train/cat과 ./catdog/train/dog를 생성했다. /contnet/catdog/test/cat과 /content/catdog/test/dog도 마찬가지로 하위 폴더를 하나씩 순차적으로 생성했다.

- Step1에서 /content/train에 저장한 파일 중, 파일명이 cat으로 시작하는 처음 10개 파일을 폴더 /content/catdog/train/cat으로 복사하고 다음 10개는 폴더 /content/catdog/test/cat으로 복사한다. Step1에서 /content/train에 저장한 파일 중, 파일명이 dog으로 시작하는 처음 10개 파일은 폴더 /content/catdog/train/dog로 복사하고 다음 10개는 폴더 /content/catdog/test/dog로 복사한다.

```
# [코드 11-2]
import shutil

# image file name list 생성
cat_files = [f'cat.{i}.jpg' for i in range(20)]
dog_files = [f'dog.{i}.jpg' for i in range(20)]

# 각 폴더로 image 이동
for file in cat_files[:10]:
    src = os.path.join('/content/train', file)
    dst = os.path.join(trainCat_path, file)
    shutil.copy(src, dst)

for file in cat_files[10:20]:
    src = os.path.join('/content/train', file)
    dst = os.path.join(testCat_path, file)
    shutil.copy(src, dst)

for file in dog_files[:10]:
    src = os.path.join('/content/train', file)
    dst = os.path.join(trainDog_path, file)
    shutil.copy(src, dst)

for file in dog_files[10:20]:
    src = os.path.join('/content/train', file)
    dst = os.path.join(testDog_path, file)
    shutil.copy(src, dst)
```

그림24.

이미지 데이터로 신경망을 학습하는 과정을 설명하기 위하여 다운받은 일부 이데이터만 사용한다.

- 새로 만든 4개 폴더 각각에 10개 파일이 있음을 아래 코드로 확인할 수 있다.

```
# [코드 II-3] 저장된 이미지 개수 확인
!find ./catdog/train/cat -type f | wc -l #출력: 10
!find ./catdog/train/dog -type f | wc -l #10
!find ./catdog/test/cat -type f | wc -l #10
!find ./catdog/test/dog -type f | wc -l #10
```

그림25.

Step3. Train, test, valid에 사용할 이진분류 지도학습 데이터셋 만들기

Step3-1. 훈련용 데이터셋(train_dataset) 만들기

폴더 /content/catdog/train/에 있는 cat과 dog의 이미지 데이터를 cat과 dog를 분류하는 훈련용 데이터로 변환하는 절차는 다음과 같다.

(1) 폴더 /content/catdog/train/에 하위 폴더(subfolder)를 두 개만 만들고 각각을 /cat과 /dog라고 하자(그림23에서 작업함).

(2) 폴더 /content/catdog/train/cat과 /content/catdog/train/dog에 각각 cat과 dog 이미지 파일을 저장한다(그림24에서 작업함).

(3) cat과 dog의 이미지 크기가 같아지도록 transforms.Resize( )를 실행한 후, 이미지를 tensor 자료형이 되도록 transforms.ToTensor( )를 실행한다. 이 두 가지 변환을 순차적으로 실행하기 위해서 transforms.Compose( )에 순서대로 대입하여 trans_original(그림26)에 저장한다.

(4) 폴더 /content/catdog/train/와 transform=trans_original을 ImageFolder( )에 대입하면 /content/catdog/train에 있는 cat 이미지 파일은 (tensor 자료형 input, cat 라벨)로 바꾸고, dog 이미지 파일은 (tensor 자료형 input, dog 라벨)로 변환된다. 이를 train_dataset(그림26)이라고 하자.

Step3-2. 검증용 데이터셋(valid_dataset) 만들기

폴더 /content/catdog/train/에 있는 cat과 dog의 이미지 데이터를 과적합 검증용(validation) 데이터로 변환하는 절차는 다음과 같다. 절차의 핵심은 train_dataset을 만들 때 사용하지 않은 변형(transforms)를 추가하여 생성한 데이터(data augmentation)을 valid_dataset으로 만드는 것이다.

(1) Step3-1의 (1)과 동일하다.
(2) Step3-1의 (2)와 동일하다.
(3) Step3-1의 (3)에서 transforms.Resize( ) 다음에 transforms.RandomRotation( )을 추가하고 trans_imgaug(그림26)라고 하자.
(4) Step3-1의 (4) 설명과 동일하고 valid_dataset(그림26)라고 하자.

Step3-3. 테스트용 데이터셋(test_dataset) 만들기

Step3-1에서 사용한 폴더 /content/catdog/train/ 대신 /content/catdog/test/를 사용하여 Step3-1 과정을 반복하여 test_dataset(그림26)라고 하자.

```
# [코드 II-4]
from torchvision.datasets import ImageFolder
import torchvision.transforms as transforms

trans_original = transforms.Compose(
    [transforms.Resize((224,224)),transforms.ToTensor()])

trans_imgaug = transforms.Compose(
    [transforms.Resize((224,224)),
     transforms.RandomRotation((-90, 90)),
     transforms.ToTensor()])

train_dataset=ImageFolder('./catdog/train', transform=trans_original)
valid_dataset=ImageFolder('./catdog/train', transform=trans_imgaug)
test_dataset=ImageFolder('./catdog/test', transform=trans_original)
```

그림26.

아래 코드 출력으로부터 train_dataset에 20개 데이터가 있음을 알 수 있다. 이 숫자는 그림24에서 만든 10개 cat 데이터와 10개 dog 데이터를 합친 데이터 개수와 일치함을 보여준다. 출력을 보면, 하위 폴더 /cat과 /dog를 가지고 있는 상위 폴더 /content/catdog/train/을 Root location으로 설명하고 있다. 즉, Root location에 분류 대상 하위 폴더를 만들라는 의미로 기억하자. 그리고 그림24에서 만든 데이터의 크기를 조정하고 타입(type)을 PyTorch의 tensor형으로 변환했음을 알 수 있다.

```
# [코드 II-5]
train_dataset
```

```
Dataset ImageFolder
    Number of datapoints: 20
    Root location: ./catdog/train
    StandardTransform
Transform: Compose(
               Resize(size=(224, 224), interpolation=bilinear, max_size=None, antialias=None)
               ToTensor()
           )
```

그림27.

아래 코드 출력으로부터 valid_dataset에는 데이터가 20개 있다. 이 숫자는 그림24에서 폴더 /content/catdog/train/에 만든 10개 cat 데이터와 10개 dog 데이터를 합친 데이터 개수와 일치함을 보여준다. 출력 Transform: Compose( )를 보면 그림27의 train_dataset과 차이점을 알 수 있다. valid_setdata는 train_dataset의 각 데이터에 RandomRotation을 적용한 데이터셋임을 보여주고 있다.

```
# [코드 II-6]
valid_dataset
```

```
Dataset ImageFolder
    Number of datapoints: 20
    Root location: ./catdog/train
    StandardTransform
Transform: Compose(
               Resize(size=(224, 224), interpolation=bilinear, max_size=None, antialias=None)
               RandomRotation(degrees=[-90.0, 90.0], interpolation=nearest, expand=False, fill=0)
               ToTensor()
           )
```

그림28.

아래 코드 출력으로부터 test_dataset에 20개 데이터가 있음을 알 수 있다. 나머지 설명은 train_datasert과 동일하다.

```
# [코드 11-7]
test_dataset
```

```
Dataset ImageFolder
    Number of datapoints: 20
    Root location: ./catdog/test
    StandardTransform
Transform: Compose(
            Resize(size=(224, 224), interpolation=bilinear, max_size=None, antialias=None)
            ToTensor()
        )
```

그림29.

Step4. batch_size로 데이터셋 분할

DataLoader를 이용하여 train_dataset과 valid_dataset을 배치크기 2(batch_size=2)로 분할하여 각각을 train_loader와 valid_loader(그림30)에 저장한다. 신경망 파라미터를 1회 업데이트할 때 사용하는 이미지 데이터 (input, target)은 2개이다. 여기서 input의 형태(shape)은 4차원 [배치크기, 입력채널개수, 높이H, 폭W] = [2, 3, 224, 224]이고 input에 있는 이미지의 라벨을 저장한 target의 형태는 [배치크기] = [2]가 된다.

```
# [코드 11-8]
from torch.utils.data import DataLoader
train_loader = DataLoader(train_dataset, batch_size=2, shuffle=False)
valid_loader = DataLoader(valid_dataset, batch_size=2, shuffle=False)

for input, target in train_loader:
  print(input.shape, target.shape)
  #출력: torch.Size([2, 3, 224, 224]) torch.Size([2])
  break
```

그림30.

tensor 자료형으로 변환하기 전 이미지 데이터의 숫자는 0~255 사이의 정수이지만 tensor로 변환 후에는 0~1 사이의 실숫값이 됨을 아래 코드로 확인할 수 있다.

```
# [코드 II-9]

# 이미지를 tensor로 변환하기 전후의 픽셀값 비교
from PIL import Image
import numpy as np
img=Image.open('./catdog/train/cat/cat.0.jpg')
img_np = np.array(img)
print(img_np.min()) #출력: 0
print(np.max(img_np)) #출력: 255

import torch
for input, target in train_loader:
  print(input.min()) #출력: tensor(0.)
  print(torch.max(input)) #출력: tensor(1.)
  break
```

그림31.

Step5. 신경망의 위상적 구조

제3장 PART II. 인간 행동 인식에서 신경망을 만들 때, Conv1d층에서 Linear층으로 넘어가기 위하여 Linear층의 입력노드 개수(in_features)를 결정해야 한다. 이때, 사용한 방법이 Conv1d층과 Linear층 사이에 Flatten층을 추가하고 Flatten( )의 출력 숫자 개수를 in_features로 사용했다. 그림33에서도 마찬가지로 Conv2d층에서 Linear층으로 넘어가는 신경망을 만들기 위하여 Conv2d층과 Linear층 사이에 Flatten층을 사용하고 그림32에서 in_features를 구한다. 컨볼류션층 A에서 선형층 B로 넘어갈 때, in_features는 A의 각각 출력채널이 가지는 노드 개수의 총합 N이고 N은 컨볼류션층 A의 바로 뒤에 오는 Flatten층의 출력 노드 개수가 된다. 따라서 아래 그림32과 같이 신경망 net_temp를 만들어 Flatten층의 출력 노드 개수를 in_features에 저장한다. net_temp(batch_input)[0]는 0번째 batch원소에 대한 Flatten 노드들의 값이고 net_temp(batch_input)[0].numel( )은 net_temp(batch_input)[0]이 가지는 원소 개수이다. 그림33에서 사용한 신경망 구조는 아래 사이트에서 Keras로 구현된 코드를 참고하여 만든 구조이다.

https://github.com/arshren/Feature-Visualization/blob/master/Feature%20Visualization.ipynb

```
# [코드 II-10]

net_temp = nn.Sequential(
    nn.Conv2d(3,16, 3),
    nn.MaxPool2d(2),
    nn.Dropout(0.2),
    nn.Conv2d(16, 32, 3),
    nn.MaxPool2d(2),
    nn.Conv2d(32, 64, 3),
    nn.MaxPool2d(2),
    nn.Dropout(0.2),
    nn.Conv2d(16, 32, 3),
    nn.MaxPool2d(2),
    nn.Conv2d(32, 64, 3),
    nn.MaxPool2d(2),
    nn.Dropout(0.2),
    nn.Flatten(),
#     nn.Linear(in_features, 512),
#     nn.Linear(512,1)
)

for batch_input, batch_target in train_loader:
  print('in_features = ',net_temp(batch_input)[0].numel())
  in_features = net_temp(batch_input)[0].numel()
  break
```

```
in_features =  43264
```

그림32.

위 그림32의 in_features에 저장된 숫자를 아래와 같이 flatten층 바로 다음에 오는 선형층의 입력노드 개수로 사용한다.

```
# [코드 II-11]

import torch.nn as nn
net = nn.Sequential (
    nn.Conv2d(3,16, 3),    nn.MaxPool2d(2), nn.Dropout(0.2),
    nn.Conv2d(16, 32, 3), nn.MaxPool2d(2),
    nn.Conv2d(32, 64, 3), nn.MaxPool2d(2), nn.Dropout(0.2),
    nn.Flatten(),
    nn.Linear(in_features, 512),
    nn.Linear(512,1) )
```

그림33.

입력데이터를 컨볼류션층에 대입하면, Flatten층을 거쳐 선형층으로 Error 없이 넘어가서 출력됨을 그림13에서 확인할 수 있다.

```
# [코드 II-12]
for batch_input, batch_target in train_loader:
  print(net(batch_input).data)
  break
```

```
tensor([[-0.0686],
        [-0.0593]])
```

그림34.

Step6. 신경망 학습

신경망 파라미터 업데이트에 사용한 알고리즘은 Adam이다(그림35). 손실(loss)를 계산할 때는 nn.BCEWithLogitLoss( )를 사용한다. 그 이유는 출력층에서 출력노드 1개로 이진분류하고 출력노드가 가지는 값이 실숫값이기 때문이다. 여기서 BCE는 Binary Cross Entropy의 약자이고 logit은 출력된 실숫값을 함수 sigmoid( )대입하여 확률로 변환된 값(0과 1사이의 값)을 loss계산에 사용한다는 의미를 나타낸다. 제3장 PART II. 인간행동인식에서는 손실을 계산할 때는 Binary가 아닌 nn.CrosEntropy( )를 사용했다. 그 이유는 10개 행동을 분류하는 다중분류 신경망이었기 때문이다. 그리고 그림35를 보면, epoch이 10의 배수가 될 때마다 학습률을 절반으로 줄이는 scheduler를 사용한다.

```
# [코드 II-13]

# 최적화 방법
optimizer = torch.optim.Adam(net.parameters(),lr=0.001)

# loss 함수에 사용할 cross entropy
bceloss=nn.BCEWithLogitsLoss()

# epoch=10, 20, ...일 때 학습률을 절반으로 줄이기.
scheduler = torch.optim.lr_scheduler.StepLR(optimizer, step_size=10, gamma=0.5)
```

그림35.

그림36는 valid_loss가 train_loss 이상이 되는 횟수가 25회 이상이면 학습을 중단하는 코드이다. 클래스 EarlyStopping의 함수 __init__( )는 그림36의 마지막 코드에서 EarlyStopping의 인스턴스 early_stopping이 만들어 질 때 실행된다. 그리고 __call__( )은 그림37의 32번째 줄에서 객체 early_stopping이 호출될 때 실행된다. __call__( )에서 정의한 early_stopping.counter가 25가 되면 early_stopping.boolean이 True가 된다.

```
# [코드 II-14]

class EarlyStopping():
    def __init__(self, tolerance=25, min_delta=0):
        self.tolerance = tolerance
        self.min_delta = min_delta
        self.counter = 0
        self.boolean = False

    def __call__(self, train_loss, valid_loss):
        if (valid_loss - train_loss) > self.min_delta:
            self.counter += 1
            if self.counter >= self.tolerance:
                self.boolean = True

# EarlyStopping 인스턴스
early_stopping = EarlyStopping()
```

그림36.

아래 그림37에서 part 1의 목적은 신경망 학습이므로 train_dataloader에 있는 batch_input과 batch_target을 사용하여 신경망 net의 파라미터를 업데이트한다. 각 for loop에서 계산한 train_loss를 train_losses에 순차적으로 append(보관)한다. part 2과 part3의 목적은 part 1의 학습이 학습 데이터에 과적합되지 않도록 함에 있으므로 part 2과 part3에서는 net의 파라미터를 업데이트하지 않는다. part 2에서는 valid_dataloader에 있는 batch_input과 batch_target을 사용하여, 각 for loop에서 계산한 32(배치크기)개 valid_loss의 평균을 valid_losses에 순차적으로 append(보관)한다. part 3에서는 각 for loop 마다, 그림37에서 정의한 객체 early_stopping에 마지막

train_loss와 valid_loss를 대입하여 valid_loss가 train_loss 보다 25회 크게되면 마지막으로 업데이트된 신경망의 파라미터를 파일 net.pt로 저장하고 학습은 중단된다.

```
# [코드 II-15]

from tqdm import tqdm
train_losses = []; valid_losses = []; lrs=[]
epochs=100
for epoch in tqdm(range(epochs)):

  ''' part 1. 학습(train) '''
  for batch_input, batch_target in train_loader:
    optimizer.zero_grad()
    train_loss=bceloss(net(batch_input).squeeze(),batch_target.float())
    train_loss.backward()
    optimizer.step()#batch 마다 파라미터 업데이트
  # 각 epoch에서 마지막 batch로 구한 train_loss 저장
  train_losses.append(train_loss.cpu().detach().numpy())
  # epoch 마다 학습률 스케쥴러 작동
  lrs.append(optimizer.param_groups[0]["lr"])
  scheduler.step()

  ''' part 2. 검증(valid) '''
  with torch.no_grad():
    temp_losses = []
    for batch_input, batch_target in valid_loader:
      valid_loss=bceloss(net(batch_input).squeeze(),batch_target.float())
      # 각각의 batch에서 loss 저장
      temp_losses.append(valid_loss.cpu().detach().numpy())
    # 각 epoch에서 모든 batch에서 구한 loss의 평균을 저장
    valid_loss_mean = np.mean(temp_losses, dtype=float)
    valid_losses.append(valid_loss_mean)

  ''' part 3. early stopping '''
  early_stopping(train_losses[-1], valid_losses[-1])
  if early_stopping.boolean or (epoch == epochs-1):
    print(" We are earlystopped or reached a maximum epoch index: ",
          epoch, " of ", str(epochs-1))
    torch.save(net.state_dict(), 'net.pt')
    break

train_losses
```

그림37.

Step7. 학습 종료 후 작업

학습에 사용한 학습률 lr(그림37의 17번째 줄)은 다음과 같이 출력할 수 있다.

```
# [코드 11-16]

import matplotlib.pyplot as plt
plt.plot(range(len(lrs)), lrs)
plt.title('Learning rate decay')
plt.xlabel('Epoch'); plt.ylabel('Learning rate')
```

```
Text(0, 0.5, 'Learning rate')
```

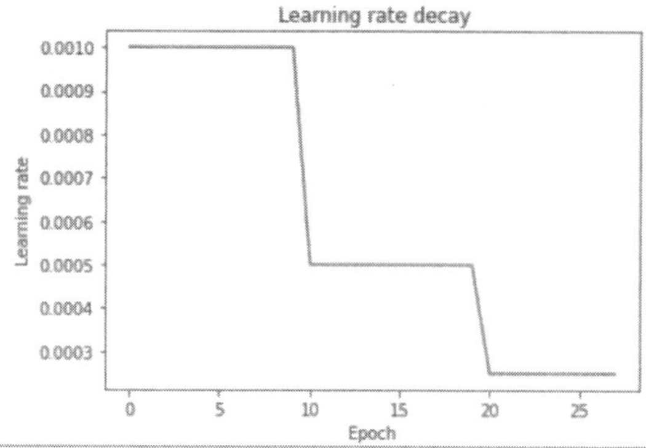

그림38.

위 그림38로부터 다음과 같이 학습이 종료되었음을 알 수 있다. epoch이 1만큼 증가할 때마다 valid_loss가 train_loss 이상이 되는 횟수가 누적되다가 epoch = 10이 되면 초기 학습률이 절반으로 줄다. 이런 과정을 epoch = 20까지 반복한 후에 epoch이 30이 되기 전에 valid_loss가 train_loss 이상이 되는 누적 횟수가 25회가 되어 신경망 학습이 조기 종료 되었다.

신경망을 학습하는 목적은 학습된 신경망으로 예측하기 위함이므로, 학습에 사용하지 않은 테스트 데이터(test_dataset)으로 신경망의 예측력을 아래와 같은 코드로 조사해야 한다. 코드 실행 결과 정확도가 약 60% 나왔다. Cat과 dog 이미지 각각 10개만을 학습 데이터로 사용하여 cat과 dog를 분류하는 신경망을 학습했기 때문에 예측력(정확도)이 낮을 수밖에 없다. 만약 다운로드한 모든 데이터를 사용하여 학습한다면 정확도는 높아질 것이다.

```
# [코드 II-17] 정확도(accuracy)

from sklearn.metrics import accuracy_score

predictions, actuals = list(), list()

for inputs, targets in test_dataset:
    # inputs.shape=torch.Size([3, 224, 224])
    # targets는 0 또는 1
    # inputs.unsqueeze(0) 형태는 [1, 3, 224, 224]

    yhat = net(inputs.unsqueeze(0)) # yhat 형태 [1,1]

    yhat = yhat.cpu().detach().numpy()
    yhat = [0 if value <=0  else 1 for value in yhat]

    actual = targets

    predictions.append(yhat)
    actuals.append(actual)

# np.shape(predictions)=(20, 1), np.shape(actuals)=(20, )

predictions, actuals = np.vstack(predictions), np.vstack(actuals)
# predictions.shape=(20, 1), actuals.shape=(20, 1)

accuracy = accuracy_score(actuals, predictions)
print(accuracy) # 0.6
```

그림39.

위 그림39를 보면 1개 출력노드가 가지는 실숫값 yhat을 0 또는 1로 변환(예측라벨 y_pred)하고 있다. 그 이유는 출력이 목표로하는 값(targets)가 0 또는 1(실제라벨 y_true)이기 때문이다. 그리고 정확도(accuracy)를 계산하기 위하여 사용한 함수 accuracy_score( )는 실제라벨과 예측라벨이 일치하는 비율을 반환한다. 예를 들면, y_pred=[0,1,1,1,1]이고 y_true=[1,1,1,1,0]일 때, accuracy_score(y_pred, y_true)=0.6이다. 정확도(accuracy_score) 이외에 Confusion matrix(TP, FP, TN, FN)을 활용하여 다양한 방법(f1 score 등)으로 이진분류 성능을 평가할 수 있다.

PART III. 동영상에서 얼굴 검출(face detection)

얼굴 검출(face detection) 목적으로 학습된 신경망(CNN)으로 동영상에 나타나는 얼굴을 검출해보자. 얼굴검출 과정은 부록1에서 설명하고 학습 과정은 부록2에서 다룬다.

Step1. 얼굴 검출할 동영상을 다운로드

무료 동영상을 제공하는 펙셀(Pexels)에서 있는 동영상을 짧게 편집한 video.mp4를 아래 사이트에서 다운로드하자.

https://github.com/timesler/facenet-pytorch/blob/master/examples/video.mp4

위 사이트에 있는 아이콘 'Download'에 마우스 포인터를 고정한 후, 오른쪽 마우스 버튼 클릭한다. 이때 나타나는 '링크 주소 복사'를 클릭하면 다음 주소가 클립보드에 복사된다.

https://github.com/timesler/facenet-pytorch/raw/master/examples/video.mp4

참고로 위 사이트 주소와 다운로드받을 주소가 다르다.

이제 아래 코드를 실행하여 Colab의 파일 탐색기(Files explorer)로 video.mp4를 다운로드한다.

```
# [코드 1]
!wget https://github.com/timesler/facenet-pytorch/raw/master/examples/video.mp4
```

그림40.

다운로드받은 video.mp4는 Colab의 파일 탐색기에서 default 작업 디렉토리인 /content에 저장된다. 동영상의 길이(러닝타임)은 4초이고 아래와 같은 코드로 재생(플레이)할 수 있다.

```
# [코드 2] 다운로드한 비디오 플레이
from IPython.display import HTML
from base64 import b64encode
mp4 = open('video.mp4','rb').read()
data_url = "data:video/mp4;base64," + b64encode(mp4).decode()
HTML("""
<video width=500 controls>
      <source src="%s" type="video/mp4">
</video>
""" % data_url)
```

그림41.

Step2. video.mp4 정보

동영상(움직이는 이미지)은 다수의 '프레임(frame, 정지된 이미지)'를 시간 축을 기준으로 순차적으로 저장한 것이다. video.mp4를 읽어들이고 frame 정보를 얻을 수 있는 패키지 mmcv를 설치한다. 그리고 폴더 /usr/local/lib/python3.7/dist-packages/mmcv/video에 있는 파일 io.py에 정의된 클래스 VideoReader로 video.mp4를 읽어들인 후, mmcv.VideoReader가 가진 속성(frame_cnt, width, height, fps)로 video.mp4를 구성하는 frame 정보를 얻는다. frame은 105개이고 각 frame의 폭(width)는 1920픽셀(pixel, picture element 의미)이고 높이(height)은 1080픽셀이다. 그리고 초당 보여지는 이미지 장면의 수인 frame 속도(프레임률, 프레임 레이트, fps, 초당 프레임 수)는 25임을 알 수 있다. fps가 높을수록 더 자연스럽고 매끄러운 동작을 표현할 수 있다. 이미지가 시야에서 사라져도 뇌에 이미지가 남아 있는 잔상 효과는 1/16초이고 1000fps를 사용하는 슬로모션도 있다고 한다.

```
# [코드 3]

!pip install mmcv
import mmcv
print(mmcv.VideoReader('video.mp4').frame_cnt) #105
print(mmcv.VideoReader('video.mp4').width) #1920
print(mmcv.VideoReader('video.mp4').height) #1080
print(mmcv.VideoReader('video.mp4').fps) # 25.0
```

그림42.

동영상 video.mp4의 첫 번째와 마지막 프레임은 다음과 같다.

```
# [코드 4]

import mmcv, cv2, matplotlib.pyplot as plt
from PIL import Image

# 프레임 저장
video = mmcv.VideoReader('video.mp4')
frames = [Image.fromarray(cv2.cvtColor(frame, cv2.COLOR_BGR2RGB))
          for frame in video]
# type(cv2.cvtColor(frame, cv2.COLOR_BGR2RGB)) = numpy.ndarray
# type(frames[0]) = PIL.Image.Image
# len(frames)=105

# 처음과 마지막 프레임 보기
fig=plt.figure(figsize=(12,12))
for index in [0,1]:
  plt.subplot(1,2, index+1)
  if index==0:
    plt.imshow(frames[index])
    plt.title("1st frame")
  else:
    plt.imshow(frames[104])
    plt.title("last(105th) frame")
plt.show()
```

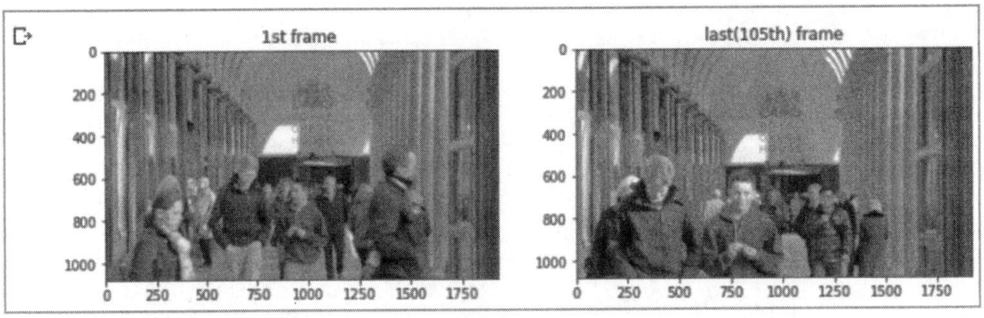

그림43.

Step3. 신경망 MTCNN

우리가 사용할 신경망은 MTCNN으로 Multi Task cascade Convolutional Neural Network의 약자이다. Multi task는 이미지에서 얼굴이 있을 영역과 확률뿐만 아니라 얼굴의 특징점(landmarks, 눈, 코, 입꼬리)도 찾는 여러 작업을 의미한다. Cascade는 3개의 학습된 CNN(PNet, RNet, ONet)이 순차적으로 데이터를 처리함을 의미한다. PNet에 이미지를 입력하면 PNet 출력이 가공되어 RNet에 입력된다. 그리고 RNet 출력이 가공되어 ONet에 입력된다. 마지막으로 ONet 출력이 가공되어 입력된 이미지에서 얼굴영역을 직사각형으로 표시된다.

Step3-1. MTCNN 설치

아래와 같이 학습된 MTCNN을 설치한다.

```
# [코드 5]

!pip install facenet_pytorch
# /usr/local/lib/python3.7/dist-packages에 설치됨
```

그림44.

Step3-2. 이웃한 두 층의 위상적 구조

폴더 /usr/local/lib/python3.7/dist-packages/facenet_pytorch/models에 있는 mtcnn.py를 열어보면 클래스 MTCNN이 있고 아래 코드로 MTCNN은 PNet, RNet, ONet으로 구성되어 있음을 알 수 있다. 대수적 구조와 학습에 대한 설명은 부록2에 있다.

```
# [코드 6]

# /usr/local/lib/python3.7/dist-packages
# /facenet_pytorch/models/mtcnn.py
from facenet_pytorch import MTCNN
MTCNN(keep_all=True)
#keep_all =True : all detected faces are returned
```

```
MTCNN(
  (pnet): PNet(
    (conv1): Conv2d(3, 10, kernel_size=(3, 3), stride=(1, 1))
    (prelu1): PReLU(num_parameters=10)
    (pool1): MaxPool2d(kernel_size=2, stride=2, padding=0, dilation=1, ceil_mode=True)
    (conv2): Conv2d(10, 16, kernel_size=(3, 3), stride=(1, 1))
    (prelu2): PReLU(num_parameters=16)
    (conv3): Conv2d(16, 32, kernel_size=(3, 3), stride=(1, 1))
    (prelu3): PReLU(num_parameters=32)
    (conv4_1): Conv2d(32, 2, kernel_size=(1, 1), stride=(1, 1))
    (softmax4_1): Softmax(dim=1)
    (conv4_2): Conv2d(32, 4, kernel_size=(1, 1), stride=(1, 1))
  )
  (rnet): RNet(
    (conv1): Conv2d(3, 28, kernel_size=(3, 3), stride=(1, 1))
    (prelu1): PReLU(num_parameters=28)
    (pool1): MaxPool2d(kernel_size=3, stride=2, padding=0, dilation=1, ceil_mode=True)
    (conv2): Conv2d(28, 48, kernel_size=(3, 3), stride=(1, 1))
    (prelu2): PReLU(num_parameters=48)
    (pool2): MaxPool2d(kernel_size=3, stride=2, padding=0, dilation=1, ceil_mode=True)
    (conv3): Conv2d(48, 64, kernel_size=(2, 2), stride=(1, 1))
    (prelu3): PReLU(num_parameters=64)
```

```
    (dense4): Linear(in_features=576, out_features=128, bias=True)
    (prelu4): PReLU(num_parameters=128)
    (dense5_1): Linear(in_features=128, out_features=2, bias=True)
    (softmax5_1): Softmax(dim=1)
    (dense5_2): Linear(in_features=128, out_features=4, bias=True)
  )
  (onet): ONet(
    (conv1): Conv2d(3, 32, kernel_size=(3, 3), stride=(1, 1))
    (prelu1): PReLU(num_parameters=32)
    (pool1): MaxPool2d(kernel_size=3, stride=2, padding=0, dilation=1, ceil_mode=True)
    (conv2): Conv2d(32, 64, kernel_size=(3, 3), stride=(1, 1))
    (prelu2): PReLU(num_parameters=64)
    (pool2): MaxPool2d(kernel_size=3, stride=2, padding=0, dilation=1, ceil_mode=True)
    (conv3): Conv2d(64, 64, kernel_size=(3, 3), stride=(1, 1))
    (prelu3): PReLU(num_parameters=64)
    (pool3): MaxPool2d(kernel_size=2, stride=2, padding=0, dilation=1, ceil_mode=True)
    (conv4): Conv2d(64, 128, kernel_size=(2, 2), stride=(1, 1))
    (prelu4): PReLU(num_parameters=128)
    (dense5): Linear(in_features=1152, out_features=256, bias=True)
    (prelu5): PReLU(num_parameters=256)
    (dense6_1): Linear(in_features=256, out_features=2, bias=True)
    (softmax6_1): Softmax(dim=1)
    (dense6_2): Linear(in_features=256, out_features=4, bias=True)
    (dense6_3): Linear(in_features=256, out_features=10, bias=True)
  )
)
```

그림45.

Step4. video_tracked.mp4 만들기

학습된 MTCNN을 사용하여 video.mp4에 얼굴 직사각형을 표시한 동영상 video_tracked.mp4를 만들어 보자.

Step4-1. 프레임에 얼굴 직사각형을 만들어 frame_tracked에 저장한다.

각 frame A(그림43에서 105개 프레임을 frames에 저장)을 MTCNN의 함수 detect( )에 대입하여 얼굴 직사각형들의 좌표를 저장한 boxes를 찾는다(부록 1에서 자세히 설명). frame A를 복사한 프레임을 만든다. Copy한 프레임에 ImageDraw가 가진 함수 rectangle( )을 사용하여 좌표 boxes에 대응하는 얼굴 직사각형들을 그린다.

```
# [코드 7]

from facenet_pytorch import MTCNN
from PIL import ImageDraw

# frames_tracked에 얼굴 직사각형이 있는 프레임 저장
frames_tracked = []

for i, frame in enumerate(frames):
  print('WrTracking frame: {}'.format(i + 1), end='') # 105

  # 얼굴 직사각형의 대각선 좌표 성분
  boxes, _ = MTCNN(keep_all=True).detect(frame)
  # type(boxes)=numpy.ndarray
  # boxes.shape = (6, 4)에서 6은 직사각형인 얼굴box 개수이고
  # 4는 각각의 얼굴box에서 좌측 상단점과 우측 하단점 숫자 4개

  # frame을 copy한 frame_draw에 얼굴box 그리기
  frame_draw = frame.copy()
  draw = ImageDraw.Draw(frame_draw)
  for box in boxes:
      draw.rectangle(box.tolist(), outline=(255, 0, 0), width=6)

  frames_tracked.append(frame_draw)
```

그림46.

얼굴 직사각형이 없고 있음만 차이가 있는 frames와 있는 frames_tracked에는 각각 105개 프레임이 있다. 아래와 같이 frames와 frames_tracked의 처음과 마지막 프레임을 비교해보면 frames_tracked에 얼굴 직사각형이 만들어졌음을 확인할 수 있다.

```
# [코드 8]
import mmcv, cv2, matplotlib.pyplot as plt

# 얼굴 직사각형이 없는 프레임과 있는 비교
fig=plt.figure(figsize=(12,12))

plt.subplot(2,2,1)
plt.imshow(frames[0]); plt.title("1st frames")
plt.subplot(2,2,2)
plt.imshow(frames[104]); plt.title("last(105th) frames_tracked")

plt.subplot(2,2,3)
plt.imshow(frames_tracked[0]); plt.title("1st frames_tracked")
plt.subplot(2,2,4)
plt.imshow(frames_tracked[104]); plt.title("last(105th) frames_tracked")

plt.subplots_adjust(hspace=-0.5)
plt.show()
```

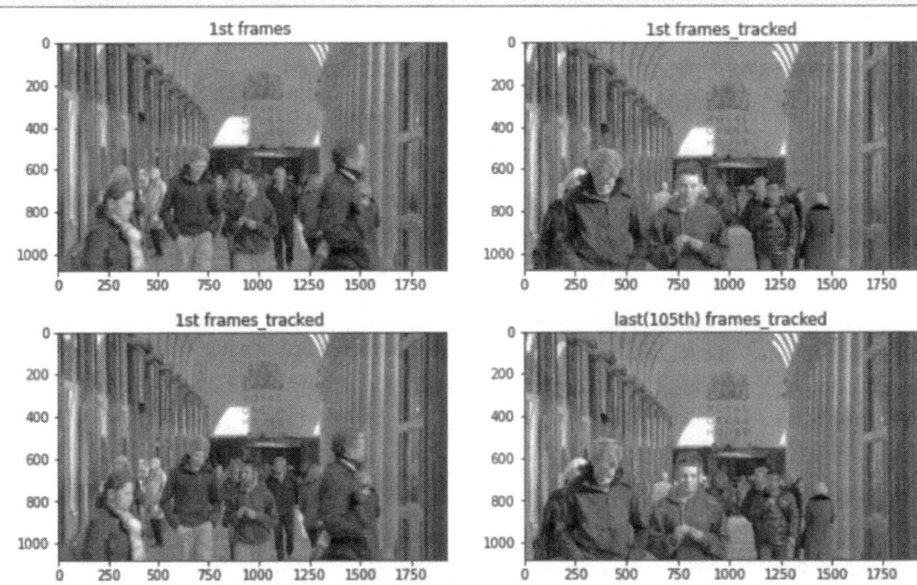

그림47.

Step4-2. 동영상 video.mp4의 모든 프레임에서 얼굴 직사각형을 추가한 동영상 video_tracked.mp4를 만든다.

```
# [코드 9] frames_tracked를 video_tracked.mp4로 저장

import cv2, numpy as np

dim = frames_tracked[0].size
fourcc = cv2.VideoWriter_fourcc(*'FMP4')
video_tracked = cv2.VideoWriter('video_tracked.mp4', fourcc, 25.0, dim)
for frame in frames_tracked:
    video_tracked.write(cv2.cvtColor(np.array(frame), cv2.COLOR_RGB2BGR))
video_tracked.release()
```

그림48.

Step4-3. video.mp4와 video_tracked.mp4를 하나의 동영상으로 만들기 위해서는 아래와 같이 프레임 개수, 폭과 높이, fps가 일치하는지를 확인해야 한다.

```
# [코드 10]  video.mp4와 video_tracked.mp4 비교
import cv2

video_orig = cv2.VideoCapture("video.mp4")
length = int(video_orig.get(cv2.CAP_PROP_FRAME_COUNT))
width  = int(video_orig.get(cv2.CAP_PROP_FRAME_WIDTH))
height = int(video_orig.get(cv2.CAP_PROP_FRAME_HEIGHT))
fps    = video_orig.get(cv2.CAP_PROP_FPS)
print('video.mp4 : ', length, width, height, fps )

video_tracked = cv2.VideoCapture("video_tracked.mp4")
length = int(video_tracked.get(cv2.CAP_PROP_FRAME_COUNT))
width  = int(video_tracked.get(cv2.CAP_PROP_FRAME_WIDTH))
height = int(video_tracked.get(cv2.CAP_PROP_FRAME_HEIGHT))
fps    = video_tracked.get(cv2.CAP_PROP_FPS)
print('video_tracked.mp4 : ', length, width, height, fps )
```

```
video.mp4 :  105 1920 1080 25.0
video_tracked.mp4 :  105 1920 1080 25.0
```

그림49.

Step4-4. video.mp4와 video_tracked.mp4를 동시에 플레이하기 위하여 아래와 같이 두 동영상을 하나의 동영상으로 만들어 original_tracked.mp4로 저장한다.

```
# [코드 11]

# video.mp4 와 video_tracked.mp4을 동시에 플레이하기 위하여
# video.mp4 와 video_tracked.mp4을 하나의 video로 저장
# (original_tracked.mp4)

!ffmpeg -i video.mp4  -i video_tracked.mp4 ₩
  -filter_complex "hstack,format=yuv420p" ₩
  -c:v libx264 -crf 18 original_tracked.mp4
```

그림50.

Step4-5. 아래와 같이 original_tracked.mp4의 프레임은 video.mp4의 프레임(좌측)과 video_tracked.mp4의 프렘임(우측)이 이어진 이미지임을 확인할 수 있다. original_tracked.mp4의 플레이 버튼을 클릭하면 두 동영상 video.mp4와 video_tracked.mp4를 동시에 플레이할 수 있다.

```
# [코드 12]
from IPython.display import HTML
from base64 import b64encode

mp4 = open('original_tracked.mp4','rb').read()
data_url = "data:video/mp4;base64," + b64encode(mp4).decode()
HTML(""" <video height='300' controls>
        <source src="%s" type="video/mp4"> </video> """ % data_url)
```

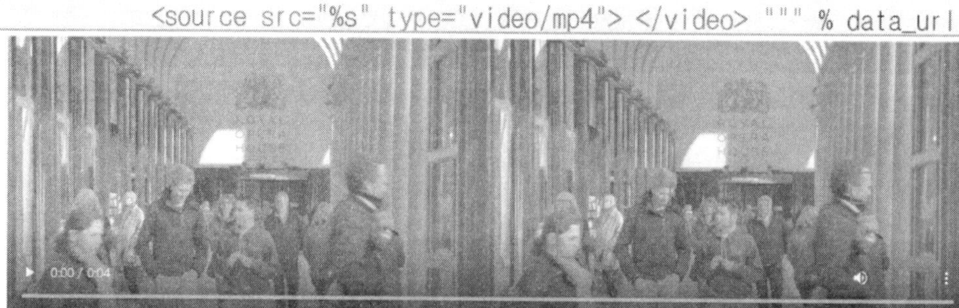

그림51.

부록 1. 그림46의 boxes, _ MTCNN(keeep_all=True).detect(frame)

아래 부록1그림1은 PART III의 그림46에 있는 코드이다. 13번째 line에서 학습된 MTCNN의 함수 detect( )에 frame을 대입하여 얼굴 직사각형의 대각선 좌표인 boxes를 만들었다. 여기서 MTCNN은 폴더 /usr/local/lib/python3.7/dist-packages /facenet_pytorch/models에 위치한 모듈 mtcnn.py에 있는 클래스이다.

```
1 # [PART III 코드7]
2
3 from facenet_pytorch import MTCNN
4 from PIL import ImageDraw
5
6 # frames_tracked에 얼굴 직사각형이 있는 프레임 저장
7 frames_tracked = []
8
9 for i, frame in enumerate(frames):
10   print('₩rTracking frame: {}'.format(i + 1), end='') # 105
11
12   # 얼굴 직사각형의 대각선 좌표 성분
13   boxes, _ = MTCNN(keep_all=True).detect(frame)
14   # type(boxes)=numpy.ndarray
15   # boxes.shape = (6, 4)에서 6은 직사각형인 얼굴box 개수이고
16   # 4는 각각의 얼굴box에서 좌측 상단점과 우측 하단점 숫자 4개
17
18   # frame을 copy한 frame_draw에 얼굴box 그리기
19   frame_draw = frame.copy()
20   draw = ImageDraw.Draw(frame_draw)
21   for box in boxes:
22       draw.rectangle(box.tolist(), outline=(255, 0, 0), width=6)
23
24   frames_tracked.append(frame_draw)
```

부록1 그림1

위 부록1그림1의 13번째 line에서는 함수에 대입한 내용과 반환된 내용만을 알 수 있다. 함수 내부 과정을 이해하기 위해서는, 먼저 학습한 mtcnn으로 하려는 내

용을 알아야 한다. 이 내용은 다음과 같이 A, B, C로 요약할 수 있다.

A. 학습한 mtcnn으로 해결하려는 문제

jpg에 있는 다양한 크기의 얼굴boxes 추정 문제를 동일한 크기의 얼굴boxes 추정 문제로 변형하기 위하여 다음 단계를 거친다. 앞에서 표현한 '얼굴 좌표 boxes', '얼굴 직사각형', '얼굴 직사각형 좌표' 모두 동일한 의미로 사용하겠다.

(1) jpg를 다양한 크기로 축소한다 (jpg1, jpg2, ...).

(2) jpg1, jpg2, ...에 동일한 크기의 얼굴boxes (B1, B2, ...)를 만든다.

(3) B1, B2, ...를 jpg로 확대(1/축소)한다.

B. 학습한 mtcnn으로 추정하는 과정

• pnet(proposal net)으로 추정

위 A의 (2), (3)을 pnet으로 처리한다. 예를 들면, 다음과 같다

먼저, 'pnet의 얼굴분류 출력채널'로 얼굴포함 가능성이 높은 크기 12의 얼굴 boxes (jpg1_pnet_boxes라고 하자)를 jpg1에 만든다(위 A의 (2)).

그리고 jpg1_pnet_boxes를 jpg로 확대한 boxes(위 A의 (3))를 jpg_pnet_boxes라고 할 때, jpg_pnet_box는 추정대상인 정답(ground truth, gt) box가 아니고 gt box와 겹치는 box에 해당한다. 따라서 'pnet의 box 출력채널'로 jpg_pnet_boxes를 조정하여 추정 gt boxes(pnet_gt boxes)가 되도록 한다.

• rnet(refine net)으로 추정

pnet 보다 더 높은 해상도를 가지는 boxes로 학습한 rnet으로 pnet_gt boxes에서 얼굴포함 가능성이 높은 boxes를 선택한다. rnet이 선택한 boxes를 rnet_gt boxes 라고 하자.

• onet(output net)으로 추정

rnet 보다 더 높은 해상도를 가지는 boxes로 학습한 onet으로 rnet_gt boxes에서 얼굴 포함 가능성이 높은 boxes를 선택한다. onet이 선택한 boxes를 onet_gt boxes 라고 하자.

C. 학습한 mtcnn으로 추정한 결과

jpg에 있는 onet_gt boxes가 최종 얼굴boxes가 된다. 부록1그림1의 13번째 line에 있는 함수의 내부 진행 과정에 대한 설명은 'B. 학습한 mtcnn으로 추정하는 과정'에 해당한다. 이를 코드로 설명할 때 라이브러리 facenet_pytorch가 설치된 폴더 /usr/local/lib /python3.7/dist-packages/facenet_pytorch에 있는 파일의 코드를 사용한다. 파일 위치를 적을 때는 설치 폴더를 생략하겠다. 예를 들면, 파일 /models/mtcnn.py는 /usr/local/lib/python3.7/dist-packages/facenet_pytorch/models/mtcnn.py를 의미한다. 이제 boxes를 얻게 되는 과정을 알아보자.

Step1. 앞으로 작업을 위한 다운로드, 패키지 설치와 모듈 import

```
# MTCNN(keep_all=True).detect(frame)과 동일 코드 작성 : 1번째
# boxes, _ = MTCNN(keep_all=True).detect(frame) 설명 시작

# frame을 가져올 video.mp4 다운
!wget https://github.com/timesler/facenet-pytorch/raw/master/examples/video.mp4

# video를 구성하는 frame을 가져올 때 사용할 패키지 mmcv
!pip install mmcv

# 얼굴 직사각형을 만들 패키지 설치
!pip install facenet_pytorch
# facenet_pytorch를 /usr/local/lib/python3.7/dist-packages에 설치

# 앞으로 사용할 import 하기
from facenet_pytorch import MTCNN
# /facenet_pytorch이 가진 __init__.py 실행
# mtcnn.py
import torch, torch.nn as nn, numpy as np
# video.mp4
import mmcv, cv2
from PIL import Image
# detect_face.py
from torch.nn.functional import interpolate
from torchvision.ops.boxes import batched_nms

# 이미지 show
import matplotlib.pyplot as plt
```

부록1 그림2.

Step2. 입력에 사용할 이미지 frame의 정보

```
# MTCNN(keep_all=True).detect(frame)과 동일 코드 작성 : 2번째
# boxes, _ = MTCNN(keep_all=True).detect(frame) 설명 시작
# video.mp4에서 1개 frame 추출

video = mmcv.VideoReader('video.mp4')
for v in video:
  frame=Image.fromarray(cv2.cvtColor(v, cv2.COLOR_BGR2RGB))
  break

print(type(frame)) # <class 'PIL.Image.Image'>
print(frame.mode) # RGB
print(frame.height) # 1080
print(frame.size) # (w,h)=(1920, 1080)
```

부록1 그림3.

Step3. /models/mtcnn.py에 있는 MTCNN의 __init__( )와 detect( )의 인자

min_face_size=20은 추정에 사용할 frame의 폭과 높의 최솟값이 20이상 되어야 한다는 의미이다. 나머지 인자는 부록1그림10에서 설명한다. img는 video.mp4에서 있는 1번째 frame이다.

```
# MTCNN(keep_all=True).detect(frame)과 동일 코드 작성 : 3번째
# boxes, _ = MTCNN(keep_all=True).detect(frame) 설명 시작

# 클래스 MTCNN의 함수 __init__( ) 인자
image_size = 160; margin = 0; min_face_size = 20
thresholds = [0.6, 0.7, 0.7]; factor = 0.709; post_process = True
select_largest = True; keep_all = True; selection_method = None
device=None

# detect( ) 인자
img=frame; landmarks=False
```

부록1 그림4.

Step4. /models/utils/detect_face.py에 있는 함수 detect( )의 body

편의상 body를 두 부분으로 나누고, 아래는 1번째 body가 된다.

batch_boxes, batch_points = detect_face (
    img, self.min_face_size, self.pnet, self.rnet, self.onet,
    self.thresholds, self.factor, self.device)

MTCNN의 인스턴스 self를 사용하지 않으므로 self.를 생략한다. img, min_face_size, theshold, factor와 device는 뒤에서 설명한다. pnet, rnet, onet은 각각 클래스 PNet, RNet, ONet의 인스턴스이다. 먼저 신경망 PNet, RNet, ONet의 정의를 알아보자.

Step4-1. /models/mtcnn.py에 있는 신경망 PNet

```
# MTCNN( ).detect( )과 동일 코드 작성 : 4-1번째

class PNet(nn.Module):
    def __init__(self, pretrained=True):
        super().__init__()
        self.conv1 = nn.Conv2d(3, 10, kernel_size=3)
        self.prelu1 = nn.PReLU(10)
        self.pool1 = nn.MaxPool2d(2, 2, ceil_mode=True)
        self.conv2 = nn.Conv2d(10, 16, kernel_size=3)
        self.prelu2 = nn.PReLU(16)
        self.conv3 = nn.Conv2d(16, 32, kernel_size=3)
        self.prelu3 = nn.PReLU(32)
        self.conv4_1 = nn.Conv2d(32, 2, kernel_size=1)
        self.softmax4_1 = nn.Softmax(dim=1)
        self.conv4_2 = nn.Conv2d(32, 4, kernel_size=1)
        self.training = False

        if pretrained:
            path1 = '/usr/local/lib/python3.7/dist-packages'
            path2 = '/facenet_pytorch/data/pnet.pt'
            state_dict = torch.load(path1+path2)
            self.load_state_dict(state_dict)
```

```
def forward(self, x):
    x = self.conv1(x)
    x = self.prelu1(x)
    x = self.pool1(x)
    x = self.conv2(x)
    x = self.prelu2(x)
    x = self.conv3(x)
    x = self.prelu3(x)
    a = self.conv4_1(x)
    a = self.softmax4_1(a)
    b = self.conv4_2(x)
    return b, a
```

부록1그림5.

[학습된 PNet의 파라미터 사용] pnet=PNet( )과 같이 PNet 인스턴스를 만들면 __init__( )가 실행되고, if 문에 의하여 __init__( ) body에 존재하는 파라미터 값이 pnet.pt에 저장된 값으로 변경된다. pnet.pt는 학습된 PNet의 파라미터 값을 저장한 PyTorch 파일이다. MTCNN의 학습과정에 대한 기본적인 설명은 부록2에 있다.

[입력층] __init__( )와 forward( )를 보면 입력층과 1번째 은닉층을 합성곱층 nn.Conv2d(3,10,3)으로 연결했다. 입력채널이 3개인 이유는 RGB인 frame이 tensor로 변환되어 pnet에 입력되기 때문이다. pnet을 학습할 때, input은 크기 12 인 이미지 데이터를 사용했으므로 pnet 출력으로 크기 12인 이미지 데이터를 만들게 된다.

[은닉층1] 함수 forward( )에서 이웃한 두 은닉층 사이에 있는 nn.PReLU( ) 또는 nn.MaxPool2d( )를 무시하면, 아래와 같이 현재 컨볼류션층의 출력채널 개수가 다음 컨볼류션층의 입력채널 개수가 됨을 알 수 있다.

nn.Conv2d(3,10,3), nn.Conv2d(10,16,3), nn.Conv2d(16,32,3)

[은닉층2] nn.PReLU(10)의 인스턴스인 self.prelu1( )은, nn.Conv2d(2,10,3)의 인스턴스인 self.conv1d의 10개 출력채널이 가진 숫자들을 10개 입력채널이 가진 숫자들로 받아들인다. self.prelu1( )의 입력채널과 출력채널 형태는 동일하고 각 입력채널

$i(1 \le i \le 10)$의 동일한 위치에 있는 실수를 x_i라고 할 때, self.prelu1( )의 출력채널이 가지는 숫자는 아래 함숫값 $\mathrm{prelu}(x_i)$이다. 즉, nn.PReLU(10)는 10개 학습 파라미터(Paramter) $a_i(1 \le i \le 10)$를 가진 nn.ReLU( )라고 할 수 있다.

$$\mathrm{prelu}(x_i) = \max(0, x_i) + a_i \min(0, x_i), (1 \le i \le 10),$$

$$\frac{\partial \mathrm{prelu}(x_i)}{\partial a_i} = \begin{cases} 0 & (x_i > 0) \\ x_i & (x_i \le 0) \end{cases}$$

위에서 nn.PReLU(10)의 인스턴스 self.prelu1( )에 대입할 수 있는 tensor x의 형태는 4차원 [배치크기, 채널개수, 높이, 폭]에서 2차원 숫자인 채널개수가 10이었다. 이를 일반화하여 prelu=nn.PReLU(n)라고 할 때, prelu( )에 tensor x를 대입하려면 x 형태가 2차원 이상이고 2차원 숫자는 반드시 n이 되어야 한다. n=3일 때, 아래 데이터는 모두 x가 될 수 있다.

torch.randn(1,3), torch.randn(2,3), torch.randn(1,3,2), torch.randn(1,3,1,1)

x의 형태가 4차원 [1,3,1,1]일 때, 위에서 설명한 함수 prelu에 대한 정의와 성질을 아래 코드로 확인할 수 있다.

```
import torch, torch.nn as nn, numpy; torch.manual_seed(2)

prelu = nn.PReLU(3)

print('파라미터 [a1, a2, a3] = ',list(prelu.parameters()),'\n')

x=torch.randn(1,3,1,1)

print('x = ', x,'\n')
print('prelu(x) = ', prelu(x).detach().numpy(),'\n')
print('x와 prelu(x) 형태 : ', x.shape,prelu(x).shape)
```

부록1 그림6.

prelu 정의를 확인하기 위하여 위 코드 출력을 아래와 같이 편집했다.

파라미터 [a1, a2, a3] = [0.2500, 0.2500, 0.2500]
x = [[[[0.3923]], [[-0.2236]], [[-0.3195]]]]
prelu(x) = [[[[0.39229682]] [[-0.055891]] [[-0.07987507]]]]
x와 prelu(x) 형태 : torch.Size([1, 3, 1, 1]) torch.Size([1, 3, 1, 1])

nn.Sequential( )에 nn.PReLU( )를 사용할 때도 동일한 정의가 적용된다. 예를 들면, 아래 신경망에서 k는 10이 되어야 한다.

net = nn.Sequential (nn.Conv2d(3,k,2) , nn.PReLU(10))

nn.PReLU(10)에 대한 설명은 PNet에서 사용한 nn.PReLU(16)과 nn.PReLU(32)도 동일하게 적용된다.

[부록1 참고1] nn.PReLU( )

참고로 nn.PReLU( )는 1개 학습 파라미터(weight) a를 가진 nn.ReLU( )라고 할 수 있다. prelu=nn.PReLU( )라고 할 때, prelu(x)는 다음과 같이 정의한다.

$x \in R$에 대하여

$$\mathrm{prelu}(x) = \max(0, x) + a\min(0, x),$$

$$\frac{\partial \mathrm{prelu}(x)}{\partial a} = \begin{cases} 0 \ (x > 0) \\ x \ (x \le 0) \end{cases}$$

여기서 x은 각각 nn.PReLU( )의 각 입력채널에 있는 숫자를 의미한다. 따라서 nn.PReLU(10)와 달리 tensor x 형태에서 채널 개수에 대한 제약이 없다. 예를 들면, 아래와 같이 데이터 형태의 차원에 대한 제약이 없다.

torch.randn(3), torch.randn(1,2), torch.randn(2,3), torch.randn(1,4,2), torch.randn(1,5,1,1)

예를 들어 함숫값 prelu(x)를 구하면 다음과 같다.

a = [0.25]이고, x = [0.3923 , -0.2236, -0.3195] 일 때,

prelu(x) = [0.3923+0.25*0 , 0+0.25*(-0.2236), 0+0.25*(-0.3195)]

함수 prelu에 음수를 대입하면 가중치가 곱해져서 출력됨을 알 수 있다.

[은닉층3] nn.MaxPool2d(2,2,ceil_mode=True) 의미는 2차원(2d) 채널 위에 크기 2인 윈도(kernel_size=2)를 2만큼(stride=2) 움직여 가면서 윈도우에 있는 숫자 중, 최댓값을 추출한다. 이때, x 이상인 최소 정수를 나타내는 천장(ceil) 함수 ceil(x)를 사용한다. 예를 들면, ceil(3)=3 이고 ceil(3.1)=4이다.

[출력층] forward( )를 보면 출력층에 있는 채널은 두 종류로 구성된다. 하나는 얼굴분류(Face classification)를 담당하는 2개 채널(#1, #2)으로 nn.Conv2d(32,2,1)의 출력채널이고 다른 하나는 얼굴box offset을 담당하는 4개 채널(#1, #2, #3, #4)로 nn.Conv2d (32,4,1)의 출력채널이다. 각각의 역할을 뒤에서 코드로 설명한다. 두 종류를 반환(return)할 때, 4개 채널로 구성된 얼굴box offset를 먼저 반환한다.

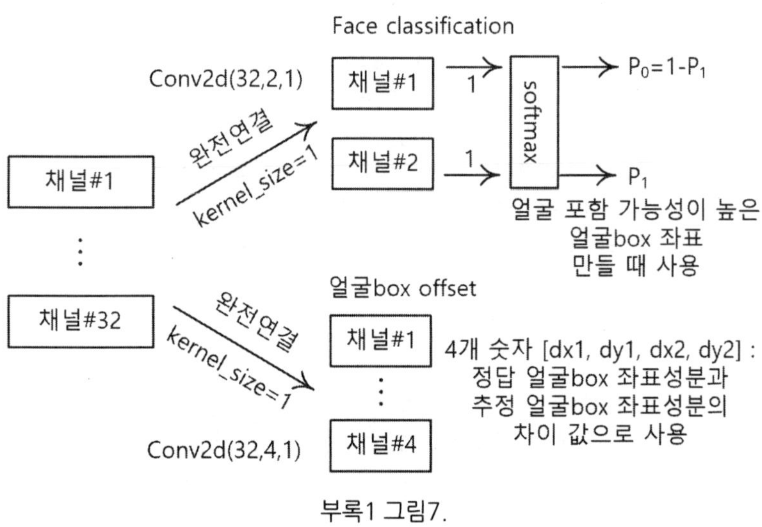

부록1 그림7.

Step4-2. /models/mtcnn.py에 있는 신경망 RNet

부록1그림5에 있는 PNet과 비교해보면 컨볼류션층의 개수는 동일하다. 채널 개수를 비교해보면, RGB 이미지 데이터를 처리하기 위한 3개 입력채널을 제외하고 RNet에서 더 많은 채널 개수를 사용하고 있다. 그 이유는 PNet으로 추정한 얼굴 직사각형들 중에서 가능성이 높은 직사각형들을 선택하기 위하여 PNet 보다 더 많은 파라미터가 필요했다고 볼 수 있다. 이러한 선택을 위하여 PNet에서 2개 채널로 처리한 Face classification 과 4개 채널로 처리한 얼굴box offset을 각각 선형층 nn.Linear(128,2)와 nn.Linear(128,4)으로 교체했다.

```
# MTCNN().detect()과 동일 코드 작성 : 4-2번째

class RNet(nn.Module):
    def __init__(self, pretrained=True):
        super().__init__()
        self.conv1 = nn.Conv2d(3, 28, kernel_size=3)
        self.prelu1 = nn.PReLU(28)
        self.pool1 = nn.MaxPool2d(3, 2, ceil_mode=True)
        self.conv2 = nn.Conv2d(28, 48, kernel_size=3)
        self.prelu2 = nn.PReLU(48)
        self.pool2 = nn.MaxPool2d(3, 2, ceil_mode=True)
        self.conv3 = nn.Conv2d(48, 64, kernel_size=2)
        self.prelu3 = nn.PReLU(64)
        self.dense4 = nn.Linear(576, 128)
        self.prelu4 = nn.PReLU(128)
        self.dense5_1 = nn.Linear(128, 2)
        self.softmax5_1 = nn.Softmax(dim=1)
        self.dense5_2 = nn.Linear(128, 4)
        self.training = False

        if pretrained:
            path1 = '/usr/local/lib/python3.7/dist-packages'
            path2 = '/facenet_pytorch/data/rnet.pt'
            state_dict = torch.load(path1+path2)
            self.load_state_dict(state_dict)
```

```
    def forward(self, x):
        x = self.conv1(x)
        x = self.prelu1(x)
        x = self.pool1(x)
        x = self.conv2(x)
        x = self.prelu2(x)
        x = self.pool2(x)
        x = self.conv3(x)
        x = self.prelu3(x)
        x = x.permute(0, 3, 2, 1).contiguous()
        x = self.dense4(x.view(x.shape[0], -1))
        x = self.prelu4(x)
        a = self.dense5_1(x)
        a = self.softmax5_1(a)
        b = self.dense5_2(x)
        return b, a
```

부록1 그림8.

[입력층] __init__( )와 forward( )를 보면 입력층과 1번째 은닉층의 연결은 합성곱층 nn.Conv2d(3,28,3)임을 알 수 있다. 입력채널이 3개인 이유는 RGB 이미지에 해당하는 데이터가 rnet에 입력되기 때문이다.

[은닉층] self.prelu3=nn.PReLU(64)에서 선형층 self.dense4=nn.Linear(576,128)으로 넘어갈 때, 선형층의 입력노드가 576인 이유는 다음과 같다. RNet에 입력하는 데이터의 형태는 [배치크기, 채널개수, 높이H, 폭W]=[배치크기, 3, 24, 24]이고 함수 forward( ) body의 x = x.permute(0, 3, 2, 1).contiguous()에서 x.shape은 torch.Size([1, 3, 3, 64])이므로 x.view(x.shape[0], -1).shape은 torch.Size([1, 576])가 되기 때문이다. 여기서 x.permute(0,3,2,1).contiguous( )에 대한 설명은 다음과 같다. x.permute(0,3,2,1)는 x와 메모리 주소를 공유만 하고 새로운 메모리에 복사되지 않기 때문에 view( )와 같은 메모리 주소값 재배열 연산을 다시 적용하면 error가 발생한다. 이런 문제를 해결하기 위하여 x.permute(0,3,2,1)에 새로운 메모리를 할당하는 x.permute(0,3,2,1).contiguous( )를 사용했다. 나머지는 PNet의 은닉층 설명으로 대신한다.

[출력층] forward( )를 보면 출력층은 채널이 아닌 두 종류의 노드로 구성된다. 하나는 얼굴분류(face classification)를 담당하는 2개 노드로 nn.Linear(128,2)의 출력노드이고 다른 하나는 얼굴box offset을 담당하는 4개 노드로 nn.Linear(128,4)의 출력 노드이다. 각각의 역할을 뒤에서 코드로 설명한다.

Step4-3. /models/mtcnn.py에 있는 신경망 ONet

부록1 그림8에 있는 RNet과 비교해보면 컨볼류션층의 개수는 동일하다.

```
# MTCNN().detect()과 동일 코드 작성 : 4-3번째

class ONet(nn.Module):
    def __init__(self, pretrained=True):
        super().__init__()
        self.conv1 = nn.Conv2d(3, 32, kernel_size=3)
        self.prelu1 = nn.PReLU(32)
        self.pool1 = nn.MaxPool2d(3, 2, ceil_mode=True)
        self.conv2 = nn.Conv2d(32, 64, kernel_size=3)
        self.prelu2 = nn.PReLU(64)
        self.pool2 = nn.MaxPool2d(3, 2, ceil_mode=True)
        self.conv3 = nn.Conv2d(64, 64, kernel_size=3)
        self.prelu3 = nn.PReLU(64)
        self.pool3 = nn.MaxPool2d(2, 2, ceil_mode=True)
        self.conv4 = nn.Conv2d(64, 128, kernel_size=2)
        self.prelu4 = nn.PReLU(128)
        self.dense5 = nn.Linear(1152, 256)
        self.prelu5 = nn.PReLU(256)
        self.dense6_1 = nn.Linear(256, 2)
        self.softmax6_1 = nn.Softmax(dim=1)
        self.dense6_2 = nn.Linear(256, 4)
        self.dense6_3 = nn.Linear(256, 10)
        self.training = False

        if pretrained:
            path1 = '/usr/local/lib/python3.7/dist-packages'
            path2 = '/facenet_pytorch/data/onet.pt'
            state_dict = torch.load(path1+path2)
            self.load_state_dict(state_dict)
```

```
    def forward(self, x):
        x = self.conv1(x)
        x = self.prelu1(x)
        x = self.pool1(x)
        x = self.conv2(x)
        x = self.prelu2(x)
        x = self.pool2(x)
        x = self.conv3(x)
        x = self.prelu3(x)
        x = self.pool3(x)
        x = self.conv4(x)
        x = self.prelu4(x)
        x = x.permute(0, 3, 2, 1).contiguous()
        x = self.dense5(x.view(x.shape[0], -1))
        x = self.prelu5(x)
        a = self.dense6_1(x)
        a = self.softmax6_1(a)
        b = self.dense6_2(x)
        c = self.dense6_3(x)
        return b, c, a
```

부록1 그림9.

채널 개수를 비교해보면, RGB 이미지 데이터를 처리하기 위한 3개 입력채널을 제외하고 ONet에서 더 많은 채널 개수를 사용하고 있다. 그 이유는 ONet으로 추정한 얼굴 직사각형들 중에서 가능성이 높은 직사각형들을 선택하기 위하여 RNet 보다 더 많은 파라미터가 필요했다고 볼 수 있다. RNet과 달리 5개의 특징점(landmarks; 왼쪽과 오른쪽 눈, 코, 왼쪽과 오른쪽 입꼬리)의 이차원 좌표 성분을 담당하는 10개 출력 노드를 가지는 선형층 nn.Linear(256,10)이 추가 되었다.

[입력층] __init__( )와 forward( )를 보면 입력층과 1번째 은닉층의 연결은 합성곱층 nn.Conv2d(3,28,3)임을 알 수 있다. 입력채널이 3개인 이유는 RGB 이미지에 해당하는 데이터가 onet에 입력되기 때문이다.

[은닉층] PNet의 은닉층에 대한 설명으로 대신한다.

[출력층] forward( )를 보면 출력층은 채널이 아닌 세 종류의 노드로 구성된다. 하나는 얼굴분류(face classification)을 담당하는 2개 노드로 nn.Linear(256,2)의 출력노드이고 다른 하나는 얼굴box offset을 담당하는 4개 노드로 nn.Linear(256,4)의 출력노드이다. 나머지는 5개의 특징점(landmarks; 왼쪽과 오른쪽 눈, 코, 왼쪽과 오른쪽 입꼬리)의 이차원 좌표 성분을 담당하는 10개 노드로 nn.Linear(256,10)의 출력노드이다. 각각의 역할을 뒤에서 코드로 설명한다. 편의상 우리는 특징점을 화면에 출력하지 않는다.

Step5. /models/utils/detect_face.py에 있는 함수 detect_face( )의 인자

min_face_size=20은 추정에 사용할 frame의 폭과 높의 최솟값이 20이상 되어야 한다는 의미이다(Step7의 while 문). MTCNN을 학습할 때는 사용하지 않는 변수이다. threshold 값은 얼굴 box에 얼굴이 포함될 가능성의 경계값으로 사용한다. factor는 데이터로 변환한 imgs의 크기를 일정한 비율로 줄여나갈 때 사용한다.

```
# MTCNN(keep_all=True).detect(frame)과 동일 코드 작성 : 5번째
# boxes, _ = MTCNN(keep_all=True).detect(frame) 설명 시작
# frame : PIL.Image.Image
# def detect(self, img, landmarks=False): 설명 시작
#  with torch.no_grad():
#    batch_boxes, batch_points = detect_face(
#     img, self.min_face_size, self.pnet, self.rnet,
#     self.onet, self.thresholds, self.factor, self.device )
# 아래는 detect_face( ) 인자 설명

imgs=img # frame : PIL.Image.Image
minsize=min_face_size # 20; class MTCNN(nn.Module)의 __init__
pnet=PNet()
rnet=RNet()
onet=ONet()
threshold=[0.6, 0.7, 0.7] # class MTCNN(nn.Module)의 __init__
factor=0.709 # class MTCNN(nn.Module)의 __init__
device=None
```

부록1 그림10.

Step6. 이미지를 Tensor로 변환

/models/utils/detect_face.py에 있는 함수 detect_face( )의 1번째 body에 있는 이미지 imgs의 타입은 PIL.Image.Image이므로, 아래 코드에서 else에 해당된다. else에서 imgs를 리스트에 넣은 후, np 자료형으로 변환하고 이를 복사하여 Tensor 자료형으로 변환한다.

```
# MTCNN(keep_all=True).detect(frame)과 동일 코드 작성 : 6번째
# boxes, _ = MTCNN(keep_all=True).detect(frame) 설명 시작
# frame : PIL.Image.Image
# def detect(self, img, landmarks=False): 설명 시작
#  with torch.no_grad():
#    batch_boxes, batch_points = detect_face(
#      img, self.min_face_size, self.pnet, self.rnet,
#     self.onet, self.thresholds, self.factor, self.device )
# 아래는 detect_face( ) body 1 설명

# type(imgs) = PIL.Image.Image
if isinstance(imgs, (np.ndarray, torch.Tensor)): # False
    if isinstance(imgs,np.ndarray):
        imgs = torch.as_tensor(imgs.copy())

    if isinstance(imgs,torch.Tensor):
        imgs = torch.as_tensor(imgs)

    if len(imgs.shape) == 3:
        imgs = imgs.unsqueeze(0)
else:
    if not isinstance(imgs, (list, tuple)): # True
        imgs = [imgs]
    if any(img.size != imgs[0].size for img in imgs): # False
        raise Exception(" Not equal-dimension images.")
    imgs = np.stack([np.uint8(img) for img in imgs])
    imgs = torch.as_tensor(imgs.copy(), device=device)
    #torch.Size([1, 1080, 1920, 3])
```

부록1 그림11.

Step7. 함수 detect_face의 2번째 body

Tensor 데이터 imgs를 일정한 비율로 줄여나갈 때 사용할 scales를 만든다. 처음 scale은 0.6이고 마지막은 0.0136이다.

```
# MTCNN().detect()과 동일 코드 작성 : 7번째
# 아래는 detect_face( ) body 2 설명

model_dtype = next(pnet.parameters()).dtype # torch.float32
imgs = imgs.permute(0, 3, 1, 2).type(model_dtype)
# torch.Size([1, 3, 1080, 1920]), torch.float32

batch_size = len(imgs) # 1
h, w = imgs.shape[2:4] # 1080, 1920
m = 12.0 / minsize # 12.0/20 = 0.6
minl = min(h, w) # 1080
minl = minl * m # 1080*12/20

# 데이터 imgs를 축소할 때 사용할 scales
scale_i = m # 0.6
scales = [] # scale_i를 담을 리스트
while minl >= 12:
    scales.append(scale_i)
    scale_i = scale_i * factor # factor=0.709
    minl = minl * factor
# len(scales) = 12
```

부록1 그림12.

Step8. 함수 detect_face의 3번째 body (Fist stage : pnet)

부록1그림5에서 정의한 PNet의 출력으로 gt(ground truth) box를 추정할 때 사용할 함수를 정의한다. 함수 imresample에 img를 대입하면 img의 크기를 sz으로 축소한다. 함수 generateBoundingBox에 pnet으로 구한 reg과 probs, 그리고 scale과 thresh를 대입한다. 출력 boundingbox는 original imgs의 좌표평면에 있는 두 점의 좌표(q1, q2)로, 정답 얼굴box와 겹치는 box를 예측할 때 사용되는 점이다. 축소 이미지에서 구한 bb를 original로 변환할 때 하이퍼 파라미터 stride=2를 사용한다.

```python
# MTCNN().detect()과 동일 코드 작성 : 8번째
# 아래는 detect_face( ) body 3 (First stage : pnet) 설명
# First stage (pnet)에 사용할 함수

# pnet, rnot, onet에 대입할 데이터 img 크기를 sz로 변환
def imresample(img, sz):
    im_data = interpolate(img, size=sz, mode="area")
    return im_data

# reg는 frame에 만든 얼굴box(A)가 모르는 gt box에서 어긋난 정도
# probs는 얼굴box가 얼굴을 포함할 가능성, scale는 frame를 축소한 비율
# thresh는 얼굴포함 가능성의 경곗값
# 반환값 boundingbox의 q1, q2는 A의 좌표
# 반환값 image_inds는 frame 번호로 한 개 frame만 사용하므로 zero
def generateBoundingBox(reg, probs, scale, thresh):
    stride = 2
    cellsize = 12
    reg = reg.permute(1, 0, 2, 3)
    mask = probs >= thresh
    mask_inds = mask.nonzero()
    image_inds = mask_inds[:, 0]
    score = probs[mask]
    reg = reg[:, mask].permute(1, 0)
    bb = mask_inds[:, 1:].type(reg.dtype).flip(1)
    q1 = ((stride * bb + 1) / scale).floor()
    q2 = ((stride * bb + cellsize - 1 + 1) / scale).floor()
    boundingbox = torch.cat([q1, q2, score.unsqueeze(1), reg], dim=1)
    return boundingbox, image_inds

# x1<x2 & y1<y2이 되도록 보정(l가 양수이면 보정됨)
def rerec(bboxA):
    h = bboxA[:, 3] - bboxA[:, 1]
    w = bboxA[:, 2] - bboxA[:, 0]
    l = torch.max(w, h)
    bboxA[:, 0] = bboxA[:, 0] + w * 0.5 - l * 0.5
    bboxA[:, 1] = bboxA[:, 1] + h * 0.5 - l * 0.5
    bboxA[:, 2:4] = bboxA[:, :2] + l.repeat(2, 1).permute(1, 0)
    return bboxA
```

함수 rerec는 얼굴box의 좌표를 보정하는 역할을 한다. 기본적인 보정만 함수 rerec에서 이루어지므로 보정이 안될 수 있다. 이런 경우를 처리하는 코드가 Step10에 있다.

```
# frame에서 gt box의 추정box 좌측하단점(x,y)는 1이상,
# 우측상단점(ex,ey)는 frame의 폭(w)와 높이(h)이하
def pad(boxes, w, h):
    boxes = boxes.trunc().int().cpu().numpy()
    x = boxes[:, 0]
    y = boxes[:, 1]
    ex = boxes[:, 2]
    ey = boxes[:, 3]
    x[x < 1] = 1
    y[y < 1] = 1
    ex[ex > w] = w
    ey[ey > h] = h
    return y, ey, x, ex
```

부록1 그림13.

Step9. 함수 detect_face의 4번째 body (Fist stage : pnet)

pnet 출력으로 1666개 boxes가 만들어지고 이들에 nms를 적용하여 최종적으로 793개 추정 gt box가 만들어진다.

```
# MTCNN().detect()과 동일 코드 작성 : 9번째
# 아래는 detect_face( ) body 4 (First stage : pnet) 설명
# First stage (pnet)

boxes = [] # gt box의 추정box 모으기
image_inds = [] # 사용하는 이미지가 1개이므로 무시해도 됨(모두 0)

scale_picks = [] # 추정box 번호

all_i = 0
offset = 0
pnet_im_data_all=[] # pnet에 대입할 unnormalized 데이터
pnet_out_reg_all=[] # box offset
pnet_out_probs_all=[] # 얼굴존재 가능성(분류채널 가진 값)

for scale in scales: # len(scales)=12
    im_data = imresample(imgs, (int(h * scale + 1), int(w * scale + 1)))
    pnet_im_data_all.append(im_data.clone().detach())
    im_data = (im_data - 127.5) * 0.0078125
    reg, probs = pnet(im_data)
    pnet_out_reg_all.append(reg.clone().detach())
    pnet_out_probs_all.append(probs.clone().detach())
```

```
        boxes_scale, image_inds_scale = generateBoundingBox(reg, probs[:, 1],
                                                            scale, threshold[0])
        boxes.append(boxes_scale)
        image_inds.append(image_inds_scale)

        # 1차 nms
        pick = batched_nms(boxes_scale[:,:4],boxes_scale[:,4],image_inds_scale,0.5)
        scale_picks.append(pick + offset)
        offset += boxes_scale.shape[0]

    boxes = torch.cat(boxes, dim=0)
    image_inds = torch.cat(image_inds, dim=0)

    scale_picks = torch.cat(scale_picks, dim=0)
# 1차 nms로 boxes 선택(1개 이미지 frame만 사용하므로 image_inds는 모두 zero)
boxes, image_inds = boxes[scale_picks], image_inds[scale_picks]

# 2차 nms로 boxes 선택
pick = batched_nms(boxes[:, :4], boxes[:, 4], image_inds, 0.7)
boxes, image_inds = boxes[pick], image_inds[pick]
# 지금까지 구한 boxes는 gt box의 추정box가 아니고
# gt box와 겹치는 box(학습 데이터를 만들 때 생성한 box)의 추정box이다.
# 이 boxes를 이용하여 아래에서 gt box를 추정

# 여기부터는 gt box의 추정box와 좌표(x, y, ex, ey)
regw = boxes[:, 2] - boxes[:, 0]
regh = boxes[:, 3] - boxes[:, 1]
qq1 = boxes[:, 0] + boxes[:, 5] * regw
qq2 = boxes[:, 1] + boxes[:, 6] * regh
qq3 = boxes[:, 2] + boxes[:, 7] * regw
qq4 = boxes[:, 3] + boxes[:, 8] * regh
boxes = torch.stack([qq1, qq2, qq3, qq4, boxes[:, 4]]).permute(1, 0)
boxes = rerec(boxes) # torch.Size([793, 5])
y, ey, x, ex = pad(boxes, w, h) # y.shape = (793,)
```

부록1 그림14.

위 부록1그림14의 pnet(im_data)를 보면 크기 (w1920, h1080)인 frame을 부록1그림15와 같이 순차적으로 축소하여 pnet에 대입한다. 부록1그림14에서 qq1, qq2, qq3, qq4를 각각 구할 때 사용한 우변 공식은 pnet의 학습 데이터를 만들 때 사용한 공식이다(부록2, [코드 6 pnet] 학습 데이터 만들기). 부록2, [코드 1]에서 학습데이터 다운로드하면 얼굴을 둘러싼 boxes(**'gt boxes'**)가 있다. 이를 이용하여 gt box와 **'적당히 겹치는 boxes'**, **'많이 겹치는 boxes'**를 생성할 때 사용하는 공식이다.

```
import matplotlib.pyplot as plt; from PIL import Image

fig=plt.figure(figsize=(12,12))

for index in range(len(pnet_im_data_all)):#len(pnet_im_data_all)=12
  plt.subplot(3,4, index+1)
  im_np=np.array(pnet_im_data_all[index].squeeze().permute(1,2,0),
                 dtype=np.uint8)
  image = Image.fromarray(im_np,"RGB")
  plt.imshow(image)
  plt.title("(w%1.0f,h%1.0f)" % image.size)

plt.subplots_adjust(wspace = 0.2, hspace=-0.7)
#plt.savefig('pyramid.tiff',dpi=300,bbox_inches='tight',pad_inches=0)
title=('Original jpg(frame): RGB, (w1920, h1080)'
      'vs the following scale pyramid images inserted into pnet ')
plt.suptitle(title, y=0.75)
plt.show()
```

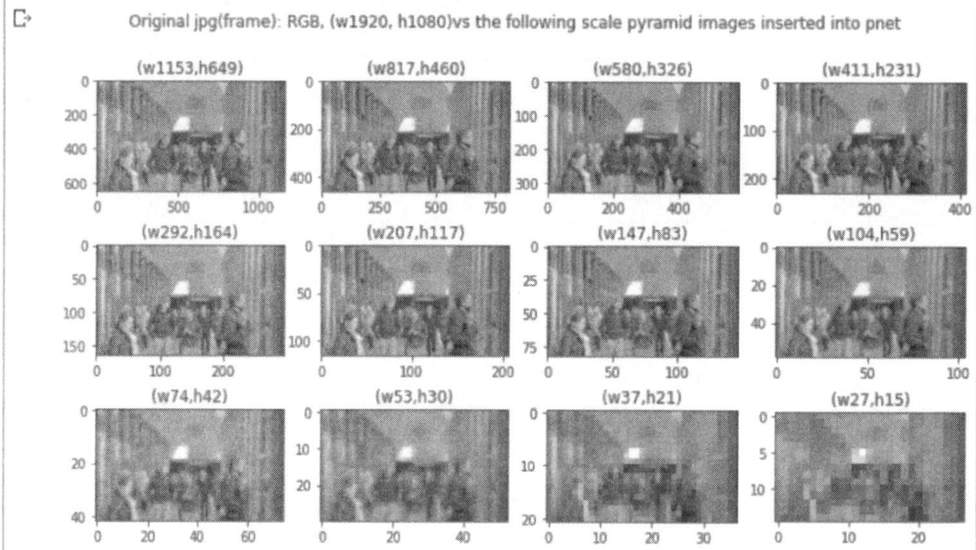

부록1 그림15.

부록1그림14에서 reg, probs = pnet(im_data)의 출력 형태는 다음과 같다.

print(len(pnet_out_reg_all), len(pnet_out_probs_all)) # 12, 12

print(pnet_out_reg_all[0].shape, pnet_out_probs_all[0].shape)

torch.Size([1, 4, 320, 572]) torch.Size([1, 2, 320, 572])

Step10. 함수 detect_face의 5번째 body (Second stage : rnet)

위 Step9에서 만든 추정 gt boxes 중, 얼굴포함 가능성이 높은 추정 gt boxes를 RNet(위 부록1 그림8에서 정의)으로 선택(아래 부록1 그림17)할 때, Step8에서 정의한 함수와 아래 함수를 사용한다. 함수 fixed_batch_process에 대입하는 im_data가 pnet의 출력을 사용하여 만든 추정 gt boxes일 때, 대입하는 model은 rnet이 된다. 함수 fixed_batch_process의 반환값은 im_data를 배치로 만들어 rnet에 대입하여 얻은 출력이다.

```
# MTCNN().detect()과 동일 코드 작성 : 10번째
# 아래는 detect_face( ) body 5 (Second stage : rnet) 설명
# Second stage (rnet)에 사용할 함수

# model(rnet, onet)에 대입하는 데이터셋 im_data를
# batch_size=512로 묶어 일괄처리
# rnet에 대입하는 im_data는 pnet으로 만든 추정 gt boxes(793개)
def fixed_batch_process(im_data, model):
    batch_size = 512
    out = []
    for i in range(0, len(im_data), batch_size):
        batch = im_data[i:(i+batch_size)]
        out.append(model(batch))
    return tuple(torch.cat(v, dim=0) for v in zip(*out))

# boundingbox는 gt box(얼굴 둘레 직사각형)와 많이 겹치는 box 의미
# reg는 boundingbox와 gt box의 좌표가 어긋난 offset 의미
# rnet 학습데이터 만들 때, boundingbox, gt box와 offset 사이의 관계를
# 이용하여 gt box 추정(b1, b2, b3, b4)
def bbreg(boundingbox, reg):
    if reg.shape[1] == 1:
        reg = torch.reshape(reg, (reg.shape[2], reg.shape[3]))
    w = boundingbox[:, 2] - boundingbox[:, 0] + 1
    h = boundingbox[:, 3] - boundingbox[:, 1] + 1
    b1 = boundingbox[:, 0] + reg[:, 0] * w
    b2 = boundingbox[:, 1] + reg[:, 1] * h
    b3 = boundingbox[:, 2] + reg[:, 2] * w
    b4 = boundingbox[:, 3] + reg[:, 3] * h
    boundingbox[:, :4] = torch.stack([b1, b2, b3, b4]).permute(1, 0)
    return boundingbox
```

부록1 그림16.

Step11. 함수 detect_face의 6번째 body (Second stage : rnet)

아래에서 (x,y)와 (ex,ey)는 추정 gt boxes의 대각선(/)의 하단점과 상단점의 좌표이고 y.shape=(793,)이다. 793개 추정 gt boxes를 크기를 (W,H)=(24,24)로 축소한다.

```
# MTCNN().detect()과 동일 코드 작성 : 11번째
# 아래는 detect_face( ) body 6 (Second stage : rnet) 설명
# Second stage (rnet) 설명

#rnet_im_data_all는 rnet에 대입할 unnormalized 이미지 데이터
if len(boxes) > 0:
  im_data = []
  for k in range(len(y)):
    if ey[k] > (y[k] - 1) and ex[k] > (x[k] - 1):
      img_k = imgs[image_inds[k], :,
                   (y[k]-1):ey[k], (x[k]-1):ex[k]].unsqueeze(0)
      im_data.append(imresample(img_k, (24, 24)))
  im_data = torch.cat(im_data, dim=0)
  rnet_im_data_all=im_data.clone().detach()
  im_data = (im_data - 127.5) * 0.0078125

  # batch_size=512로 rnet(im_data) 계산
  out = fixed_batch_process(im_data, rnet)
  rnet_out_reg_all=out[0].clone().detach()
  rnet_out_probs_all=out[1].clone().detach()

  out0 = out[0].permute(1, 0) # offset
  out1 = out[1].permute(1, 0) # 얼굴가능성
  score = out1[1, :]
  ipass = score > threshold[1] # 높은 얼굴가능성 선택
  boxes = torch.cat((boxes[ipass, :4], score[ipass].unsqueeze(1)),
                    dim=1)
  image_inds = image_inds[ipass] # 모두 zero(1개 이미지만 사용)
  mv = out0[:, ipass].permute(1, 0)#높은 얼굴가능성에 해당하는 offset

  # NMS(non-maximum suppression) 알고리즘 적용
  pick = batched_nms(boxes[:, :4], boxes[:, 4], image_inds, 0.7)
  boxes, image_inds, mv = boxes[pick], image_inds[pick], mv[pick]
  boxes = bbreg(boxes, mv)
  boxes = rerec(boxes)
  rnet_out_boxes=boxes.clone().detach()
```

부록1 그림17.

여기서 x, y, ex, ey는 Step9에서 아래 코드로 찾은 좌푯값이다.

y, ey, x, ex = pad(boxes, w, h)

793개 추정 gt boxes를 이미지로 나타내면 다음과 같다.

```
import matplotlib.pyplot as plt; from PIL import Image

fig=plt.figure(figsize=(12,12))

for index in range(len(rnet_im_data_all)):#len(rnet_im_data_all)=793
  plt.subplot(20,40, index+1)
  im_np=np.array(rnet_im_data_all[index].squeeze().permute(1,2,0),
                 dtype=np.uint8)
  image = Image.fromarray(im_np,"RGB")
  plt.axis('off')
  plt.imshow(image)

plt.subplots_adjust(hspace = -0.95)
#plt.savefig('pyramid.tiff',dpi=300,bbox_inches='tight',pad_inches=0)
plt.suptitle('793 scale pyramid images inserted into rpnet' , y=0.74)
plt.show()
```

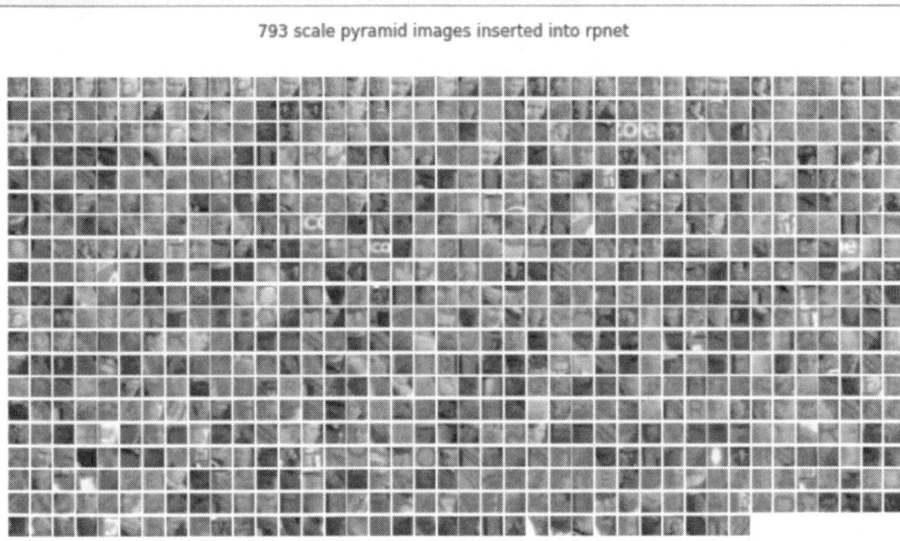

부록1 그림18.

위의 부록1그림18에서 찾은 793개 추정 gt boxes를 frame에 박스로 표시하면 다음과 같다.

```
from PIL import ImageDraw, Image

rnet_input_boxes = []
for k in range(len(y)):#793
    if ey[k] > (y[k] - 1) and ex[k] > (x[k] - 1):
        img_k = torch.tensor([y[k] - 1,ey[k], x[k] - 1,ex[k]])
        rnet_input_boxes.append(img_k)
rnet_input_boxes=torch.stack(rnet_input_boxes)

frame_draw = frame.copy()
draw = ImageDraw.Draw(frame_draw)

for box in rnet_input_boxes:#torch.Size([793, 4])
    draw.rectangle(box.tolist(),width=1)

from IPython import display
display.display(frame_draw.resize((640, 120), Image.BILINEAR),
                display_id=True)
```

부록1그림19.

위 부록1그림19에서 있는 793개 추정 gt boxes를 보면 크기가 커서 얼굴이 아닌 영역을 포함하고 있는 boxes가 많이 있음을 볼 수 있다. 이러한 boxes를 제외하기 위하여 793개 추정 gt boxes를 rnet에 대입(부록1그림17)하여 나온 출력으로 얼굴 box일 가능성이 높은 boxes를 추출(1번째 추출)한다. 그리고 nms 알고리즘을 구현한 함수 batched_nms에 1번째 추출한 boxes를 대입하여 추가로 추출할 boxes 번호를 출력하고 이를 pick(부록1그림17)에 저장한다. pick을 사용하여 찾은 추정 gt boxes는 48개이고 boxes(부록1그림17)에 저장한다.

Step12. 함수 detect_face의 7번째 body (Third stage : onet)

위 Step11에서 만든 추정 gt boxes 중 얼굴포함 가능성이 높은 추정 gt boxes를 onet으로 선택할 때, Step8,과 9에서 정의한 함수와 아래 함수를 사용한다.

```
# MTCNN().detect()과 동일 코드 작성 : 12번째
# 아래는 detect_face( ) body 7 (Third stage : onet) 설명
# Third stage (onet)에 사용할 함수

# 아래 함수 nms_numpy( )사용하여 nms
def batched_nms_numpy(boxes, scores, idxs, threshold, method):
    device = boxes.device
    if boxes.numel() == 0:
        return torch.empty((0,), dtype=torch.int64, device=device)
    max_coordinate = boxes.max()
    offsets = idxs.to(boxes) * (max_coordinate + 1)
    boxes_for_nms = boxes + offsets[:, None]
    #boxes_for_nms = boxes_for_nms.cpu().numpy()
    boxes_for_nms = boxes_for_nms.detach().numpy()
    #scores = scores.cpu().numpy()
    scores = scores.detach().numpy()
    keep = nms_numpy(boxes_for_nms, scores, threshold, method)
    return torch.as_tensor(keep, dtype=torch.long, device=device)
```

부록1 그림20.

PyTorch의 함수 bached_nms는 IoU를 사용하지만 위에서 정의한 함수 bached_nms_numpy 는 IoU(아래 else 부분) 대신 Min(아래 if 부분)을 사용한다.

```
if method is "Min":
    o = inter / np.minimum(area[i], area[idx])
else:
    o = inter / (area[i] + area[idx] - inter)
I = I[np.where(o <= threshold)]
```

여기서 inter는 직사각형 i와 직사각형 idx의 공통 영역의 넓이를 나타낸다.

```python
# IoU 차이점은 분모. 'else:'에 있는 IoU 분모 대신 "Min" 사용
def nms_numpy(boxes, scores, threshold, method):
    if boxes.size == 0:
        return np.empty((0, 3))
    x1 = boxes[:, 0].copy()
    y1 = boxes[:, 1].copy()
    x2 = boxes[:, 2].copy()
    y2 = boxes[:, 3].copy()
    s = scores
    area = (x2 - x1 + 1) * (y2 - y1 + 1)
    I = np.argsort(s)
    pick = np.zeros_like(s, dtype=np.int16)
    counter = 0
    while I.size > 0:
        i = I[-1]
        pick[counter] = i
        counter += 1
        idx = I[0:-1]
        xx1 = np.maximum(x1[i], x1[idx]).copy()
        yy1 = np.maximum(y1[i], y1[idx]).copy()
        xx2 = np.minimum(x2[i], x2[idx]).copy()
        yy2 = np.minimum(y2[i], y2[idx]).copy()
        w = np.maximum(0.0, xx2 - xx1 + 1).copy()
        h = np.maximum(0.0, yy2 - yy1 + 1).copy()
        inter = w * h
        if method is "Min":
            o = inter / np.minimum(area[i], area[idx])
        else:
            o = inter / (area[i] + area[idx] - inter)
        I = I[np.where(o <= threshold)]
    pick = pick[:counter].copy()
    return pick
```

부록1 그림21.

Step13. 함수 detect_face의 8번째 body (Third stage : onet)

아래에서 len(onet_out_all)는 3이고 다음이 성립한다.

```python
print(onet_out_all[0].shape, onet_out_all[1].shape, onet_out_all[2].shape)
# torch.Size([48, 4]) torch.Size([48, 10]) torch.Size([48, 2])
```

```python
# MTCNN().detect()과 동일 코드 작성 : 13번째
# 아래는 detect_face( ) body 8 (Third stage : onet) 설명
# Third stage (onet) 설명

# points=torch.zeros(0,5,2,device=device)#특징점(눈2, 코1, 입꼬리2)

##### rnet_out_boxes=boxes.clone().detach()
if len(boxes) > 0:
  y, ey, x, ex = pad(boxes, w, h)
  im_data = []

  for k in range(len(y)):
    if ey[k] > (y[k] - 1) and ex[k] > (x[k] - 1):
      img_k = imgs[image_inds[k], :,
                   (y[k] - 1):ey[k], (x[k] - 1):ex[k]].unsqueeze(0)
      im_data.append(imresample(img_k, (48, 48)))

  im_data = torch.cat(im_data, dim=0)
  onet_im_data_all=im_data.clone().detach()
  im_data = (im_data - 127.5) * 0.0078125

  # onet(im_data)
  out = fixed_batch_process(im_data, onet)
  onet_out_all=out # len(onet_out_all)=3
  #(torch.Size([48, 4]) torch.Size([48, 10]) torch.Size([48, 2]))

  out0 = out[0].permute(1, 0) # offset
  #out1 = out[1].permute(1, 0) # 특징점
  out2 = out[2].permute(1, 0) # 얼굴가능성
  score = out2[1, :]
  #points = out1
  ipass = score > threshold[2]
  #points = points[:, ipass]
  boxes = torch.cat((boxes[ipass, :4], score[ipass].unsqueeze(1)),
                    dim=1)
  image_inds = image_inds[ipass]
  mv = out0[:, ipass].permute(1, 0)
```

```
    #w_i = boxes[:, 2] - boxes[:, 0] + 1
    #h_i = boxes[:, 3] - boxes[:, 1] + 1
    #points_x=w_i.repeat(5,1)*points[:5,:]+boxes[:,0].repeat(5,1)-1
    #points_y=h_i.repeat(5,1)*points[5:10,:]+boxes[:,1].repeat(5,1)-1
    #points = torch.stack((points_x, points_y)).permute(2, 1, 0)
    boxes = bbreg(boxes, mv)

    # NMS within each image using "Min" strategy
    # pick = batched_nms(boxes[:, :4], boxes[:, 4], image_inds, 0.7)
    pick = batched_nms_numpy(boxes[:, :4], boxes[:, 4], image_inds,
                             0.7, 'Min')
    boxes, image_inds = boxes[pick], image_inds[pick]
    #points = points[pick]

boxes = boxes.detach().numpy()#.cpu().numpy()
#points = points.detach().numpy()#.cpu().numpy()

image_inds = image_inds.cpu()

batch_boxes = []
#batch_points = []
for b_i in range(batch_size):
    b_i_inds = np.where(image_inds == b_i)
    batch_boxes.append(boxes[b_i_inds].copy())
    #batch_points.append(points[b_i_inds].copy())

batch_boxes = np.array(batch_boxes) # shape은 (1, 7, 5)
#batch_points = np.array(batch_points)
```

부록1 그림22.

onet 입력데이터는 Step11에서 아래 코드로 rnet을 이용하여 찾은 48개 추정 gt boxes이다.

boxes = rerec(boxes)

rnet_out_boxes=boxes.clone().detach()

48개 gt boxes를 frame에 박스로 표시하면 다음과 같다. 48개 boxes인데 얼굴 둘레가 중첩되어 10개 정도로 보인다.

```python
from PIL import ImageDraw, Image

frame_draw = frame.copy()
draw = ImageDraw.Draw(frame_draw)

for box in rnet_out_boxes[:,:4]: #torch.Size([48, 4])
  draw.rectangle(box.tolist(),width=3)

from IPython import display
display.display(frame_draw.resize((640, 120), Image.BILINEAR),
                display_id=True)
```

부록1 그림23.

Step14. /models/mtcnn.py에 있는 함수 detect의 2번째 body(마지막 body)

위 Step4에서 함수 detect의 body를 편의상 두 개의 body로 나누었고 아래가 1번째 body 였다.

```
batch_boxes, batch_points = detect_face (
    img, self.min_face_size, self.pnet, self.rnet, self.onet,
    self.thresholds, self.factor, self.device )
```

위 1번째 body는 위 Step13에서 마무리 되었고 아래가 detect의 2번째 body(마지막 body)가 된다.

```python
# MTCNN().detect()과 동일 코드 작성 : 14번째(마지막)
# 아래는 detect( ) 2번째 body(마지막 body) 설명

img=frame
#boxes, probs, points = [], [], []
boxes, probs = [], []
#for box, point in zip(batch_boxes, batch_points):
```

```
    for box in batch_boxes:
        box = np.array(box)
        #point = np.array(point)
        if len(box) == 0:
            boxes.append(None)
            probs.append([None])
            #points.append(None)
        elif select_largest:
            box_order = np.argsort((box[:, 2] - box[:, 0]) *
                                   (box[:, 3] - box[:, 1]))[::-1]
            box = box[box_order]
            #point = point[box_order]
            boxes.append(box[:, :4])
            probs.append(box[:, 4])
            #points.append(point)
        else:
            boxes.append(box[:, :4])
            probs.append(box[:, 4])
            #points.append(point)
    boxes = np.array(boxes)
    probs = np.array(probs)
    #points = np.array(points)

    if (
        not isinstance(img, (list, tuple)) and
        not (isinstance(img, np.ndarray) and len(img.shape) == 4) and
        not (isinstance(img, torch.Tensor) and len(img.shape) == 4)
    ):
        boxes = boxes[0]
        probs = probs[0]
        #points = points[0]

    #if landmarks:
        #return boxes, probs, points
        # 함수 def detect(self, img, landmarks=False):의 반환값
        #print(boxes, probs, points)

    #return boxes, probs
    # 함수 def detect(self, img, landmarks=False):의 반환값

    print(boxes.shape, probs.shape) # (7, 4) (7,)
```

부록1 그림24.

학습한 mtcnn로 추정한 gt boxes는 부록1그림24에서 boxes가 되고 총 7개 boxes가 만들어진다. 이를 original 이미지(frame)에 그리면 아래 부록1그림25와 같다. 이 결과는 본문(그림51)에서 얻은 결과와 동일함을 알 수 있다.

```
from PIL import ImageDraw, Image

frame_draw = frame.copy()
draw = ImageDraw.Draw(frame_draw)

for box in boxes: #torch.Size([7, 4])
  draw.rectangle(box.tolist(),width=10)

from IPython import display
display.display(frame_draw.resize((640, 360), Image.BILINEAR),
                display_id=True)
```

부록1 그림25.

부록 2. MTCNN 학습

MTCNN의 학습 과정을 설명하기 위하여 https://github.com/kuaikuaikim/DFace에서 제공하는 코드(DFace 코드)를 활용한다. 코드에 있는 오류를 수정하여 사용한다. 학습 데이터는 신경망 학습 시간을 줄이고 학습과정 원리를 설명하기 위하여 1개 jpg만 사용하여 학습 데이터를 생성한다. 앞으로 설명에 사용할 기본 용어의 정의는 다음과 같다.

jpg: original(축소하기 전) 이미지
gt(ground truth) box: jpg에 있는 정답 얼굴box 좌표
gt neg. box: gt box와 겹치지 않는 box 좌표
gt pos. box: gt box와 많이 겹치는 box 좌표
gt part. box: gt box와 적당히 겹치는 box 좌표
gt pos. box의 offset : gt pos. box가 gt box로부터 어긋난 정도를 gt pos. box의 크기(정사각형의 한 변의 길이)로 나눈 숫자 4개(아래 [코드6 pnet]의 163번째 줄에서 정의)
gt part. box의 offset : gt part. box가 gt box로부터 어긋난 정도를 gt part. box의 크기로 나눈 숫자 4개(아래 [코드6 pnet]의 163번째 줄에서 정의)
reg: offset과 동일한 의미로 사용. 여기서 reg는 regression이고 분류 아님을 나타내고 회귀분석의 회귀와 무관하다.

학습과정을 설명하기 위하여 사용할 코드가 많기 때문에 아래와 같이 코드별로 설명을 모아 적었다. 추가 설명은 코드에서 주석으로 처리했다.

I. 학습과정 코드

[코드 1] 학습에 사용할 데이터와 코드
[코드 2] 다운받은 학습 데이터 중, 1번째 데이터만 사용

pnet
[참고1 pnet] 학습 데이터 생성에 사용할 jpg와 정답 얼굴box(gt box)
[코드 3 pnet] 모듈 import
[코드 4 pnet] 폴더와 파일 이름
참고파일: /content/DFace/dface/prepare_data/gen_Pnet_train_data.py
[코드 5 pnet] 학습데이터 저장할 폴더 만들기
참고파일: /content/DFace/dface/prepare_data/gen_Pnet_train_data.py
[코드 6 pnet] 학습데이터 만들기
참고파일: /content/DFace/dface/prepare_data/gen_Pnet_train_data.py
- (input, target) = (gt neg. box 이미지, 라벨 0)
- (input, target1, target2) = (gt pos. box 이미지, 라벨 1, offset)
- (input, target1, target2) = (gt part. box 이미지, 라벨 -1, offset)
[참고2 pnet] jpg(original), gt neg, gt pos., gt part, 이미지 show
[코드 7 pnet] 모든 학습데이터(neg/pos/part) 정보를 imglist_anno_12.txt에 모으기
참고파일: /content/DFace/dface/prepare_data/assemble_pnet_imglist.py
[코드 8 pnet] 각 학습데이터를 flip하여 학습데이터를 2배로 늘리기
참고파일: /content/DFace/dface/train_net/train_p_net.py
[코드 9 pnet] 학습 결과 정확도 함수 정의
참고파일: /content/DFace/dface/train_net/train.py
[코드 10 pnet] 클래스 PNet 정의
참고파일: /content/DFace/dface/core/models.py
[코드 11 pnet] 학습 시작
참고파일: /content/DFace/dface/train_net/train.py
[코드 12 pnet] 학습 종료

rnet
[코드 13 rnet] (학습된 pnet으로) 학습데이터 만들기1(시작)
참고파일: /content/DFace/dface/prepare_data/gen_Rnet_train_data.py
jpg의 numpy ndarray를 im에 저장

[코드 14 rnet] (학습된 pnet으로) 학습데이터 만들기2
이미지를 축소하는 함수 정의
축소된 이미지에 있는 boxes를 jpg에서의 크기로 확대하는 함수 정의
[코드 15 rnet] (학습된 pnet으로) 학습데이터 만들기3
pnet 출력 이용하여 추정 gt boxes와 얼굴포함 가능성 찾기
[코드 16 rnet] (학습된 pnet으로) 학습데이터 만들기4
코드15 결과를 pkl 파일로 저장
[코드 17 rnet] (학습된 pnet으로) 학습데이터 만들기5
rnet 학습 데이터 저장할 폴더 만들기
[코드 18 rnet] (학습된 pnet으로) 학습데이터 만들기6
gt box 저장
[코드 19 rnet] (학습된 pnet으로) 학습데이터 만들기7(종료)
코드15의 추정 gt boxes와 코드18의 gt box로 아래 학습데이터 생성
- (input, target) = (gt neg. box 이미지, 라벨 0)
- (input, target1, target2) = (gt pos. box 이미지, 라벨 1, offset)
- (input, target1, target2) = (gt part. box 이미지, 라벨 -1, offset)
[참고 3 rnet] 학습데이터 gt neg/pos/part 생성 체크
만약 학습데이터가 없는 폴더가 있으면 "런타임 다시 시작"해서 모든 폴더에 학습데이터가 생성된 후, 아래 코드를 시작
[코드 20 rnet] 모든 학습데이터(neg/pos/part) 정보를 imglist_anno_24.txt에 모으기
참고파일: /content/DFace/dface/prepare_data/assemble_rnet_imglist.py
[코드 21 rnet] 각 학습데이터를 flip하여 학습데이터를 2배로 늘리기
참고파일: /content/DFace/dface/train_net/train_r_net.py
[코드 22 rnet] 클래스 RNet 정의
참고파일: /content/DFace/dface/core/models.py
[코드 23 rnet] 학습 시작
참고파일: /content/DFace/dface/train_net/train.py
[코드 24 rnet] 학습 종료

onet

[코드 25 onet] (학습된 pnet, rnet으로) 학습데이터 만들기1(시작)

참고파일: /content/DFace/dface/prepare_data/gen_Onet_train_data.py

학습된 pnet, rnet 불러오기

[코드 26 onet] (학습된 pnet, rnet으로) 학습데이터 만들기2

jpg의 numpy ndarray를 im에 저장

[코드 27 onet] (학습된 pnet, rnet으로) 학습데이터 만들기3

이미지를 축소하는 함수 정의

축소된 이미지에 있는 boxes를 jpg에서의 크기로 확대하는 함수 정의

[코드 28 onet] (학습된 pnet, rnet으로) 학습데이터 만들기4

pnet 출력 이용하여 추정 gt boxes와 얼굴포함 가능성 찾기

[코드 29 onet] (학습된 pnet, rnet으로) 학습데이터 만들기5

코드28에서 구한 추정 gt boxes를 rnet에 대입하여 얻은 rnet 출력을 이용하여 추정 gt boxes와 얼굴포함 가능성 찾기

[코드 30 onet] (학습된 pnet, rnet으로) 학습데이터 만들기6

코드29 결과를 pkl 파일로 저장

[코드 31 onet] (학습된 pnet, rnet으로) 학습데이터 만들기7

onet 학습 데이터 저장할 폴더 만들기

[코드 32 onet] (학습된 pnet, rnet으로) 학습데이터 만들기8

gt box 저장

[코드 33 onet] (학습된 pnet, rnet으로) 학습데이터 만들기9(종료).

코드29의 추정 gt boxes와 코드32의 gt box로 아래 학습데이터 생성

- (input, target) = (gt neg. box 이미지, 라벨 0)
- (input, target1, target2) = (gt pos. box 이미지, 라벨 1, offset)
- (input, target1, target2) = (gt part. box 이미지, 라벨 -1, offset)

[참고 4 onet] 학습데이터 gt neg/pos/part 생성 체크

[참고 5 onet] 참고4에서 empty이면 rnet 학습데이터를 onet 학습데이터로 사용

[코드 34 onet] 모든 학습데이터(neg/pos/part) 정보를 imglist_anno_48.txt에 모으기

참고파일: /content/DFace/dface/prepare_data/assemble_onet_imglist.py

[코드 35 onet] 각 학습데이터를 flip하여 학습데이터를 2배로 늘리기

참고파일: /content/DFace/dface/train_net/train_o_net.py

[코드 36 onet] 클래스 ONet 정의

참고파일: /content/DFace/dface/core/models.py

[코드 37 onet] 학습 시작

참고파일: /content/DFace/dface/train_net/train.py

[코드 38 onet] 학습 종료

II. 학습된 mtcnn으로 jpg에서 얼굴boxes 예측 코드

```
# [코드 1] 학습에 사용할 데이터와 코드

##### 학습 데이터
!wget https://data.deepai.org/widerface.zip
!unzip widerface.zip
!mkdir /content/traindata
#!unzip WIDER_test.zip -d /content/traindata/WIDER_test
!unzip WIDER_train.zip -d /content/traindata/WIDER_train
#!unzip WIDER_val.zip -d /content/traindata/WIDER_val

##### 학습 코드
!git clone https://github.com/kuaikuaikim/DFace.git
```

```
# [코드 2] 학습 데이터 주석 중, 1번째 줄만 사용

with open("/content/DFace/anno_store/wider_origin_anno.txt", "r") as f:
  first_anno = f.readline()
with open("/content/DFace/anno_store/wider_origin_anno.txt", "w") as f:
  f.write(first_anno)
with open("/content/DFace/anno_store/wider_origin_anno.txt", "r") as f:
  first_anno = f.readlines()
print(first_anno)
#['0--Parade/0_Parade_marchingband_1_849.jpg 448 329 570 478 ₩n']
f.close()
# 0--Parade/0_Parade_marchingband_1_849.jpg 448 329 570 478
# jpg size = (1024, 1385)
```

```
# [참고1 pnet] 학습 데이터 생성에 사용할 jpg와 정답 얼굴box(gt box)

import matplotlib.pyplot as plt
from PIL import Image, ImageDraw
jpg=('/content/traindata/WIDER_train/WIDER_train/images'
        '/0--Parade/0_Parade_marchingband_1_849.jpg')
# jpg size (width, height)= (1024, 1385)
img=Image.open(jpg) # PIL.JpegImagePlugin.JpegImageFile, (1024, 1385)

# jpg를 numpy로 변환하면 width, height 순서 바뀜
# import numpy as np
# np.array(img).shape # (1385, 1024, 3)

# 얼굴에 직사각형 그리기
img_faceBox = img.copy()#jpg.copy()
draw = ImageDraw.Draw(img_faceBox)
draw.rectangle([448, 329, 570, 478], outline=(255, 0, 0), width=15)
# [448, 329] = 아래 얼굴box 좌측 상단 점
# [570, 478] = 아래 얼굴box 우측 하단 점
# [448, 329, 570, 478]=[x_left, y_top, x_right, y_bottom]

fig=plt.figure(figsize=(12,5))
plt.subplot(121)
plt.imshow(img)
plt.title('Without the given face box')

plt.subplot(122)
plt.imshow(img_faceBox)
plt.title('Given box [448, 329, 570, 478]')

plt.subplots_adjust(wspace = -0.4)
plt.show()
```

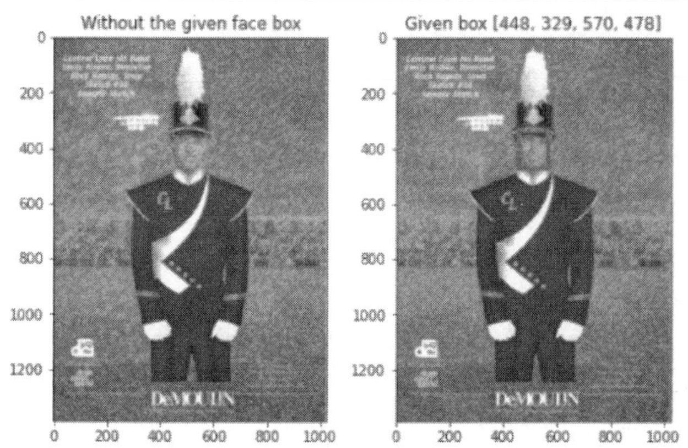

```
# [코드 3 pnet] 모듈 import

import matplotlib.pyplot as plt, datetime, time, pickle
from PIL import Image, ImageDraw
import numpy as np, cv2, numpy.random as npr, os, sys
sys.path.append("/content/DFace")
from dface.core.imagedb import ImageDB
from dface.core.utils import convert_to_square,IoU
import dface.config as config, dface.core.utils as utils
import dface.prepare_data.assemble as assemble
from dface.core.image_reader import TrainImageReader, TestImageLoader
from dface.core.models import LossFn
from dface.core.detect import MtcnnDetector,create_mtcnn_net
import dface.core.image_tools as image_tools
import torch, torch.nn as nn, torch.nn.functional as F
```

```
# [코드 4 pnet] 폴더와 파일 이름

data_dir='/content/traindata' # 학습데이터 저장할 폴더 이름
anno_file='/content/DFace/anno_store/wider_origin_anno.txt'
prefix='/content/traindata/WIDER_train/WIDER_train/images'
pnet_model_file='/content/DFace/model_store/pnet_epoch.pt'

# /content/DFace/dface/config.py
# config.ANNO_STORE_DIR = '/content/DFace/anno_store'
# PNET_POSTIVE_ANNO_FILENAME = "pos_12.txt"
post_save_file = os.path.join(config.ANNO_STORE_DIR,config.PNET_POSTIVE_ANNO_FILENAME)
#post_save_file ='/content/DFace/anno_store/pos_12.txt'
neg_save_file = os.path.join(config.ANNO_STORE_DIR,config.PNET_NEGATIVE_ANNO_FILENAME)
part_save_file = os.path.join(config.ANNO_STORE_DIR,config.PNET_PART_ANNO_FILENAME)
```

```
# [코드 5 pnet] 학습데이터 저장할 폴더 만들기

neg_save_dir =  os.path.join(data_dir,"12/negative")
# neg는 정답(ground truth, gt) 얼굴box와 겹치지 않거나 조금만 겹치는 box
pos_save_dir =  os.path.join(data_dir,"12/positive")
# pos는 gt box와 많이 겹치는 box
part_save_dir = os.path.join(data_dir,"12/part")
# part는 gt box와 적당히 겹치는 box

# neg_save_dir = 'traindata/12/negative'
for dir_path in [neg_save_dir,pos_save_dir,part_save_dir]:
    if not os.path.exists(dir_path):
        os.makedirs(dir_path)

save_dir = os.path.join(data_dir,"pnet")#'/content/traindata/pnet'
if not os.path.exists(save_dir):
    os.mkdir(save_dir)
```

```
# [코드 6 pnet] 학습데이터 만들기
# gt neg. box 이미지(input), 라벨 0(target)
# gt pos. box 이미지(input) 라벨 1과 offset(target1, target2)
# gt part. box 이미지(input) 라벨 -1과 offset(target1, target2)

f1 = open(post_save_file, 'w')#'./DFace/anno_store/pos_12.txt'
f2 = open(neg_save_file, 'w')#'./DFace/anno_store/neg_12.txt'
f3 = open(part_save_file, 'w')#'./DFace/anno_store/part_12.txt'

#anno_file='./DFace/anno_store/wider_origin_anno.txt'
with open(anno_file, 'r') as f:
    annotations = f.readlines()
    #annotations=['0--Parade/0_Parade_marchingband_1_849.jpg 448 329 570 478']
p_idx = 0; n_idx = 0; d_idx = 0; idx = 0; box_idx = 0; anno_idx=0
for annotation in annotations:#| len(annotations)=1
    annotation = annotation.strip().split(' ')
    #['0--Parade/0_Parade_marchingband_1_849.jpg', '448', '329', '570', '478']
    #prefix='/content/traindata/WIDER_train/WIDER_train/images'
    im_path = os.path.join(prefix,annotation[0])
    bbox = list(map(float, annotation[1:]))#[448.0, 329.0, 570.0, 478.0]
    boxes = np.array(bbox, dtype=np.int32).reshape(-1, 4)#[[448 329 570 478]]
    # boxes는 gt box

    # jpg는 width, height 순서이지만, 아래 img 순서는 height, width
    img = cv2.imread(im_path)# numpy (1385, 1024, 3)# jpg는 (1024, 1385)
    #idx += 1
    #if idx % 100 == 0:
    #    print(idx, "images done")
    height, width, channel = img.shape# numpy (1385, 1024, 3)

    ######### START: 정답(gt) neg 이미지1/2 만들기(gt boxes와 무관하게)

    neg_num = 0
    while neg_num < 50:# img 잘라서 negative 만들기

      ##### [neg1.Step1] gt boxes와 무관하게,
      # 크기 size인 정사각형 대각선 좌표 crop_box 만들기

      size = npr.randint(12, min(width, height) / 2) #img의 width, height
      ## size는 crop_box의 높이와 폭으로 사용
      ## 최소 12는 아래에서 cropped_im를 크기(12,12)로 축소(함수 resize 사용) 때문
      nx = npr.randint(0, width - size)
      ny = npr.randint(0, height - size)
      crop_box = np.array([nx, ny, nx + size, ny + size])
      ## gt box(boxes) [819 672 872 725]를 crop할 때 사용

      ##### [neg1.Step2] crop_box와 gt box(boxes)의 iou 계산

      Iou = IoU(crop_box, boxes)
      #두 박스 넓이에 대한 겹치는 부분 넓이의 비율
```

```
    ##### [neg1.Step2] crop_box와 gt box(boxes)의 iou 계산

    Iou = IoU(crop_box, boxes)
    #두 박스 넓이에 대한 겹치는 부분 넓이의 비율

    ##### [neg1.Step3] crop_box로 original img 데이터 자른 후,
    # 크기 12로 축소하여 resized_im에 저장

    cropped_im = img[ny : ny + size, nx : nx + size, :]
    # nx는 width 방향 값이므로 img=(h,w,c)=(1385, 1024, 3) crop할 때 y성분 위치
    # ny는 height 방향 값이므로 img=(h,w,c)=(1385, 1024, 3) crop할 때 x성분 위치
    # 즉, img는 y(height), x(width) 순서 이므로 이미지 슬라이싱할 때는 y, x 순서
    # crop_box로 img 자르기
    resized_im = cv2.resize(cropped_im, (12, 12), interpolation=cv2.INTER_LINEAR)
    # crop_box로 img을 자른 영역의 크기를 np(12, 12, 3)으로 변환

    ##### [neg1.Step4] gt neg 저장
    ##  iou가 작으면 resized_im을,
    # 라벨 0을 가지는 neg. 이미지의 jpg 파일로 저장

    if np.max(Iou) < 0.3:

        # neg. 이미지 파일명
        # neg_save_dir=/content/traindata/12/negative
        save_file = os.path.join(neg_save_dir, "%s.jpg"%n_idx)

        # input
        # neg. jpg 이미지 저장
        cv2.imwrite(save_file, resized_im)#neg 이미지(크기 12)

        # target1(라벨 0)
        # neg. anno. 저장
        f2.write(save_file + ' 0\n')#neg annotation(라벨 0)

        n_idx += 1
        neg_num += 1

  ######### END: gt neg 이미지1/2 만들기
```

[참고 1 pnet]에 있는 이미지와 얼굴box(gt box)를 사용하여 pnet 학습 데이터를 생성한다. 학습 데이터는 세 종류(gt neg, gt pos, gt part)이다. gt box와 겹치지 않는 boxes는 gt neg. boxes, 많이 겹치는 boxes는 gt pos. boxes라 하고 적당히 겹치는 boxes는 gt part boxes라고 하자. 각 box는 라벨이 있다. pos와 part의 경우는 box가 gt box와 어긋난 정도를 나타내는 offset을 추가로 가지고 있다.

```
    ######### START: gt neg 이미지2/2 만들기(gt boxes 기준으로)
    for box in boxes:# 정답 boxes [[448 329 570 478]]
        ##### [neg2.Step1] gt boxes 근방 크기 size인 정사각형 crop_box 만들기

        x1, y1, x2, y2 = box # 448, 329, 570, 478
        w = x2 - x1 + 1 #gt box의 폭 (jpg 폭은 width라고 함)
        h = y2 - y1 + 1 #gt box의 높이(jpg 높이는 height라고 함)

        # ignore small faces(gt box)
        if max(w, h) < 40 or x1 < 0 or y1 < 0:
            continue
        # rnet, onet에서는 20 이상

        # 5개 neg. box 후보 생성하여 iou 작으면 저장
        for i in range(5):
            size = npr.randint(12, min(width, height) / 2)
            # [neg1.Step1]의 size와 동일
            # delta_x, delta_y는 gt box와 생성할 neg. box의 offsets(어긋난 정도)
            delta_x = npr.randint(max(-size, -x1), w)
            delta_y = npr.randint(max(-size, -y1), h)
            nx1 = max(0, x1 + delta_x) # neg. box의 x1
            ny1 = max(0, y1 + delta_y) # neg. box의 y1
            # find nothing
            if nx1 + size > width or ny1 + size > height:
                continue
            # neg. box 후보 생성
            crop_box = np.array([nx1, ny1, nx1 + size, ny1 + size])

            ##### [neg2.Step2] crop_box와 정답 boxes의 iou 계산
            Iou = IoU(crop_box, boxes)

            ##### [neg3.Step3] crop_box로 original img 데이터 자른 후,
            # 크기 12로 축소하여 resized_im에 저장

            cropped_im = img[ny1 : ny1 + size, nx1 : nx1 + size, :]
            # img는 y(height), x(width) 순서 이므로 이미지 슬라이싱할 때는 y, x 순서
            resized_im=cv2.resize(cropped_im,(12,12),interpolation=cv2.INTER_LINEAR)
            #crop_box로 img을 자른 영역의 크기를 np(12, 12, 3)으로 변환

            ##### [neg4.Step4] gt neg 저장
            if np.max(Iou) < 0.3:
                #neg. 이미지 파일명
                #neg_save_dir=/content/traindata/12/negative
                save_file = os.path.join(neg_save_dir, "%s.jpg"%n_idx)
                # input(이미지)
                #neg. jpg 이미지 저장
                cv2.imwrite(save_file, resized_im)#neg 이미지(크기 12)
                # target1(라벨 0)
                #neg. anno. 저장
                f2.write(save_file + ' 0₩n')#neg annotation(라벨 0)
                n_idx += 1
        ######### END: gt neg 이미지2/2 만들기
```

```
        ######### START: gt pos./part 만들기
        for i in range(20):#pasitive는 상계 20, part도 상계20
            ##### [pos/part.Step1] gt boxes 근방 크기 size인 정사각형 crop_box 만들기
            size = npr.randint(int(min(w, h) * 0.8), np.ceil(1.25 * max(w, h)))
            # [neg1/2.Step1]의 size=npr.randint(12,  min(width, height) / 2)와 다름
            # 그 이유는 pos/part에서 size는 정답 boxes의 폭(w)와 높이(h)에 근사
            # size는 crop_box(pos/part box)의 크기(높이와 폭)으로 사용
            # size를 정답 w, h에 근사하도록 범위 설정

            # delta_x and delta_y는 생성할 pos/part box의 좌표 노이즈(중심은 zero)
            delta_x = npr.randint(-w * 0.2, w * 0.2)
            delta_y = npr.randint(-h * 0.2, h * 0.2)

            # pos/part. box의 x1,y1,x2,y2
            nx1 = max(x1 + w / 2 + delta_x - size / 2, 0)
            ny1 = max(y1 + h / 2 + delta_y - size / 2, 0)
            nx2 = nx1 + size
            ny2 = ny1 + size
            # jpg의 width 또는 height 보다 크면 통과
            if nx2 > width or ny2 > height:
                continue
            # pos/part box 후보 생성
            crop_box = np.array([nx1, ny1, nx2, ny2])

            ##### [pos/part.Step2] offset(gt box와 pos/part box의 어긋난 정도) 정의
            # pos/part box의 크기로 normalization한 offset
            offset_x1 = (x1 - nx1) / float(size)
            offset_y1 = (y1 - ny1) / float(size)
            offset_x2 = (x2 - nx2) / float(size)
            offset_y2 = (y2 - ny2) / float(size)

            ##### [pos/part.Step3] crop_box로 original img 데이터 자른 후,
            # 크기 12로 축소하여 resized_im에 저장
            cropped_im = img[int(ny1) : int(ny2), int(nx1) : int(nx2), :]
            # img는 y(height), x(width) 순서 이므로 이미지 슬라이싱할 때는 y, x 순서
            resized_im = cv2.resize(cropped_im,(12,12),interpolation=cv2.INTER_LINEAR)

            ##### [pos/part.Step4] gt pos/part 저장
            ## iou 크면 resized_im을 라벨 1과 offset을 가지는 gt pos.로 저장
            ## iou 적당히 크면 resized_im을 라벨 -1과 offset을 가지는 gt part 로 저장

            ## gt pos. 저장
            box_ = box.reshape(1, -1)
            if IoU(crop_box, box_) >= 0.65:
                save_file = os.path.join(pos_save_dir, "%s.jpg"%p_idx)
                # input(이미지)
                cv2.imwrite(save_file, resized_im)
                # target1(라벨 0), target2(offset 4개 숫자)
                f1.write(save_file + ' 1 %.2f %.2f %.2f %.2f\n'
                        %(offset_x1, offset_y1, offset_x2, offset_y2))
                p_idx += 1
```

```

            ## gt part 저장
            elif IoU(crop_box, box_) >= 0.4:
                save_file = os.path.join(part_save_dir, "%s.jpg"%d_idx)
                # input(이미지)
                cv2.imwrite(save_file, resized_im)
                # target1(라벨 0), target2(offset 4개 숫자)
                f3.write(save_file + ' -1 %.2f %.2f %.2f %.2f₩n'
                         %(offset_x1, offset_y1, offset_x2, offset_y2))
                d_idx += 1

            ######### END:  gt pos./part 만들기

        box_idx += 1
        print("%s images done, pos: %s part: %s neg: %s"%(idx, p_idx, d_idx, n_idx))

f1.close()
f2.close()
f3.close()

!find /content/traindata/12/negative -type f | wc -l
!find /content/traindata/12/part -type f | wc -l
!find /content/traindata/12/positive -type f | wc -l
```

```
0 images done, pos: 7 part: 13 neg: 55
55
17
9
```

```
# [참고2 pnet] jpg(original), gt neg, gt pos., gt part, 이미지 show

im_orig=Image.open( ('/content/traindata/WIDER_train/WIDER_train/images'
                     '/0--Parade/0_Parade_marchingband_1_849.jpg'))
im_pos=Image.open('/content/traindata/12/positive/0.jpg')
im_part=Image.open('/content/traindata/12/part/0.jpg')
im_neg=Image.open('/content/traindata/12/negative/0.jpg')

plt.figure(figsize=(12,12))
plt.subplot(1,4,1); plt.imshow(im_orig); plt.title('original')
plt.subplot(1,4,2);plt.imshow(im_pos);plt.title('positive')
plt.subplot(1,4, 3); plt.imshow(im_part);plt.title('part')
plt.subplot(1,4, 4);plt.imshow(im_neg);plt.title('negative')
plt.subplots_adjust(wspace = 0.2)
plt.show()
```

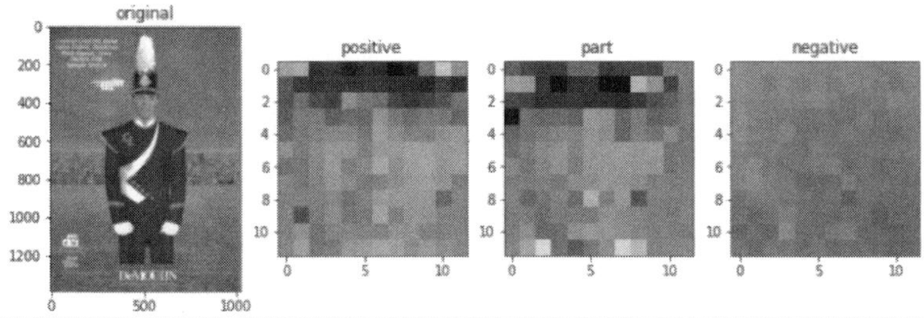

```
# [코드 7 pnet] 모든 학습데이터(neg/pos/part) 정보를 imglist_anno_12.txt에 모으기

#  /anno_store에 있는 파일 neg_12.txt, part_12.txt, pos_12.txt을
# 하나의 파일 imglist_anno_12.txt에 저장
anno_list = []

pnet_postive_file = os.path.join(config.ANNO_STORE_DIR,config.PNET_POSTIVE_ANNO_FILENAME)
#ANNO_STORE_DIR=/content/DFace/anno_store
#PNET_POSTIVE_ANNO_FILENAME=/content/DFace/anno_store/pos_12.txt
pnet_part_file = os.path.join(config.ANNO_STORE_DIR,config.PNET_PART_ANNO_FILENAME)
pnet_neg_file = os.path.join(config.ANNO_STORE_DIR,config.PNET_NEGATIVE_ANNO_FILENAME)

anno_list.append(pnet_postive_file)
anno_list.append(pnet_part_file)
anno_list.append(pnet_neg_file)

imglist_filename = config.PNET_TRAIN_IMGLIST_FILENAME
#PNET_TRAIN_IMGLIST_FILENAME = "imglist_anno_12.txt"
anno_dir = config.ANNO_STORE_DIR
imglist_file = os.path.join(anno_dir, imglist_filename)

chose_count = assemble.assemble_data(imglist_file ,anno_list)
# /content/DFace/anno_store/imglist_anno_12.txt에 75(neg55+part15+pos6)개 lines
# 각 line은 아래와 같은 학습 데이터 정보
# 1번째 줄:/content/traindata/12/positive/3.jpg 1 0.05 -0.17 0.06 0.07
# 75(마지막) 줄: /content/traindata/12/negative/13.jpg 0
```

```
# [코드 8 pnet] 각 학습데이터를 flip하여 학습데이터를 2배로 늘리기

# gt neg/pos/part 각각을 flip하여 데이터 개수를 2배로 만들어 gt_imdb에 저장
annotation_file='/content/DFace/anno_store/imglist_anno_12.txt'
imagedb = ImageDB(annotation_file)
gt_imdb = imagedb.load_imdb()
gt_imdb = imagedb.append_flipped_images(gt_imdb)
# len(gt_imdb)#150(75개를 flip하여 75개 만듬)
# gt_imdb[0]
"""
{'image': '/content/traindata/12/positive/3.jpg',
 'label': 1,
 'flipped': False,
 'bbox_target': array([ 0.05, -0.17,  0.06,  0.07]),
 'landmark_target': array([0., 0., 0., 0., 0., 0., 0., 0., 0., 0.])}
"""
# gt_imdb[149]
"""
{'image': '/content/traindata/12/negative/13.jpg',
 'label': 0,
 'bbox_target': array([-0.,  0., -0.,  0.]),
 'landmark_target': array([1., 0., 1., 0., 1., 0., 1., 0., 1., 0.]),
 'flipped': True}
"""
```

```
# [코드 9 pnet] 학습 결과 정확도 함수 정의

def compute_accuracy(prob_cls, gt_cls):
    prob_cls = torch.squeeze(prob_cls)
    gt_cls = torch.squeeze(gt_cls)

    #we only need the detection which >= 0
    mask = torch.ge(gt_cls,0)
    #get valid element
    valid_gt_cls = torch.masked_select(gt_cls,mask)
    valid_prob_cls = torch.masked_select(prob_cls,mask)
    size = min(valid_gt_cls.size()[0], valid_prob_cls.size()[0])
    prob_ones = torch.ge(valid_prob_cls,0.6).float()
    right_ones = torch.eq(prob_ones,valid_gt_cls).float()

    return torch.div(torch.mul(torch.sum(right_ones),float(1.0)),float(size))
```

```
# [코드 10 pnet] 클래스 PNet 정의

def weights_init(m):
    if isinstance(m, nn.Conv2d) or isinstance(m, nn.Linear):
        nn.init.xavier_uniform_(m.weight.data)
        nn.init.constant_(m.bias, 0.1)

class PNet(nn.Module):
    def __init__(self, is_train=False, use_cuda=False):
        super(PNet, self).__init__()
        self.is_train = is_train
        self.use_cuda = use_cuda

        # backend
        self.pre_layer = nn.Sequential(
            nn.Conv2d(3, 10, kernel_size=3, stride=1),
            nn.PReLU(),
            nn.MaxPool2d(kernel_size=2, stride=2),
            nn.Conv2d(10, 16, kernel_size=3, stride=1),
            nn.PReLU(),
            nn.Conv2d(16, 32, kernel_size=3, stride=1),
            nn.PReLU()
        )
        # detection
        self.conv4_1 = nn.Conv2d(32, 1, kernel_size=1, stride=1)
        # bounding box regresion
        self.conv4_2 = nn.Conv2d(32, 4, kernel_size=1, stride=1)
        # landmark localization
        # self.conv4_3 = nn.Conv2d(32, 10, kernel_size=1, stride=1)

        # weight initiation with xavier
        self.apply(weights_init)

    def forward(self, x):
        x = self.pre_layer(x)
        label = F.sigmoid(self.conv4_1(x))
        offset = self.conv4_2(x)
        # landmark = self.conv4_3(x)
        return label, offset
```

```
# [코드 11 pnet] 학습 시작

model_store_path='/content/DFace/model_store'
end_epoch=1; imdb=gt_imdb; batch_size=len(gt_imdb); frequent=1;base_lr=0.01;
use_cuda=False

if not os.path.exists(model_store_path):
    os.makedirs(model_store_path)

# from dface.core.models import LossFn
lossfn = LossFn()
net = PNet(is_train=True, use_cuda=use_cuda)
net.train()

if use_cuda:
    net.cuda()

optimizer = torch.optim.Adam(net.parameters(), lr=base_lr)

# batch 학습데이터
# from dface.core.image_reader import TrainImageReader
train_data=TrainImageReader(imdb,12,batch_size,shuffle=True)
# imdb=gt_imdb
# 12 = 이미지 데이터 크기
# batch_size =1
"""
for batch_idx,(image,(gt_label,gt_bbox,gt_landmark))in enumerate(train_data):
  print(batch_idx,image.shape, gt_label.shape, gt_bbox.shape, gt_landmark.shape)
  #     0     (146, 12, 12, 3) (146,)          (146, 4)       (146, 10)
"""
```

부록 1에서의 PNet은 face classification(이진 분류)를 위하여 2개 출력채널을 가지는 컨볼류션층 nn.Conv2d(32,2,1)을 사용했다. 그리고 각각의 출력채널이 1개 숫자를 가지도록 PNet의 구조와 pnet의 학습 데이터 input의 형태를 만들었다. 일반적으로 이진분류는 1개 노드로 가능하고 각각의 출력채널이 1개 숫자를 가지므로 1개 출력채널만 사용해도 가능하다. 그래서 부록 2의 [코드 10 pnet] 클래스 PNet 정의를 보면 25번째 줄에서 컨볼류션층 nn.Conv2d(32,1,1)을 사용하고 있다. 그 결과 부록 1에서는 2개 출력채널이 가지는 2개 값을 함수 softmax로 처리해야 했지만 부록 2에서는 1개 출력채널이 가지는 1개 값을 함수 sigmoid로 처리하고 있다.

신경망 pnet의 손실(loss)를 계산할 때, 폴더 /content/DFace/dface/core에 있는 models.py에서 정의한 loss 함수를 사용하여 다음 같이 학습을 한다.

```
# [코드 12 pnet] 학습 종료

for cur_epoch in range(1,end_epoch+1):
    train_data.reset()
    accuracy_list=[]; cls_loss_list=[]; bbox_loss_list=[]

    for batch_idx,(image,(gt_label,gt_bbox,_))in enumerate(train_data):
        #image.shape#(146, 12, 12, 3)
        im_tensor=[image_tools.convert_image_to_tensor(image[i,:,:,:]) for i in range(image.shape[0])]
        im_tensor=torch.stack(im_tensor)#torch.Size([146, 3, 12, 12])

        gt_label = torch.from_numpy(gt_label).float()
        gt_bbox = torch.from_numpy(gt_bbox).float()

    if use_cuda:
            im_tensor = im_tensor.cuda()
            gt_label = gt_label.cuda()
            gt_bbox = gt_bbox.cuda()

    cls_pred, box_offset_pred = net(im_tensor.float())
    #(cls_pred.shape, box_offset_pred.shape)=([146, 1, 1, 1], [146, 4, 1, 1])
    cls_loss = lossfn.cls_loss(gt_label,cls_pred)
    #함수 lossfn.cls_loss( )내부에서 pos/neg를 추출하여 cls_loss 계산함
    box_offset_loss = lossfn.box_loss(gt_label,gt_bbox,box_offset_pred)
    #함수 lossfn.box_loss( )내부에서 pos/part를 추출하여 box_loss 계산함

    all_loss = cls_loss*1.0+box_offset_loss*0.5

    if batch_idx%frequent==0:
        accuracy=compute_accuracy(cls_pred,gt_label)

        show1 = str(accuracy.data.tolist())
        show2 = str(cls_loss.data.tolist())
        show3 = str(box_offset_loss.data.tolist())
        show5 = str(all_loss.data.tolist())

        print("%s: Epoch:%d, Step:%d, accuracy:%s, det loss:%s, bbox loss:%s, all_loss:%s, lr:%s "
              %(datetime.datetime.now(),cur_epoch,batch_idx, show1,show2,show3,show5,base_lr))
        accuracy_list.append(accuracy)
        cls_loss_list.append(cls_loss)
        bbox_loss_list.append(box_offset_loss)

        optimizer.zero_grad()
        all_loss.backward()
        optimizer.step()

        accuracy_avg = torch.mean(torch.stack(accuracy_list, dim=0))
        cls_loss_avg = torch.mean(torch.stack(cls_loss_list, dim=0))
        bbox_loss_avg = torch.mean(torch.stack(bbox_loss_list, dim=0))

        show6 = str(accuracy_avg.data.tolist())
        show7 = str(cls_loss_avg.data.tolist())
        show8 = str(bbox_loss_avg.data.tolist())

        print("Epoch:%d, accuracy:%s, cls loss:%s, bbox loss:%s" % (cur_epoch, show6, show7, show8))
        torch.save(net.state_dict(), os.path.join(model_store_path,"pnet_epoch_%d.pt" % cur_epoch))
        torch.save(net, os.path.join(model_store_path,"pnet_epoch_model_%d.pkl" % cur_epoch))
```

여기까지가 pnet을 학습시키기 위한 설명이고 요약하면 다음과 같다.

[학습 데이터 (input, target)]

[참고1 pnet]에 있는 jpg와 얼굴box(gt box)를 사용하여 세 종류의 학습 데이터를 준비했다. gt neg의 (box, label), gt pos의 (box, label)과 (box, offset), gt part의 (box, label)과 (box, offset)이다.

[손실 loss]

gt neg가 pnet에 입력되는 경우 loss는 폴더 /content/DFace/dface/core에 있는 models.py에 정의된 nn.BCELoss( )만 사용하고 gt pos 또는 gt part가 입력되면, gt offset을 target으로하는 nn.MSELoss( )도 사용한다. 두 종류의 loss를 [코드 12 pnet]의 27번째 줄에서 가중치를 이용하여 선형결합하고 있다.

[파라미터 업데이트]

출력을 보면, 출력채널은 두 종류이다. 하나는 face classification(이진분류)에 사용하는 1개 출력채널(A1)로, [코드10 pnet]에서 25번째 줄에 있는 nn.Conv2d(32,1,1)의 출력채널이다. 다른 하나는 얼굴box offset의 두 점의 좌표를 예측할 때 사용하는 4개 출력채널(B1234)로, [코드10 pnet]에서 27번째 줄에 있는 nn.Conv2d(32,4,1)의 출력채널이다.

입력데이터가 gt neg이면, 한 개 숫자를 가지는 출력채널 A1의 값이 0에 가까워지고, gt pos 또는 gt part이면 1에 가까워지며 출력채널 B1234의 네 개 숫자가 gt offset에 가까워지도록 파라미터를 업데이트한다.

[학습된 pnet 사용]

아래 코드에서 rnet의 학습 데이터를 생성할 때 jpg와 학습된 pnet을 사용한다. jpg 자신 뿐만 아니라 jpg를 축소한 이미지들의 데이터를 pnet에 대입하게 된다. 예를 들면, 크기 (1385, 1024)인 jpg 데이터를 pnet에 대입하면 각각의 출력채널은 크기 (687, 507)인 2차원 형태의 숫자들을 가진다. 경곗값 0.6 보다 큰 값을 가지는 A1의 성분 위치를 사용하여 rnet의 학습 데이터 gt pos와 gt part를 생성한다.

```
# [코드 13 rnet] (학습된 pnet으로) 학습데이터 만들기1(시작).
# jpg의 numpy ndarray를 im에 저장

imagedb = ImageDB(anno_file,mode="test",prefix_path=prefix)#test는 train 아님을 의미
imdb = imagedb.load_imdb()#gt_imdb
#imdb=[{'image': '~/WIDER_train/images/0—Parade/0_Parade_marchingband_1_849.jpg'}]
image_reader = TestImageLoader(imdb,1,False)# batch_size=1, shuffle=False
# original 이미지 jpg를 읽기 용도. 저장된 내용은 아래와 같이 original img 데이터
#for databatch in image_reader:
  #print(databatch.shape)#(1385, 1024, 3), type(databatch)=numpy.ndarray
#  즉,image_reader에는 1개 있음

for databatch in image_reader:
    im = databatch # numpy.ndarray이고 형태는 (1385, 1024, 3)
```

```
# [코드 14 rnet] (학습된 pnet으로) 학습데이터 만들기2.

# jpg를 축소하는 함수
# img는 jpg의 numpy ( im = databatch, numpy (1385, 1024, 3) )
# scale은 1.0, 1.0*0.709, ...,이미지 크기가 12보다 클 때까지 순차적으로 축소
def resize_image(img, scale):
  height, width, channels = img.shape
  new_height = int(height * scale)     # resized new height
  new_width = int(width * scale)       # resized new width
  new_dim = (new_width, new_height)
  img_resized = cv2.resize(img, new_dim, interpolation=cv2.INTER_LINEAR)
  return img_resized

# jpg의 축소 이미지에 있는 boxes를 jpg에서의 크기로 확대하는 함수
# map=pnet의 (1개)분류채널이 가지는 이차원 좌표
# reg=pnet의 4개 offset채널 각각이 가지는 이차원 좌표
# scale=jpg을 축소한 정도
# threshold=map이 가지는 값(box의 얼굴포함 가능성 prob)의 경곗값 0.6
# 반환값 = jpg에서 추정 gt pos/part boxes, boxes의 얼굴포함 가능성, offset
def generate_bounding_box(map, reg, scale, threshold):
  stride = 2 # pnet 분류채널의 값(화소위치)을 pnet 입력 데이터에서의 크기로 확대
  cellsize = 12 # pnet 입력 데이터에서 box를 만들 때 크기를 12로 함
  t_index = np.where(map > threshold)# threshold=0.6
  # find nothing
  if t_index[0].size == 0:
      return np.array([])

  dx1, dy1, dx2, dy2 = [reg[0, t_index[0], t_index[1], i] for i in range(4)]
  #  [0;         t_index[0], t_index[1],          i]
  # =[0번째 jpg, prob>0.6인 좌표의 x성분, y성분, i번째 offset 채널]
  reg = np.array([dx1, dy1, dx2, dy2])#(4, 5791)
  score = map[t_index[0], t_index[1], 0]
  boundingbox = np.vstack([np.round((stride * t_index[1]) / scale),
                           np.round((stride * t_index[0]) / scale),
                           np.round((stride * t_index[1] + cellsize) / scale),
                           np.round((stride * t_index[0] + cellsize) / scale),
                           score,
                           reg    ])#(9, 5791)
  return boundingbox.T#(5791,9)
```

```
# [코드 15 rnet] (학습된 pnet으로) 학습데이터 만들기3.
# pnet 출력 이용하여 추정 gt boxes와 얼굴포함 가능성을 찾음: (5100,5)

# 학습된 pnet 가져오기
#from dface.core.detect import create_mtcnn_net
pnet, _, _ = create_mtcnn_net(p_model_path=pnet_model_file, use_cuda=use_cuda)
pnet_detector = pnet
min_face_size = 12
threshold = [0.6, 0.7, 0.7]
scale_factor = 0.709

# im = databatch #numpy.ndarray (1385, 1024, 3)<= im_orig.size= (1024, 1385)
h, w, c = im.shape#(1385, 1024, 3)
net_size = 12

current_scale = float(net_size) / min_face_size # initial current_scale=1.0
im_resized = resize_image(im, current_scale)#im을 축소, im*current_scale=im
current_height, current_width, _ = im_resized.shape

all_boxes = list()
while min(current_height, current_width) > net_size:#> 12
  feed_imgs = []
  image_tensor = image_tools.convert_image_to_tensor(im_resized)
  #torch.Size([3, 1385, 1024])
  feed_imgs.append(image_tensor)
  feed_imgs = torch.stack(feed_imgs)#1번째 while에서 torch.Size([1, 3, 1385, 1024])

  if pnet_detector.use_cuda:
      feed_imgs = feed_imgs.cuda()

  cls_map, reg = pnet_detector(feed_imgs.float()) # pnet_detector = pnet
  #cls_map, reg를 이용하여 추정 gt boxes
  #1번째 while에서 torch.Size([1, 1, 687, 507]), torch.Size([1, 4, 687, 507])

  cls_map_np = image_tools.convert_chwTensor_to_hwcNumpy(cls_map.cpu())#(1, 687, 507, 1)
  reg_np = image_tools.convert_chwTensor_to_hwcNumpy(reg.cpu())#(1, 687, 507, 4)

  # jpg에서 추정 gt pos/part boxes, boxes의 얼굴포함 가능성, offset
  boxes = generate_bounding_box(cls_map_np[ 0, :, :], reg_np, current_scale,
                                threshold[0])
  # 1번째 while에서
  # boxes[100]=array([120.,114.,132.,126.,1.,-0.73,16.15,3.55,-20.91])
  # boxes 형태 (5791, 9)

  current_scale *= scale_factor
  im_resized = resize_image(im, current_scale)#im을 축소 im*current_scale
  current_height, current_width, _ = im_resized.shape

  # find nothing
  if boxes.size == 0:#number of elements in boxes
      continue

  # 각각의 current_scale에 대하여 nms
  keep = utils.nms(boxes[:, :5], 0.5, 'Union')#list, len(keep)=1993, max(keep)=5790
  boxes = boxes[keep]
  all_boxes.append(boxes)
```

```
57
58
59 if len(all_boxes) == 0:
60   print('error: all_boxes is None')
61
62 all_boxes = np.vstack(all_boxes) # (5100, 9)
63
64 # 전체 boxes 대상으로 nms
65 # merge the detection from first stage
66 keep = utils.nms(all_boxes[:, 0:5], 0.7, 'Union')
67 all_boxes = all_boxes[keep] # (5100, 9)
68 # boxes = all_boxes[:, :5]
69
70 # all_boxes
71 boxes = np.vstack([all_boxes[:,0],
72               all_boxes[:,1],
73               all_boxes[:,2],
74               all_boxes[:,3],
75               all_boxes[:,4],
76             ]) # (5, 5100)
77
78 boxes = boxes.T #(5100, 5)
79
80 # 추정 pos/part box의 폭과 높이
81 bw = all_boxes[:, 2] - all_boxes[:, 0] + 1
82 bh = all_boxes[:, 3] - all_boxes[:, 1] + 1
83
84 # 추정 gt box (=boxes_align)을
85 # 추정 gt pos/part box, 추정 offset, 추정 pos/part box의 폭과 높이으로 계산
86 align_topx = all_boxes[:, 0] + all_boxes[:, 5] * bw # x1
87 align_topy = all_boxes[:, 1] + all_boxes[:, 6] * bh # y1
88 align_bottomx = all_boxes[:, 2] + all_boxes[:, 7] * bw #x2
89 align_bottomy = all_boxes[:, 3] + all_boxes[:, 8] * bh # y2
90
91 # refine the boxes
92 # pnet 출력을 이용하여 추정 gt boxes 5100개 구함(각각이 얼굴box일 가능성도): (5100, 5)
93 boxes_align = np.vstack([ align_topx,
94                    align_topy,
95                    align_bottomx,
96                    align_bottomy,
97                    all_boxes[:, 4],
98                    ])
99 boxes_align = boxes_align.T
```

rnet의 학습 데이터도 pnet과 마찬가지로 세 종류이고(gt neg, gt pos와 gt part), 이를 만들 때 사용할 boxes가 [코드 15 rnet]의 99번째 줄의 boxes_align이다. jpg에 있는 gt box와 boxes_align에 있는 boxes 사이에 겹치는 정도를 계산한 후([코드 19 rnet]의 53번째 줄), 매우 적으면 gt neg, 매우 크면 gt pos, 적당하면 gt part로 저장한다([코드 19 rnet]의 64, 92, 99번째 줄). 겹치는 정도를 나타내는 숫자를 조정하여 rnet의 학습 데이터가 생성되도록 하였다.

```
# [코드 16 rnet] (학습된 pnet으로) 학습데이터 만들기 4.
# 코드15 결과를 pkl 파일로 저장

all_boxes = list()
all_boxes.append(boxes_align)
#print(len(all_boxes), all_boxes[0].shape)# 1, (5100, 5)

# pnet으로 만든 all_boxes (5100, 5) 저장

# save_path = model_store_path()
save_path = config.MODEL_STORE_DIR

if not os.path.exists(save_path):
    os.mkdir(save_path)

save_file = os.path.join(save_path, "detections_%d.pkl" % int(time.time()))
with open(save_file, 'wb') as f:
    pickle.dump(all_boxes, f, pickle.HIGHEST_PROTOCOL)
# list나, dictionary등의 python 데이타 타입을 serialize하여 파일에 저장
# 피클은 파이썬의 딕셔너리, 리스트 등의 데이터 타입을 있는 그대로 저장
```

```
# [코드 17 rnet] (학습된 pnet으로) 학습데이터 만들기5.
# rnet 학습 데이터 저장할 폴더 만들기

#data_dir='/content/traindata'
neg_save_dir = os.path.join(data_dir, "24/negative")
pos_save_dir = os.path.join(data_dir, "24/positive")
part_save_dir = os.path.join(data_dir, "24/part")

for dir_path in [neg_save_dir, pos_save_dir, part_save_dir]:
    if not os.path.exists(dir_path):
        os.makedirs(dir_path)
```

```
# [코드 18 rnet] (학습된 pnet으로) 학습데이터 만들기6.
# gt box 저장

im_idx_list = list()
gt_boxes_list = list()

#with open(anno_file, 'r') as f:
    #annotations = f.readlines()
for annotation in annotations:
    annotation = annotation.strip().split(' ')
    im_idx = os.path.join(prefix,annotation[0])
    # ~/WIDER_train/images/0--Parade/0_Parade_marchingband_1_849.jpg

    boxes = list(map(float, annotation[1:]))
    boxes = np.array(boxes, dtype=np.float32).reshape(-1, 4)
    # [[448. 329. 570. 478.]]
    im_idx_list.append(im_idx)
    gt_boxes_list.append(boxes)
```

```
# [코드 19 rnet] (학습된 pnet으로) 학습데이터 만들기7(종료).
# 코드15의 추정 gt boxes와 코드18의 gt box로 아래 학습데이터 생성
# gt neg. box 이미지(input), 라벨 0(target)
# gt pos. box 이미지(input) 라벨 1과 offset(target1, target2)
# gt part. box 이미지(input) 라벨 -1과 offset(target1, target2)

# anno txt 파일 'w'로 open
save_path = config.ANNO_STORE_DIR
if not os.path.exists(save_path):
    os.makedirs(save_path)

image_size = 24
f1 = open(os.path.join(save_path, 'pos_%d.txt' % image_size), 'w')
f2 = open(os.path.join(save_path, 'neg_%d.txt' % image_size), 'w')
f3 = open(os.path.join(save_path, 'part_%d.txt' % image_size), 'w')

# save_file = os.path.join(save_path, "detections_%d.pkl" % int(time.time()))
# with open(save_file, 'wb') as f:
#     pickle.dump(all_boxes, f, pickle.HIGHEST_PROTOCOL)
det_boxs_file = save_file
det_handle = open(det_boxs_file, 'rb')
det_boxes = pickle.load(det_handle)

# index of neg, pos and part face, used as their image names
n_idx = 0; p_idx = 0; d_idx = 0; image_done = 0
for im_idx, dets, gts in zip(im_idx_list, det_boxes, gt_boxes_list):
    if image_done % 100 == 0:
        print("%d images done" % image_done)
    image_done += 1

    # im_idx='~/WIDER_train/images/0--Parade/0_Parade_marchingband_1_849.jpg'
    img = cv2.imread(im_idx)

    # dets.shape#(5100, 5)
    dets = convert_to_square(dets)
    dets[:, 0:4] = np.round(dets[:, 0:4])

    for box in dets:# dets.shape#(5100, 5)
      x_left, y_top, x_right, y_bottom = box[0:4].astype(int)
      width = x_right - x_left + 1
      height = y_bottom - y_top + 1

      ##### neg/pos/part.Step1. crop_box 만들기
      ##### 아래 조건이 Flase인 box는 crop_box가 된다
      # ignore box that is too small or beyond image border
      if (width < 20 or x_left < 0 or y_top < 0 or x_right > img.shape[1] - 1
          or y_bottom > img.shape[0] - 1):
          continue

      ##### neg/pos/part.Step2. crop_box와 정답 gts의 Iou 계산
      # compute intersection over union(IoU) between current box and all gt boxes
      # gts = array([[448., 329., 570., 478.]], dtype=float32)
      Iou = IoU(box, gts)
```

```
        ##### neg/pos/part.Step3. crop_box로 original img 데이터 자른 후,
        ##### 크기 24로 축소하여 resized_im에 저장
        cropped_im = img[y_top:y_bottom + 1, x_left:x_right + 1, :]
        resized_im = cv2.resize(cropped_im, (image_size, image_size),#image_size = 24
                                interpolation=cv2.INTER_LINEAR)

        ##### neg.Step4. iou가 작으면 resized_im을 라벨 0을 가지는 neg.jpg로 저장
        ##### [neg. gt 저장]
        # save negative images and write label
        if np.max(Iou) < 0.3:
          # neg. 이미지 파일명
          # neg_save_dir=/content/traindata/12/negative
          save_file = os.path.join(neg_save_dir, "%s.jpg" % n_idx)

          # input: neg. jpg 이미지 저장
          cv2.imwrite(save_file, resized_im)

          # target1: neg. anno. 저장
          f2.write(save_file + ' 0₩n')#neg annotation(라벨 0)
          n_idx += 1

        else:
        ##### pos/part.Step4. iou가 작으면 resized_im을 라벨 0을 가지는 neg.jpg로 저장
        ##### iou 크면 resized_im을 라벨 1과 offset을 가지는 pos.jpg로 저장
        ##### iou 적당히 크면 resized_im을 라벨 -1과 offset을 가지는 part.jpg로 저장
          ##### [offset 계산]
          # find gt_box with the highest iou
          idx = np.argmax(Iou) # 0
          assigned_gt = gts[idx] # array([[448., 329., 570., 478.]],dtype=float32)
          x1, y1, x2, y2 = assigned_gt
          # compute bbox reg values
          offset_x1 = (x1 - x_left) / float(width)
          offset_y1 = (y1 - y_top) / float(height)
          offset_x2 = (x2 - x_right) / float(width)
          offset_y2 = (y2 - y_bottom) / float(height)
          ##### [pos. gt 저장]
          # save positive and part-face images and write labels
          if np.max(Iou) >= 0.45:#0.65:# traindata/24/positive가 nonempty되도록 숫자 줄임
            save_file = os.path.join(pos_save_dir, "%s.jpg" % p_idx)
            f1.write(save_file + ' 1 %.2f %.2f %.2f %.2f₩n' % (
            offset_x1, offset_y1, offset_x2, offset_y2))
            cv2.imwrite(save_file, resized_im)
            p_idx += 1
          ##### [part. gt 저장]
          elif np.max(Iou) >= 0.3:#0.4: # traindata/24/positive가 nonempty되도록 숫자 줄임
            save_file = os.path.join(part_save_dir, "%s.jpg" % d_idx)
            f3.write(save_file + ' -1 %.2f %.2f %.2f %.2f₩n' % (
            offset_x1, offset_y1, offset_x2, offset_y2))
            cv2.imwrite(save_file, resized_im)
            d_idx += 1

f1.close(); f2.close(); f3.close()
```

```
#[참고 3 rnet] 학습데이터 gt neg/pos/part 생성 체크
!find /content/traindata/24/negative -type f | wc -l
!find /content/traindata/24/part -type f | wc -l
!find /content/traindata/24/positive -type f | wc -l
```

```
736
3
2
```

```
# [코드 20 rnet] 모든 학습데이터(neg/pos/part) 정보를 imglist_anno_24.txt에 모으기

anno_list = []

pnet_postive_file = os.path.join(config.ANNO_STORE_DIR,config.RNET_POSTIVE_ANNO_FILENAME)
pnet_part_file = os.path.join(config.ANNO_STORE_DIR,config.RNET_PART_ANNO_FILENAME)
pnet_neg_file = os.path.join(config.ANNO_STORE_DIR,config.RNET_NEGATIVE_ANNO_FILENAME)

anno_list.append(pnet_postive_file)
anno_list.append(pnet_part_file)
anno_list.append(pnet_neg_file)

imglist_filename = config.RNET_TRAIN_IMGLIST_FILENAME
anno_dir = config.ANNO_STORE_DIR
imglist_file = os.path.join(anno_dir, imglist_filename)

chose_count = assemble.assemble_data(imglist_file ,anno_list)
print("PNet train annotation result file path:%s" % imglist_file)
```

```
1 # [코드 21 rnet] 각 학습데이터를 flip하여 학습데이터를 2배로 늘리기
2
3 annotation_file='/content/DFace/anno_store/imglist_anno_24.txt'
4 imagedb = ImageDB(annotation_file)
5 gt_imdb = imagedb.load_imdb()
6 gt_imdb = imagedb.append_flipped_images(gt_imdb)#len(gt_imdb)=741+741=1482
```

```
append flipped images to imdb 741
```

위 [코드 19 rnet]에서 jpg와 학습된 pnet을 사용하여 rnet의 학습 데이터를 생성하는 과정이 종료된다. 그리고 위 [참고 3 rnet]을 보면 생성된 rnet의 학습 데이터 개수가 gt neg은 736개, gt pos는 3개, gt part는 2개임을 알 수 있다. 예측에 사용할 목적으로 신경망을 학습할 때는 이 정도의 데이터 개수로는 학습 효과를 기대할 수 없다. 그러나 여기서 다루려는 내용은 학습 과정 설명이므로 gt neg, gt pos, gt part가 각각 1개 이상 있으면 된다. 만약에 세 종류의 학습데이터 중에 0개인 경우가 발생하면 [코드 19 rnet]의 np.max(Iou)에서 사용한 threshold 값을 변경하여 1개 이상이 되도록 한 후에 아래 코드를 실행해야 한다. rnet 학습을 위하여 생성한 학습 데이터 각각을 flip하여 학습 데이터를 2배로 증가시킨 후, [코드 21 rnet]의 6번째 줄에 있는 gt_imdb에 저장한다.

```python
# [코드 22 rnet] 클래스 RNet 정의

def weights_init(m):
    if isinstance(m, nn.Conv2d) or isinstance(m, nn.Linear):
        nn.init.xavier_uniform(m.weight.data)
        nn.init.constant(m.bias, 0.1)

class RNet(nn.Module):
    def __init__(self,is_train=False, use_cuda=True):
        super(RNet, self).__init__()
        self.is_train = is_train
        self.use_cuda = use_cuda
        # backend
        self.pre_layer = nn.Sequential(
            nn.Conv2d(3, 28, kernel_size=3, stride=1),
            nn.PReLU(),
            nn.MaxPool2d(kernel_size=3, stride=2),
            nn.Conv2d(28, 48, kernel_size=3, stride=1),
            nn.PReLU(),
            nn.MaxPool2d(kernel_size=3, stride=2),
            nn.Conv2d(48, 64, kernel_size=2, stride=1),
            nn.PReLU()
        )
        self.conv4 = nn.Linear(64*2*2, 128)
        self.prelu4 = nn.PReLU()
        # detection
        self.conv5_1 = nn.Linear(128, 1)
        # bounding box regression
        self.conv5_2 = nn.Linear(128, 4)
        # lanbmark localization
        self.conv5_3 = nn.Linear(128, 10)
        # weight initiation weih xavier
        self.apply(weights_init)

    def forward(self, x):
        # backend
        x = self.pre_layer(x)
        x = x.view(x.size(0), -1)
        x = self.conv4(x)
        x = self.prelu4(x)
        # detection
        det = torch.sigmoid(self.conv5_1(x))
        box = self.conv5_2(x)
        # landmark = self.conv5_3(x)

        if self.is_train is True:
            return det, box
        return det, box
```

```
# [코드 23 rnet] 학습 시작

imdb=gt_imdb
batch_size=len(gt_imdb)
lossfn = LossFn()
net = RNet(is_train=True, use_cuda=False)
net.train()
optimizer = torch.optim.Adam(net.parameters(), lr=base_lr)
train_data=TrainImageReader(imdb,24,batch_size,shuffle=True)
# 24 = 학습용image_size,  batch_size=len(gt_imdb)
```

```
# [코드 24 rnet] 학습 종료

for cur_epoch in range(1,end_epoch+1):
  train_data.reset(); accuracy_list=[]; cls_loss_list=[]; bbox_loss_list=[]; landmark_loss_list=[]

  for batch_idx,(image,(gt_label,gt_bbox,gt_landmark))in enumerate(train_data):
    im_tensor = [ image_tools.convert_image_to_tensor(image[i,:,:,:]) for i in range(image.shape[0]) ]
    im_tensor = torch.stack(im_tensor)
    gt_label = torch.from_numpy(gt_label).float()
    gt_bbox = torch.from_numpy(gt_bbox).float()

    if use_cuda:
        im_tensor = im_tensor.cuda()
        gt_label = gt_label.cuda()
        gt_bbox = gt_bbox.cuda()

    cls_pred, box_offset_pred = net(im_tensor.float())

    cls_loss = lossfn.cls_loss(gt_label,cls_pred)
    box_offset_loss = lossfn.box_loss(gt_label,gt_bbox,box_offset_pred)
    all_loss = cls_loss*1.0+box_offset_loss*0.5

    if batch_idx%frequent==0:
      accuracy=compute_accuracy(cls_pred,gt_label)

      show1 = str(accuracy.data.tolist())
      show2 = str(cls_loss.data.tolist())
      show3 = str(box_offset_loss.data.tolist())
      show5 = str(all_loss.data.tolist())
      print( "%s : Epoch: %d, Step: %d, accuracy: %s, det loss: %s, bbox loss: %s, all_loss: %s, lr:%s "
             %(datetime.datetime.now(), cur_epoch, batch_idx, show1, show2, show3, show5, base_lr))
      accuracy_list.append(accuracy)
      cls_loss_list.append(cls_loss)
      bbox_loss_list.append(box_offset_loss)

    optimizer.zero_grad()
    all_loss.backward()
    optimizer.step()

  accuracy_avg = torch.mean(torch.stack(accuracy_list, dim=0))
  cls_loss_avg = torch.mean(torch.stack(cls_loss_list, dim=0))
  bbox_loss_avg = torch.mean(torch.stack(bbox_loss_list, dim=0))
  show6 = str(accuracy_avg.data.tolist())
  show7 = str(cls_loss_avg.data.tolist())
  show8 = str(bbox_loss_avg.data.tolist())
  print("Epoch: %d, accuracy: %s, cls loss: %s, bbox loss: %s"
        % (cur_epoch, show6, show7, show8))
  torch.save(net.state_dict(), os.path.join(model_store_path,"rnet_epoch_%d.pt" % cur_epoch))
  torch.save(net, os.path.join(model_store_path,"rnet_epoch_model_%d.pkl" % cur_epoch))
```

여기까지가 rnet을 학습시키기 위한 설명이고 요약하면 다음과 같다.

[학습 데이터 (input, target)]

[참고1 pnet]에 있는 jpg와 얼굴box(gt box), 그리고 학습된 pnet을 사용하여 세 종류의 학습 데이터를 준비했다. gt neg의 (box, label), gt pos의 (box, label)과 (box, offset), gt part의 (box, label)과 (box, offset)이다. pnet의 box는 크기가 (12, 12)이지만 rnet은 (24,24)이다.

[출력층 구조]

rnet의 역할은 학습된 pnet으로 예측한 gt boxes중, 얼굴포함 가능성이 높은 추정 gt boxes를 선택(부록 1의 Step10, 11)이므로 [코드 22 rnet]에서 보듯이 rnet의 출력층은 컨볼류션층이 아니고 선형층이다.

[손실 loss] pnet과 동일하다.

[파라미터 업데이트]

출력노드는 두 종류이다. 하나는 face classification(이진분류)에 사용하는 1개 노드(A1)로, [코드 22 rnet]에서 27번째 줄에 있는 nn.Linear(128,1)의 출력노드이다. 다른 하나는 얼굴box offset의 두 점의 좌표를 예측할 때 사용하는 4개 출력노드(B1234)로, [코드 22 rnet]에서 29번째 줄에 있는 nn.Linear(128,4)의 출력노드이다.

입력데이터가 gt neg이면, 출력노드 A1의 값이 0에 가까워지고, gt pos 또는 gt part이면 1에 가까워지며 4개 출력노드 B1234의 숫자가 gt offset에 가까워지도록 파라미터를 업데이트한다.

[학습된 rnet 사용]

아래 코드에서 onet의 학습 데이터를 생성할 때 jpg와 학습된 pnet, rnet을 사용한다. jpg 자신 뿐만 아니라 jpg를 축소한 이미지들의 데이터를 pnet에 대입하게 된다. 학습된 pnet으로 생성한 gt boxes 중에서 가능성이 높은 boxes를 학습된 rnet으로 추출하여 onet의 학습 데이터를 생성하게 된다.

```
# [코드 25 onet] (학습된 pnet, rnet으로) 학습데이터 만들기1(시작)
# 학습된 pnet, rnet 불러오기

pnet_model_file='/content/DFace/model_store/pnet_epoch.pt'
rnet_model_file='/content/DFace/model_store/rnet_epoch.pt'
use_cuda=False

pnet, rnet, _ = create_mtcnn_net(p_model_path=pnet_model_file, r_model_path=rnet_model_file,
                                use_cuda=use_cuda)
mtcnn_detector = MtcnnDetector(pnet=pnet, rnet=rnet, min_face_size=12)
```

```
# [코드 26 onet] (학습된 pnet, rnet으로) 학습데이터 만들기2.
# jpg의 numpy ndarray를 im에 저장

imagedb = ImageDB(anno_file,mode="test",prefix_path=prefix)#test는 train 아님을 의미
imdb = imagedb.load_imdb()#gt_imdb
#imdb=[{'image': '~/WIDER_train/images/0--Parade/0_Parade_marchingband_1_849.jpg'}]
image_reader = TestImageLoader(imdb,1,False)# batch_size=1, shuffle=False
for databatch in image_reader:
    im = databatch # numpy.ndarray이고 형태는 (1385, 1024, 3)
```

```
# [코드 27 onet] (학습된 pnet, rnet으로) 학습데이터 만들기3.

# 이미지를 축소하는 함수 정의
def resize_image(img, scale):
    height, width, channels = img.shape
    new_height = int(height * scale)     # resized new height
    new_width = int(width * scale)       # resized new width
    new_dim = (new_width, new_height)
    img_resized = cv2.resize(img, new_dim, interpolation=cv2.INTER_LINEAR)
    return img_resized

# 축소된 이미지에 있는 boxes를 jpg에서의 크기로 확대하는 함수 정의
def generate_bounding_box(map, reg, scale, threshold):
    stride = 2
    cellsize = 12
    t_index = np.where(map > threshold)

    # find nothing
    if t_index[0].size == 0:
        return np.array([])

    dx1, dy1, dx2, dy2 = [reg[0, t_index[0], t_index[1], i] for i in range(4)]
    reg = np.array([dx1, dy1, dx2, dy2])#(4, 5791)

    score = map[t_index[0], t_index[1], 0]
    boundingbox = np.vstack([np.round((stride * t_index[1]) / scale),
                             np.round((stride * t_index[0]) / scale),
                             np.round((stride * t_index[1] + cellsize) / scale),
                             np.round((stride * t_index[0] + cellsize) / scale),
                             score,
                             reg,
                             ])
    return boundingbox.T
```

```
1 # [코드 28 onet] (학습된 pnet, rnet으로) 학습데이터 만들기4.
2 # pnet 출력 이용하여 추정 gt boxes와 얼굴포함 가능성을 찾음
3
4 pnet_detector = pnet
5 min_face_size = 12
6 stride=2
7 threshold = [0.6, 0.7, 0.7]
8 scale_factor = 0.709
9
10 h, w, c = im.shape#(1385, 1024, 3)
11 net_size = 12
12
13 current_scale = float(net_size) / min_face_size
14 im_resized = resize_image(im, current_scale)
15 current_height, current_width, _ = im_resized.shape
16
17 all_boxes = list()
18 while min(current_height, current_width) > net_size:
19     feed_imgs = []
20     image_tensor = image_tools.convert_image_to_tensor(im_resized)
21     feed_imgs.append(image_tensor)
22     feed_imgs = torch.stack(feed_imgs)
23
24     cls_map, reg = pnet_detector(feed_imgs.float())
25
26     cls_map_np = image_tools.convert_chwTensor_to_hwcNumpy(cls_map.cpu())
27     reg_np = image_tools.convert_chwTensor_to_hwcNumpy(reg.cpu())
28
29     boxes = generate_bounding_box(cls_map_np[ 0, :, :], reg_np, current_scale,
30                                   threshold[0])
31     current_scale *= scale_factor
32     im_resized = resize_image(im, current_scale)
33     current_height, current_width, _ = im_resized.shape
34
35     # find nothing
36     if boxes.size == 0:
37         continue
38
39     keep = utils.nms(boxes[:, :5], 0.5, 'Union')
40     boxes = boxes[keep]
41     all_boxes.append(boxes)
```

위 [코드 28 onet]은 학습된 pnet으로 추정 gt boxes와 이들 boxes가 얼굴을 포함할 가능성을 찾아 boxes_align(72번째 줄)에 저장한다.

```python

all_boxes = np.vstack(all_boxes) # (5100, 9)

keep = utils.nms(all_boxes[:, 0:5], 0.7, 'Union')
all_boxes = all_boxes[keep] # (5100, 9)

boxes = np.vstack([all_boxes[:,0],
            all_boxes[:,1],
            all_boxes[:,2],
            all_boxes[:,3],
            all_boxes[:,4],
          ]) # (5, 5100)

boxes = boxes.T #(5100, 5)

bw = all_boxes[:, 2] - all_boxes[:, 0] + 1 # (5100,)
bh = all_boxes[:, 3] - all_boxes[:, 1] + 1

align_topx = all_boxes[:, 0] + all_boxes[:, 5] * bw
align_topy = all_boxes[:, 1] + all_boxes[:, 6] * bh
align_bottomx = all_boxes[:, 2] + all_boxes[:, 7] * bw
align_bottomy = all_boxes[:, 3] + all_boxes[:, 8] * bh

# refine the boxes
boxes_align = np.vstack([ align_topx,
                      align_topy,
                      align_bottomx,
                      align_bottomy,
                      all_boxes[:, 4],
                      ])
boxes_align = boxes_align.T # (5100, 5)

```

```python
# [코드 29 onet] (학습된 pnet, rnet으로) 학습데이터 만들기5.
# 코드28에서 구한 추정 gt boxes를 rnet에 대입하여 얻은 rnet 출력을 이용하여
# 추정 gt boxes와 얼굴포함 가능성을 찾음

rnet_detector = rnet
p_boxes_align=boxes_align
dets=p_boxes_align # (5100, 5)
h, w, c = im.shape # (1385, 1024, 3)

#mtcnn_detector = MtcnnDetector(pnet=pnet, rnet=rnet, min_face_size=12)
dets = mtcnn_detector.square_bbox(dets)
dets[:, 0:4] = np.round(dets[:, 0:4])
[dy, edy, dx, edx, y, ey, x, ex, tmpw, tmph] = mtcnn_detector.pad(dets, w, h)
# 모두 (5100,)
```

```
num_boxes = dets.shape[0] # 5100

cropped_ims_tensors = []
for i in range(num_boxes):

    if tmph[i]>0 and tmpw[i]>0 and edy[i]-dy[i]>0 and edx[i]-dx[i]>0:
      tmp = np.zeros((tmph[i], tmpw[i], 3), dtype=np.uint8)
      # Cut out the image to be output from the original image
      tmp[dy[i]:edy[i]+1, dx[i]:edx[i]+1, :] = im[y[i]:ey[i]+1, x[i]:ex[i]+1, :]
      # im.shape=(1385, 1024, 3)

      crop_im = cv2.resize(tmp, (24, 24))
      crop_im_tensor = image_tools.convert_image_to_tensor(crop_im)
      cropped_ims_tensors.append(crop_im_tensor)

feed_imgs = torch.stack(cropped_ims_tensors) # torch.Size([1347, 3, 24, 24])

cls_map, reg = rnet_detector(feed_imgs.float())#학습된 rnet: torch.Size([1347, 1])
cls_map = cls_map.cpu().data.numpy()
reg = reg.cpu().data.numpy()

keep_inds = np.where(cls_map > threshold[1])[0]
if len(keep_inds) > 0:
    boxes = dets[keep_inds]
    cls = cls_map[keep_inds] # (69, 1)
    reg = reg[keep_inds]
else:
    print("None")
keep = utils.nms(boxes, 0.7)
keep_cls = cls[keep] # (69, 1)
keep_boxes = boxes[keep]
keep_reg = reg[keep]

boxes = np.vstack([ keep_boxes[:,0],
                    keep_boxes[:,1],
                    keep_boxes[:,2],
                    keep_boxes[:,3],
                    keep_cls[:,0],
                  ])

bw = keep_boxes[:, 2] - keep_boxes[:, 0] + 1 # (69,)
bh = keep_boxes[:, 3] - keep_boxes[:, 1] + 1

align_topx = keep_boxes[:,0] + keep_reg[:,0] * bw
align_topy = keep_boxes[:,1] + keep_reg[:,1] * bh
align_bottomx = keep_boxes[:,2] + keep_reg[:,2] * bw
align_bottomy = keep_boxes[:,3] + keep_reg[:,3] * bh
```

```
boxes_align = np.vstack([align_topx,
                         align_topy,
                         align_bottomx,
                         align_bottomy,
                         keep_cls[:, 0],
                       ])

boxes = boxes.T
boxes_align = boxes_align.T # (69, 5)
```

```
# [코드 30 onet] (학습된 pnet, rnet으로) 학습데이터 만들기 6.
# 코드29 결과를 pkl 파일로 저장

all_boxes = list()

# find nothing
if boxes_align is None:
    all_boxes.append(np.array([]))
    batch_idx += 1
    #continue

#t1 = time.time() - t
#t = time.time()
all_boxes.append(boxes_align) # len=1, #(69, 5)

save_path = config.MODEL_STORE_DIR

if not os.path.exists(save_path):
    os.mkdir(save_path)

save_file = os.path.join(save_path, "detections_%d.pkl"
                         % int(time.time()))
with open(save_file, 'wb') as f:
    pickle.dump(all_boxes, f, pickle.HIGHEST_PROTOCOL)
```

```
# [코드 31 onet] (학습된 pnet, rnet으로) 학습데이터 만들기 7.
# onet 학습 데이터 저장할 폴더 만들기

neg_save_dir = os.path.join(data_dir, "48/negative")
pos_save_dir = os.path.join(data_dir, "48/positive")
part_save_dir = os.path.join(data_dir, "48/part")

for dir_path in [neg_save_dir, pos_save_dir, part_save_dir]:
    if not os.path.exists(dir_path):
        os.makedirs(dir_path)
```

```
# [코드 32 onet] (학습된 pnet, rnet으로) 학습데이터 만들기 8.
# gt box 저장

im_idx_list = list()
gt_boxes_list = list()

#with open(anno_file, 'r') as f:
    #annotations = f.readlines()
for annotation in annotations:
    annotation = annotation.strip().split(' ')
    im_idx = os.path.join(prefix,annotation[0])
    # ~/WIDER_train/images/0--Parade/0_Parade_marchingband_1_849.jpg

    boxes = list(map(float, annotation[1:]))
    boxes = np.array(boxes, dtype=np.float32).reshape(-1, 4)
    # [[448. 329. 570. 478.]]
    im_idx_list.append(im_idx)
    gt_boxes_list.append(boxes)
# gt_boxes_list[0].shape#(1, 4)
```

[코드 28 onet]의 24번째 줄에서 jpg와 jpg를 축소하여 만든 데이터들(feed_imgs)를 학습된 pnet에 대입한다. 이때 얻은 출력(cls_map, reg)로 5100개 추정 gt boxes를 만들어 boxes_align에 저장한다. 이들 중, 얼굴 box가 될 가능성이 높은 box를 추출하기 위하여 [코드 29 onet]의 33번째 줄에서 학습된 rnet을 사용한다. 그 결과 5100개 추정 gt boxes 중에서 69개가 추출된다([코드 29 onet]의 72번째 줄). 69개 추정 gt boxes를 [코드 30 onet]에서 pkl 파일로 저장한 후, [코드 33 onet]에서 읽어들여 사용한다.

이렇게 만들어진 69개 boxes를 사용하여 onet의 학습 데이터를 생성한다. pnet과 rnet에서와 마찬가지로 학습 데이터는 세 종류이다. gt neg, gt pos와 gt part이다. 단 box의 크기는 (48, 48)이다. jpg에 있는 gt box와 boxes_align에 있는 boxes 사이에 겹치는 정도를 계산한 후, 매우 적으면 gt neg, 매우 크면 gt pos, 적당하면 gt part로 저장한다. [코드 33 onet]의 52, 69와 75번째 줄을 보면 gt neg, gt pos와 gt part를 만들 때 사용한 threshold가 각각 0.1, 0.15, 0.1이다. gt box와 겹치는 정도를 분명하게 다르게 만드는 threshold를 사용하면 onet의 학습 데이터가 생성되지 않아서 학습 데이터가 생성되도록 threshold 숫자 0.1, 0.15, 0.1을 선택하였다.

```
# [코드 33 onet] (학습된 pnet, rnet으로) 학습데이터 만들기9(종료).
# 코드29의 추정 gt boxes와 코드32의 gt box로 아래 학습데이터 생성
# gt neg. box 이미지(input), 라벨 0(target)
# gt pos. box 이미지(input) 라벨 1과 offset(target1, target2)
# gt part. box 이미지(input) 라벨 -1과 offset(target1, target2)

save_path = config.ANNO_STORE_DIR
if not os.path.exists(save_path):
    os.makedirs(save_path)

image_size = 48
f1 = open(os.path.join(save_path, 'pos_%d.txt' % image_size), 'w')
f2 = open(os.path.join(save_path, 'neg_%d.txt' % image_size), 'w')
f3 = open(os.path.join(save_path, 'part_%d.txt' % image_size), 'w')

# save_file = os.path.join(save_path, "detections_%d.pkl" % int(time.time()))
# det_boxs_file=save_file
det_handle = open(det_boxs_file, 'rb')
det_boxes = pickle.load(det_handle)

n_idx = 0; p_idx = 0; d_idx = 0; image_done = 0
for im_idx, dets, gts in zip(im_idx_list, det_boxes, gt_boxes_list):
  if image_done % 100 == 0:
    print("%d images done" % image_done)
  image_done += 1

  if dets.shape[0] == 0:
    continue

  img = cv2.imread(im_idx)
  dets = convert_to_square(dets)
  dets[:, 0:4] = np.round(dets[:, 0:4])

  for box in dets:
    x_left, y_top, x_right, y_bottom = box[0:4].astype(int)
    width = x_right - x_left + 1
    height = y_bottom - y_top + 1

    # ignore box that is too small or beyond image border
    if (y_top>y_bottom or x_left>x_right or
      max(width, height) < 1 or x_left < 0 or y_top < 0 or
      x_right > img.shape[1] - 1 or y_bottom > img.shape[0] - 1):
      continue
```

```
    # IoU
    Iou = IoU(box, gts)
    cropped_im = img[y_top:y_bottom + 1, x_left:x_right + 1, :]
    resized_im = cv2.resize(cropped_im, (image_size, image_size),
                            interpolation=cv2.INTER_LINEAR)

    # save negative images and write label
    if np.max(Iou) < 0.1:#0.3:
      # Iou with all gts must below 0.3
      save_file = os.path.join(neg_save_dir, "%s.jpg" % n_idx)
      f2.write(save_file + ' 0₩n')
      cv2.imwrite(save_file, resized_im)
      n_idx += 1
    else:
      # find gt_box with the highest iou
      idx = np.argmax(Iou)
      assigned_gt = gts[idx]
      x1, y1, x2, y2 = assigned_gt
      # compute bbox reg label
      offset_x1 = (x1 - x_left) / float(width)
      offset_y1 = (y1 - y_top) / float(height)
      offset_x2 = (x2 - x_right) / float(width)
      offset_y2 = (y2 - y_bottom) / float(height)
      # save positive and part-face images and write labels
      if np.max(Iou) >= 0.15:#0.65:
        save_file = os.path.join(pos_save_dir, "%s.jpg" % p_idx)
        f1.write(save_file + ' 1 %.2f %.2f %.2f %.2f₩n' % (
        offset_x1, offset_y1, offset_x2, offset_y2))
        cv2.imwrite(save_file, resized_im)
        p_idx += 1
      elif np.max(Iou) >= 0.1:# 0.4:
        save_file = os.path.join(part_save_dir, "%s.jpg" % d_idx)
        f3.write(save_file + ' -1 %.2f %.2f %.2f %.2f₩n' % (
        offset_x1, offset_y1, offset_x2, offset_y2))
        cv2.imwrite(save_file, resized_im)
        d_idx += 1

f1.close(); f2.close(); f3.close()
```

```
# [참고 4 onet] 학습데이터 gt neg/pos/part 생성 체크

!find /content/traindata/48/negative -type f | wc -l
!find /content/traindata/48/positive -type f | wc -l
!find /content/traindata/48/part -type f | wc -l
```

```
808
20
19
```

jpg에 있는 gt box와 겹치지 않거나 매우 조금만 겹치는 gt neg, 매우 많이 겹치는 gt pos, 적당히 겹치는 gt part를 결정하기 위하여 [코드 33 onet]의 52, 69와 75번째 줄의 threshold 0.1, 0.15, 0.1을 사용하면, 실제 얼굴 검출에 사용할 신경망을 학습할 수 없는 데이터가 만들어진다. 부록2의 목적은 얼굴 검출 신경망을 학습하는 과정을 설명하는 것이므로 gt neg, gt pos와 gt part가 1개 이상 생성되면 된다. 위 [참고4 onet]을 보면 각각 808개, 20개와 19개가 만들어졌다. 만약 0개인 gt가 발생하면, 1개 이상이 될 때까지 위 과정을 재시도할 수 있다. 그러나 이 방법보다는 아래 [참고 5 onet]과 같이 rnet에서 만들어 놓은 학습 데이터 일부를 크기 (48,48)인 데이터로 변형하면 gt neg, gt pos와 gt part를 각각 2개씩 만들 수 있다.

```
# [참고 5 onet]

!rm /content/traindata/48/negative/*
!rm /content/traindata/48/positive/*
!rm /content/traindata/48/part/*

neg24jpg0='/content/traindata/24/negative/0.jpg'
neg24jpg1='/content/traindata/24/negative/1.jpg'

part24jpg0='/content/traindata/24/part/0.jpg'
part24jpg1='/content/traindata/24/part/1.jpg'

pos24jpg0='/content/traindata/24/positive/0.jpg'
pos24jpg1='/content/traindata/24/positive/1.jpg'

file_list_from=[neg24jpg0, neg24jpg1, part24jpg0,
                part24jpg1, pos24jpg0, pos24jpg1]

neg48jpg0='/content/traindata/48/negative/0.jpg'
neg48jpg1='/content/traindata/48/negative/1.jpg'

part48jpg0='/content/traindata/48/part/0.jpg'
part48jpg1='/content/traindata/48/part/1.jpg'

pos48jpg0='/content/traindata/48/positive/0.jpg'
pos48jpg1='/content/traindata/48/positive/1.jpg'

file_list_to=[neg48jpg0, neg48jpg1, part48jpg0,
              part48jpg1, pos48jpg0, pos48jpg1]
```

```

# OpenCV로 읽기
import matplotlib.pyplot as plt
import cv2

fig=plt.figure(figsize=(6,6))

for index in range(6):
    plt.subplot(3,2, index+1)
    img_BGR = cv2.imread(file_list_from[index])
    imgBGR_resize=cv2.resize(img_BGR, (48, 48),
                             interpolation=cv2.INTER_LINEAR)
    imgBGR_resize_RGB = cv2.cvtColor(imgBGR_resize,
                                     cv2.COLOR_BGR2RGB)
    cv2.imwrite(file_list_to[index], imgBGR_resize_RGB)
    plt.imshow(imgBGR_resize_RGB)
    plt.axis('off')

plt.subplots_adjust(wspace = -0.55, hspace=0.2)
#plt.savefig('cat5dog5.tiff', dpi=300,bbox_inches='tight',
#            pad_inches=0)

plt.show()
```

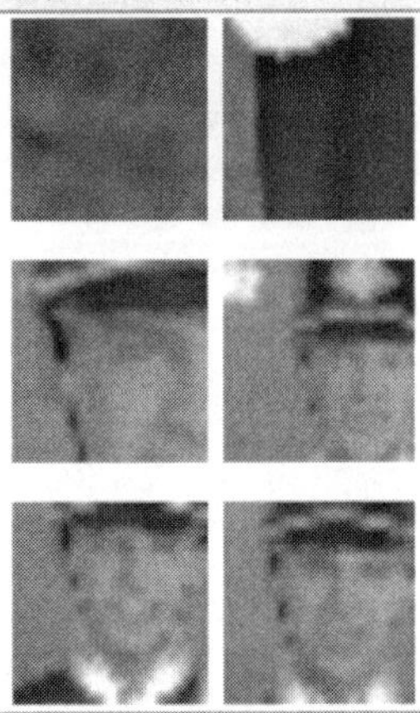

위 그림은 크기 (24,24)인 gt neg, gt part와 gt pos에서 두 장씩 가져와서 크기 (48,48)로 확대한 이미지이다. 제1행의 두 장은 얼굴이 없는 gt neg, 제2행의 두 장은 얼굴의 일부분이 있는 gt part, 제3행의 두 장은 얼굴의 상당 부분이 있는 gt pos로 사용하기 위하여 아래 코드를 실행한다.

```
neg48= open("/content/DFace/anno_store/neg_48.txt", "w")

with open("/content/DFace/anno_store/neg_24.txt") as fr:
    data = fr.readlines()[0:2]
    for i in [0,1]:
      temp=data[i]
      temp_split = temp.strip().split(' ')
      temp_split0_split=temp_split[0].strip().split('/')
      temp_split0_split = [w.replace('24', '48') for w in temp_split0_split]
      temp_split[0]='/'.join(temp_split0_split)
      #'/content/traindata/48/positive/0.jpg'
      temp=' '.join(temp_split)
      #'/content/traindata/48/positive/0.jpg 1 0.29 -0.01 -0.07 -0.24'
      neg48.write('%s\n' %temp)
neg48.close()

part48= open("/content/DFace/anno_store/part_48.txt", "w")

with open("/content/DFace/anno_store/part_24.txt") as fr:
    data = fr.readlines()[0:2]
    for i in [0,1]:
      temp=data[i]
      temp_split = temp.strip().split(' ')
      temp_split0_split=temp_split[0].strip().split('/')
      temp_split0_split = [w.replace('24', '48') for w in temp_split0_split]
      temp_split[0]='/'.join(temp_split0_split)
      #'/content/traindata/48/positive/0.jpg'
      temp=' '.join(temp_split)
      #'/content/traindata/48/positive/0.jpg 1 0.29 -0.01 -0.07 -0.24'
      part48.write('%s\n' %temp)
part48.close()

pos48= open("/content/DFace/anno_store/pos_48.txt", "w")

with open("/content/DFace/anno_store/pos_24.txt") as fr:
    data = fr.readlines()[0:2]
    for i in [0,1]:
      temp=data[i]
      temp_split = temp.strip().split(' ')
      temp_split0_split=temp_split[0].strip().split('/')
      temp_split0_split = [w.replace('24', '48') for w in temp_split0_split]
```

```
        temp_split[0]='/'.join(temp_split0_split)
        #'/content/traindata/48/positive/0.jpg'
        temp=' '.join(temp_split)
        #'/content/traindata/48/positive/0.jpg 1 0.29 -0.01 -0.07 -0.24'
        pos48.write('%s₩n' %temp)
pos48.close()

!find /content/traindata/48/negative -type f | wc -l
!find /content/traindata/48/part -type f | wc -l
!find /content/traindata/48/positive -type f | wc -l
```

위 [참고 5 onet]을 실행하면 이미지 6장과 숫자 2, 2, 2가 출력된다. 즉, gt neg, gt part, gt pos에서 각각 2개의 데이터가 저장되었음을 확인할 수 있다. 이후부터는 [참고 5 onet]을 실행하지 않았다고 가정하고 설명한다.

pnet, rnet과 마찬가지로 onet 학습을 위하여 생성한 각각의 학습 데이터를 아래 [코드 35 onet]에서 flip하여 학습 데이터를 2배로 늘리고 gt_imdb에 저장한다.

```
# [코드 34 onet] 모든 학습데이터(neg/pos/part) 정보를 imglist_anno_48.txt에 모으기

anno_list = []

net_postive_file = os.path.join(config.ANNO_STORE_DIR,config.ONET_POSTIVE_ANNO_FILENAME)
net_part_file = os.path.join(config.ANNO_STORE_DIR,config.ONET_PART_ANNO_FILENAME)
net_neg_file = os.path.join(config.ANNO_STORE_DIR,config.ONET_NEGATIVE_ANNO_FILENAME)

anno_list.append(net_postive_file)
anno_list.append(net_part_file)
anno_list.append(net_neg_file)

imglist_filename = config.ONET_TRAIN_IMGLIST_FILENAME
anno_dir = config.ANNO_STORE_DIR
imglist_file = os.path.join(anno_dir, imglist_filename)

chose_count = assemble.assemble_data(imglist_file ,anno_list)
print("PNet train annotation result file path:%s" % imglist_file)
```

```
# [코드 35 onet] 각 학습데이터를 flip하여 학습데이터를 2배로 늘리기

annotation_file='/content/DFace/anno_store/imglist_anno_48.txt'
imagedb = ImageDB(annotation_file)
gt_imdb = imagedb.load_imdb()
gt_imdb = imagedb.append_flipped_images(gt_imdb)
```

```
append flipped images to imdb 847
```

```python
# [코드 36 onet] 클래스 ONet 정의

def weights_init(m):
    if isinstance(m, nn.Conv2d) or isinstance(m, nn.Linear):
        nn.init.xavier_uniform(m.weight.data)
        nn.init.constant(m.bias, 0.1)

class ONet(nn.Module):
    def __init__(self,is_train=False, use_cuda=True):
        super(ONet, self).__init__()
        self.is_train = is_train
        self.use_cuda = use_cuda
        # backend
        self.pre_layer = nn.Sequential(
            nn.Conv2d(3, 32, kernel_size=3, stride=1),
            nn.PReLU(),
            nn.MaxPool2d(kernel_size=3, stride=2),
            nn.Conv2d(32, 64, kernel_size=3, stride=1),
            nn.PReLU(),
            nn.MaxPool2d(kernel_size=3, stride=2),
            nn.Conv2d(64, 64, kernel_size=3, stride=1),
            nn.PReLU(),
            nn.MaxPool2d(kernel_size=2,stride=2),
            nn.Conv2d(64,128,kernel_size=2,stride=1),
            nn.PReLU()
        )
        self.conv5 = nn.Linear(128*2*2, 256)
        self.prelu5 = nn.PReLU()
        # detection
        self.conv6_1 = nn.Linear(256, 1)
        # bounding box regression
        self.conv6_2 = nn.Linear(256, 4)
        # lanbmark localization
        self.conv6_3 = nn.Linear(256, 10)
        # weight initiation weih xavier
        self.apply(weights_init)

    def forward(self, x):
        # backend
        x = self.pre_layer(x)
        x = x.view(x.size(0), -1)
        x = self.conv5(x)
        x = self.prelu5(x)
        # detection
        det = torch.sigmoid(self.conv6_1(x))
        box = self.conv6_2(x)
        landmark = self.conv6_3(x)
        if self.is_train is True:
            return det, box, landmark
        return det, box, landmark
```

```
# [코드 37 onet] 학습 시작

imdb=gt_imdb
batch_size=len(gt_imdb)
lossfn = LossFn()
net = ONet(is_train=True, use_cuda=use_cuda)
net.train()
optimizer = torch.optim.Adam(net.parameters(), lr=base_lr)
train_data=TrainImageReader(imdb,48,batch_size,shuffle=True)
# 48 = 학습용image_size,
```

```
# [코드 38 onet] 학습 종료

for cur_epoch in range(1,end_epoch+1):
  train_data.reset()
  accuracy_list=[];  cls_loss_list=[]; bbox_loss_list=[]

  for batch_idx,(image,(gt_label,gt_bbox,_))in enumerate(train_data):
    im_tensor = [ image_tools.convert_image_to_tensor(image[i,:,:,:]) for i in range(image.shape[0]) ]
    im_tensor = torch.stack(im_tensor)
    gt_label = torch.from_numpy(gt_label).float()
    gt_bbox = torch.from_numpy(gt_bbox).float()

    if use_cuda:
      im_tensor = im_tensor.cuda()
      gt_label = gt_label.cuda()
      gt_bbox = gt_bbox.cuda()

    cls_pred, box_offset_pred, _ = net(im_tensor.float())

    cls_loss = lossfn.cls_loss(gt_label,cls_pred)
    box_offset_loss = lossfn.box_loss(gt_label,gt_bbox,box_offset_pred)
    all_loss = cls_loss*0.8+box_offset_loss*0.6 # +landmark_loss*1.5

    show1 = str(accuracy.data.tolist())
    show2 = str(cls_loss.data.tolist())
    show3 = str(box_offset_loss.data.tolist())
    show5 = str(all_loss.data.tolist())

    print("%s : Epoch: %d, Step: %d, accuracy: %s, det loss: %s, bbox loss: %s,  all_loss: %s, lr:%s "
            %(datetime.datetime.now(),cur_epoch,batch_idx, show1,show2,show3,show5,base_lr))
    accuracy_list.append(accuracy)
    cls_loss_list.append(cls_loss)
    bbox_loss_list.append(box_offset_loss)

    optimizer.zero_grad()
    all_loss.backward()
    optimizer.step()

  accuracy_avg = torch.mean(torch.stack(accuracy_list, dim=0))
  cls_loss_avg = torch.mean(torch.stack(cls_loss_list, dim=0))
  bbox_loss_avg = torch.mean(torch.stack(bbox_loss_list, dim=0))
  show6 = str(accuracy_avg.data.tolist())
  show7 = str(cls_loss_avg.data.tolist())
  show8 = str(bbox_loss_avg.data.tolist())

  print("Epoch: %d, accuracy: %s, cls loss: %s, bbox loss: %s " % (cur_epoch, show6, show7, show8))
  torch.save(net.state_dict(), os.path.join(model_store_path,"onet_epoch_%d.pt" % cur_epoch))
  torch.save(net, os.path.join(model_store_path,"onet_epoch_model_%d.pkl" % cur_epoch))
```

여기까지가 onet을 학습시키기 위한 설명이고 요약하면 다음과 같다.

[학습 데이터 (input, target)]

[참고1 pnet]에 있는 jpg와 얼굴box(gt box), 그리고 학습된 pnet과 rnet을 사용하여 세 종류의 학습 데이터를 준비했다. gt neg의 (box, label), gt pos의 (box, label)과 (box, offset), gt part의 (box, label)과 (box, offset)이다. pnet과 rnet의 box 크기는 각각 (12, 12)와 (24, 24)이지만 onet은 (48,48)이다.

[출력층 구조]

onet의 역할은 학습된 pnet으로 예측한 gt boxes중, rnet으로 얼굴포함 가능성이 높은 추정 gt boxes를 선택한 후, 이중에서 얼굴포함 가능성이 높은 추정 gt boxes를 다시 onet으로 선택하므로 [코드 36 onet]에서 보듯이 onet의 출력층은 컨볼류션층이 아니고 선형층이다. 얼굴box에 대한 설명에 집중하기 위하여 얼굴 특징점을 찾기 위한 선형층 학습을 제외하였다.

[손실 loss]

pnet와 rnet에서 사용한 nn.BCELoss( )와 nn.MSELoss( )의 선형결합은 동일하지만 가중치는 다르다.

[파라미터 업데이트]

출력노드는 두 종류이다. 하나는 face classification(이진분류)에 사용하는 1개 노드로, [코드 36 onet]에서 30번째 줄에 있는 nn.Linear(256,1)의 출력노드(A1)이다. 다른 하나는 얼굴box offset의 두 점의 좌표를 예측할 때 사용하는 4개 출력노드(B1234)로, [코드 36 rnet]에서 32번째 줄에 있는 nn.Linear(256,4)의 출력노드이다.

입력데이터가 gt neg이면, 출력노드 A1의 값이 0에 가까워지고, gt pos 또는 gt part이면 1에 가까워지며, 4개 출력노드 B1234의 숫자가 gt offset에 가까워지도록 파라미터를 업데이트한다.

부록2의 목표는 신경망 pnet, rnet과 onet의 학습 과정을 설명하는 것이므로 1개 jpg만을 사용했다. 그러므로 지금까지 학습한 pnet, rnot과 onet으로는 주어진 이미지에서 얼굴을 검출할 수 없다. 그래서 부록2의 [코드 1]에서 다운로드한 모든 jpg를 사용하여 학습한 pnet, rnet과 onet이 패키지 DFace에 있으므로, 아래와 같이 설치하여 사용한다. DFace에 오류가 있으므로 설치한 후, 아래 [수정1] ~ [수정4]에 적힌 내용을 수정한다.

```
# II. 학습된 mtcnn으로 예측 코드

##### 학습 코드
!git clone https://github.com/kuaikuaikim/DFace.git
```

반드시 4개 수정 후, 아래 셀의 코드 실행

수정할 파일1: /content/DFace/dface/core/detect.py

[수정1: line 270]

(입력 feed_imgs가 double 유형(torch.float64)이지만 모델 가중치는 float 유형)
cls_map, reg = self.pnet_detector(feed_imgs)
=> cls_map, reg = self.pnet_detector(feed_imgs.float())

[수정2: line 401] 동일

[수정3: line 521] 동일

####

수정할 파일2 /content/DFace/dface/core/image_tools.py

[수정4: line 20]

return transform(image) => return transform(image)/255

[출처]https://blog.csdn.net/hhy_csdn/article/details/82287905

위와 같이 수정한 후에 아래 코드의 13번째 줄과 같이 클래스 MtcnnDetector에 있는 함수 detect_face를 이용하여 얼굴box와 얼굴 특징점을 찾을 수 있다. 아래 코드 실행 결과를 보면 10개 얼굴에 모두 box가 있고 특징점이 빨간 점으로 표시되었음을 확인할 수 있다.

```
# !python /content/DFace/test_image.py
import cv2, sys, os
sys.path.append("/content/DFace")
from dface.core.detect import create_mtcnn_net, MtcnnDetector
import dface.core.vision as vision

pnet, rnet, onet = create_mtcnn_net(
  p_model_path="/content/DFace/model_store/pnet_epoch.pt",
  r_model_path="/content/DFace/model_store/rnet_epoch.pt",
  o_model_path="/content/DFace/model_store/onet_epoch.pt",
  use_cuda=False)

mtcnn_detector = MtcnnDetector(pnet=pnet, rnet=rnet, onet=onet,
                               min_face_size=24)

img = cv2.imread("/content/DFace/test.jpg")
img_bg = cv2.cvtColor(img, cv2.COLOR_BGR2RGB)

bboxs, landmarks = mtcnn_detector.detect_face(img)

# /content/DFace/dface/core/vision.py
from matplotlib.patches import Circle
import matplotlib.pyplot as plt

im_array=img_bg; dets=bboxs

figure = plt.figure(figsize=(100,50))
plt.imshow(im_array)

for i in range(dets.shape[0]):
  bbox = dets[i, :4]
  rect = plt.Rectangle((bbox[0], bbox[1]),
                       bbox[2] - bbox[0],
                       bbox[3] - bbox[1], fill=False,
                       edgecolor='yellow', linewidth=4)
  plt.gca().add_patch(rect)

if landmarks is not None:
  for i in range(landmarks.shape[0]):
    landmarks_one = landmarks[i, :]
    landmarks_one = landmarks_one.reshape((5, 2))
    for j in range(5):
      cir1 = Circle(xy=(landmarks_one[j, 0], landmarks_one[j, 1]),
                    radius=4, alpha=0.4, color="red")
      plt.gca().add_patch(cir1)

  plt.savefig('예측코드결과.jpg',bbox_inches='tight', pad_inches=0)
  plt.show()
```

아래 사진은 미국 FOX 방송에서 방영된 드라마 '프리즌 브레이크(Prison Break)' 사진이다.

출처: https://www.tvinsider.com/gallery/prison-break-cast-then-now-15th-anniversary/

제 3부

삼차원 컨볼류션 층 Conv3d

제7장 그림으로 이해하는 Conv3d

3차원 이미지를 처리하는 합성곱 신경망(convolution neural network, CNN)에 사용되는 컨볼루션 층(Convolution layer)인 Conv3d에 대하여 PyTorch 코드를 사용하지 않고 알아보자. 용어와 기호를 정의할 때, 이해를 돕기 위하여 예를 들어 정의한다.

PART I. 3차원 채널

정의 1. 그림1-(a)와 같이 한 개 숫자를 가지는 정사각형 네모를 '노드(node)'라 하자. 노드는 24개이고 각 노드는 숫자를 가진다. (b)는 깊이(Depth, D)가 2, 높이(Height, H)가 3이고 폭(Width, W)가 4인 직육면체로 24개 노드 값을 하나로 묶은 그림이고 생각하자.

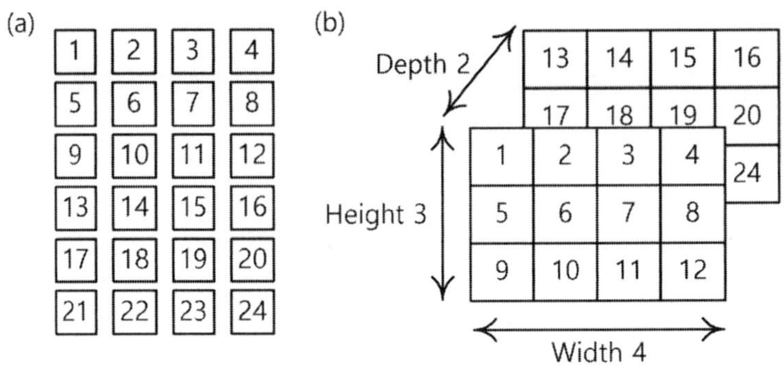

그림1.

직육면체 깊이(D)는 행렬 개수, 각각의 행렬에서 높이(H)는 행 개수이고 폭(W)는 열 개수라고 하자. 깊이D, 높이H와 폭W이 있는 직육면체 모양을 '3차원 채널(channel)' 또는 '채널'이라 하자. 채널에 대입한 숫자를 다음과 같이 나타내자.

$$\text{3차원 채널: 1st depth} = \begin{pmatrix} 1 & 2 & 3 & 4 \\ 5 & 6 & 7 & 8 \\ 9 & 10 & 11 & 12 \end{pmatrix}, \quad \text{2nd depth} = \begin{pmatrix} 13 & 14 & 15 & 16 \\ 17 & 18 & 19 & 20 \\ 21 & 22 & 23 & 24 \end{pmatrix}$$

또는

3차원 채널: 1st depth = [[1,2,3,4], [5,6,7,8], [9,10,11,12]],
2nd depth = [[13,14,15,16], [17,18,19,20], [21,22,23,24]]

또는

3차원 채널 [[[1,2,3,4], [5,6,7,8], [9,10,11,12]],
[[13,14,15,16], [17,18,19,20], [21,22,23,24]]]

그림1-(b)로부터 3차원 채널의 형태(shape)은 [D, H, W] = [2, 3, 4]가 되고 다음과 같이 형태를 해석하자.

행렬은 2개 있고(D=2),
각각의 행렬은 3개 행을 가지고(H=3),
각각의 행은 4개 숫자를 가진다(W=4).

요약하면 다음과 같다. 그림1-(b)에는 3차원 채널 A가 1개 있고, A에 대입한 데이터는 1개이고 형태(shape)이 [D, H, W] = [2, 3, 4]라고 하자. 만약 [D, H, W] = [5, 3, 4]이면 깊이가 5이고 각각의 깊이에서 크기가 [H, W] = [3, 4]인 행렬이 있으므로 총 5개의 행렬이 있게 된다.

[참고1] 3차원 채널의 형태

위의 3차원 채널의 형태를 보면, 깊이(D)를 제일 먼저 적고, 다음으로 세로 길이에 해당하는 높이(H)를 적고, 마지막으로 가로 길이에 해당하는 폭(W)를 적는다. PyTorch에서는 3차원 이미지 데이터의 형태를 지금까지 설명한 [D, H, W] 순서로 처리하지만, 다른 라이브러리에서는 [D, W, H] 또는 [W, H, D]인 형태를 가질 수 있다. 따라서 다른 라이브러리에서 만든 3차원 이미지 데이터를 PyTorch에서 사용할 경우는 데이터의 형태(shape)을 [D, H, W] 순서로 변경해야 한다.

3차원 채널의 예제로 컴퓨터 단층촬영(Computed Tomography, CT) 동영상이 있다. CT는 X-선을 여러 방향에서 폐(lung)와 같은 인체의 목적부위에 내리쬔 후, 흡수차이를 계산해서 그 부위의 단면(2차원) 이미지를 재구성하는 촬영기법으로 동영상을 얻게 된다. 동영상을 구성하는 단면 이미지가 40개이면 동영상 데이터의 깊이(Depth)는 40이 된다. 각 단면 이미지 데이터의 세로와 가로 길이가 각각 행렬의 높이(Height)와 폭(Width)은 된다. CT 동영상 데이터의 형태가 3차원 [D,H,W]이므로 Conv3d으로 처리할 수 있다.

예제 1 아래 그림2-(a)는 COVID-19 관련해서 폐(lung)을 CT 촬영하여 얻은 40개 단면 이미지(D1, D2, ⋯, D40)이다. 출처는 MosMedData이고 자세한 내용은 제9장에서 다룬다. 단면 D1을 행렬로 나타내면 (b)의 왼쪽이고 크기는 128×128이다. 행렬의 일부분을 확대한 것이 (b)의 오른쪽이다. 즉, (a)를 깊이 D=40, 높이 H=128, 폭 W=128인 3차원 채널에 대입하여 처리할 수 있다.

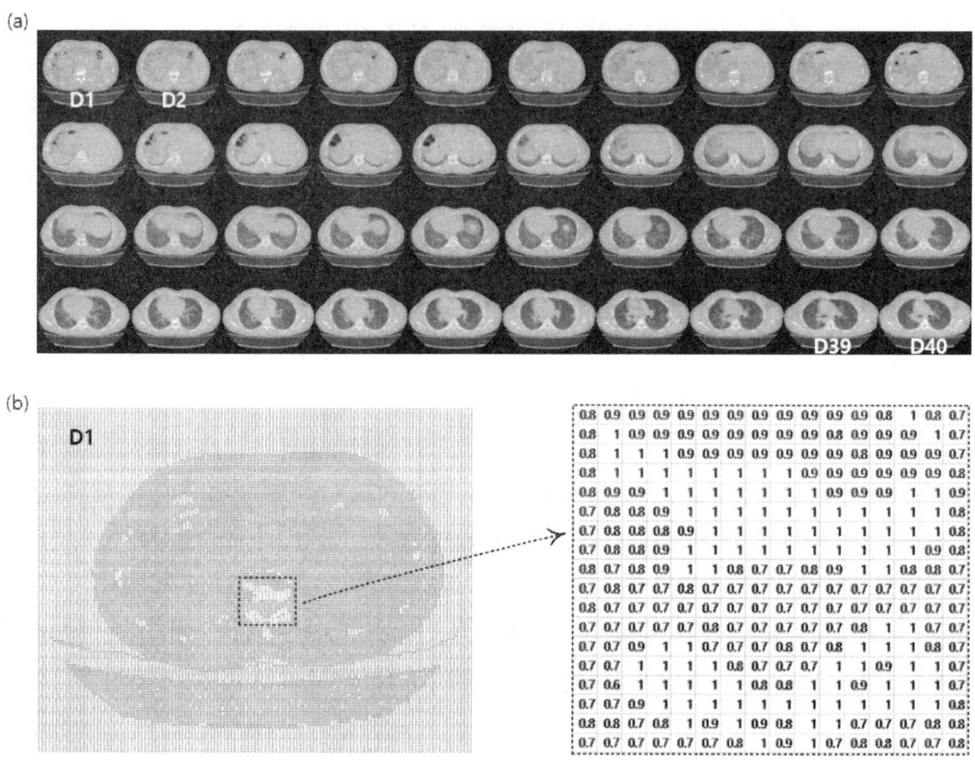

그림2.

삼차원 채널에서 깊이(Depth)는 시간의 길이가 될 수 있다. 예를 들면, 프레임(frame) 개수가 20인 동영상을 3차원 채널로 처리하기 위해서는 깊이(Depth)가 30인 채널을 사용해야 한다.

예제 2 아래 그림은 101 가지 인간 행동 유형을 모아 놓은 행동인식(action recognition) 데이터 셋인 UCF(University of Central Florida)101에서 가져온 동영상이다. 크리켓샷(CricketShot)을 하는 동영상으로 20개 프레임이 있고 1번째와 20번째 프레임은 아래 그림과 같다. 각 프레임은 크기가 224×224인 행렬이다. 따라서 이 동영상을 3차원 채널로 처리할 때는 형태가 [D, H, W] = [20, 224, 2243]인 3차원 채널을 사용해야 한다.

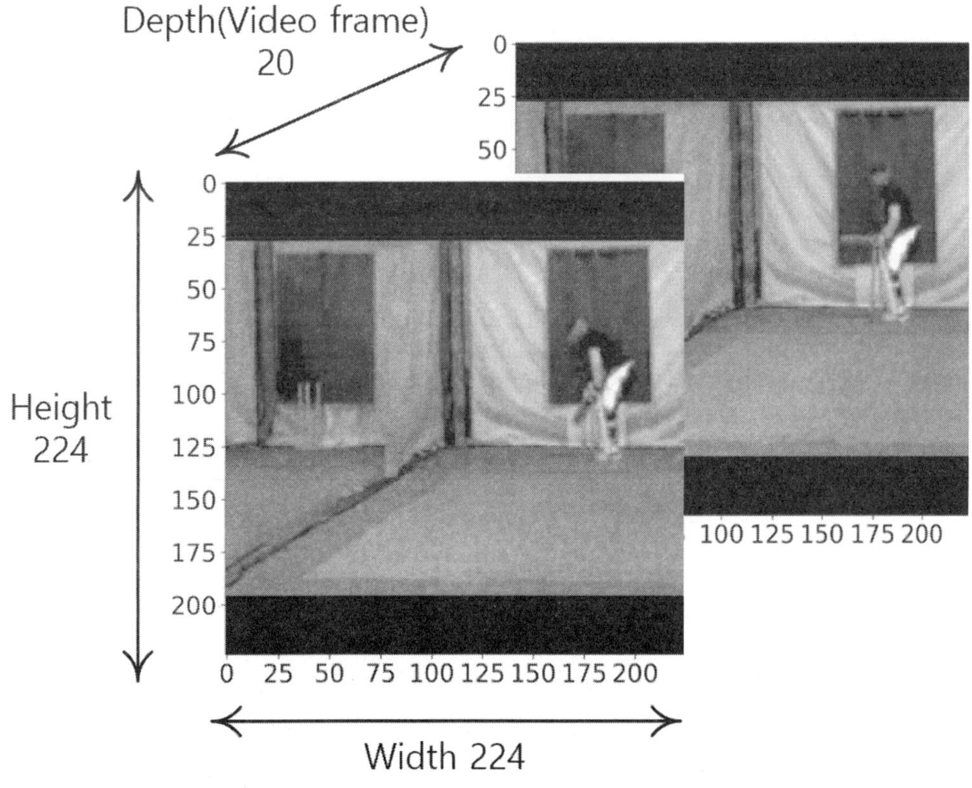

그림3.

PART Ⅱ. 합성곱 연산

Conv3d에 사용되는 합성곱 연산을 정의하기 위하여 먼저 아다마르 곱(Hadamard Product)를 정의하고 이어 프로베니우스 내적(Frobenius inner product)를 정의하자. 편의상 예를 들어 정의한다.

정의 2. 크기가 같은 행렬 $\begin{bmatrix}1&2&3\\4&5&6\\7&8&9\end{bmatrix}, \begin{bmatrix}1&0&1\\0&1&0\\1&0&1\end{bmatrix}$의 '아다마르 곱 $\bigcirc$'을 다음과 같이 성분별로 곱한 행렬로 정의한다.

$$\begin{bmatrix}1&2&3\\4&5&6\\7&8&9\end{bmatrix} \bigcirc \begin{bmatrix}1&0&1\\0&1&0\\1&0&1\end{bmatrix} = \begin{bmatrix}1\times1&2\times0&3\times1\\4\times0&5\times1&6\times0\\7\times1&8\times0&9\times1\end{bmatrix} = \begin{bmatrix}1&0&3\\0&5&0\\7&0&9\end{bmatrix}$$

정의 3. 크기가 같은 행렬 $\begin{bmatrix}1&2&3\\4&5&6\\7&8&9\end{bmatrix}, \begin{bmatrix}1&0&1\\0&1&0\\1&0&1\end{bmatrix}$의 '프로베니우스 내적 $\oplus$'은 두 행렬을 아다마르 곱하여 얻은 행렬의 성분의 합으로 정의한다.

$$\begin{bmatrix}1&2&3\\4&5&6\\7&8&9\end{bmatrix} \oplus \begin{bmatrix}1&0&1\\0&1&0\\1&0&1\end{bmatrix} = \begin{bmatrix}1&2&3\\4&5&6\\7&8&9\end{bmatrix} \bigcirc \begin{bmatrix}1&0&1\\0&1&0\\1&0&1\end{bmatrix} \text{의 성분의 합}$$

$$= \begin{bmatrix}1&0&3\\0&5&0\\7&0&9\end{bmatrix} \text{의 성분의 합}$$

$$= 1+0+3+0+5+0+7+9 = 25$$

앞으로 '프로베니우스 내적'을 간단히 '내적'이라 하겠다.

위에서 정의한 내적을 사용하여 Conv3d에 사용하는 합성곱 연산을 아래에서 정의하고 이 과정에서 사용된 행렬을 이용하여 커널, 커널크기와 가중치를 정의한다.

정의 4. '3D 합성곱 연산 A★B'를 정의하기 위해서는 행렬 A와 B가 다음 세 가지를 만족해야 한다.

(1) A, B는 3차원 채널이다
(2) A의 깊이D ≥ B의 깊이D
(3) A의 행 개수와 열 개수가 각각 B보다 크거나 같다

아래 A, B는 위 세 가지 조건을 만족시킨다. 그 이유는 A의 형태가 [D,H,W]=[3,3,4]이고 B의 형태가 [D,H,W]=[2,2,2]이기 때문이다.

$$\text{A: 1st depth} = \begin{pmatrix} 1 & 2 & 3 & 4 \\ 5 & 6 & 7 & 8 \\ 9 & 10 & 11 & 12 \end{pmatrix}, \text{2nd depth} = \begin{pmatrix} 2 & 3 & 4 & 5 \\ 6 & 7 & 8 & 9 \\ 10 & 11 & 12 & 13 \end{pmatrix}, \text{3rd depth} = \begin{pmatrix} 3 & 4 & 5 & 6 \\ 7 & 8 & 9 & 10 \\ 11 & 12 & 13 & 14 \end{pmatrix}$$

$$\text{B: 1st depth} = \begin{bmatrix} 1 & 0 \\ 0 & 0 \end{bmatrix}, \text{2nd depth} = \begin{bmatrix} 0 & 0 \\ 0 & 1 \end{bmatrix}$$

A★B는 다음 과정으로 계산한다.

Step1-1. 그림4를 다음 순서로 이해하자.

(1) 가장 먼저 볼 내용은, A와 B를 내적할 수 있도록 B의 크기와 동일한 A의 부분행렬을 선택하는 것이다. 선택 절차는 다음과 같다.

- A의 1st depth에 있는 1행 1열을 '기준위치'(음영처리된 직사각형)라고 하자.
- A의 1st depth에서 부분행렬 A1을 선택할 때, A1의 1행 1열에 올 숫자는 기준위치에 있는 숫자 1이고 크기는 B의 1st depth 행렬 B1의 크기 [2,2]와 같도록 한다. 따라서 A1= $\begin{bmatrix} 1 & 2 \\ 5 & 6 \end{bmatrix}$ 이다.
- A의 2nd depth에서 부분행렬 A2를 선택할 때, A2의 1행 1열에 올 숫자는 기준위치에 있는 숫자 2이고 크기는 B의 2nd depth 행렬 B2의 크기 [2,2]와 같도록 한다. 따라서 A2= $\begin{bmatrix} 2 & 3 \\ 6 & 7 \end{bmatrix}$ 이다.

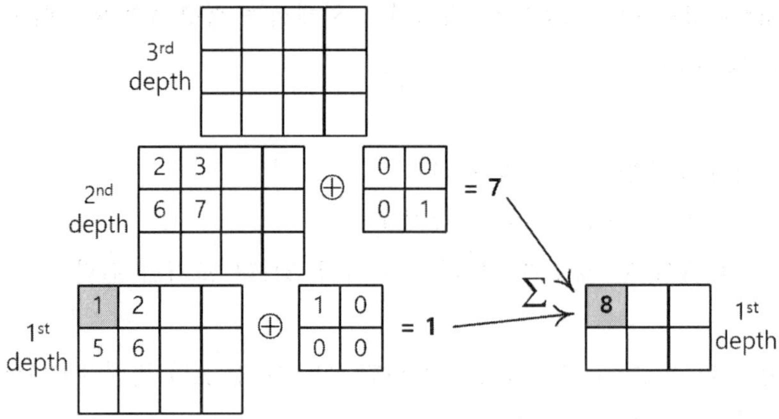

그림4.

(2) A1과 B1를 내적한다. A2와 B2를 내적한다. 그 결과 각각 1과 7이 된다.

(3) 두 내적의 결과를 합하여 새로운 2차원 채널(그림4의 가장 오른쪽 2차원 채널. **'연산결과 3차원 채널의 1st depth'**라고 하자, 2차원 채널에 대한 정의는 제4장 참고)의 기준위치(1st depth의 1행1열)에 적는다.

(4) '기준위치'를 1st depth의 1행2열로 변경하면 그림5가 된다.

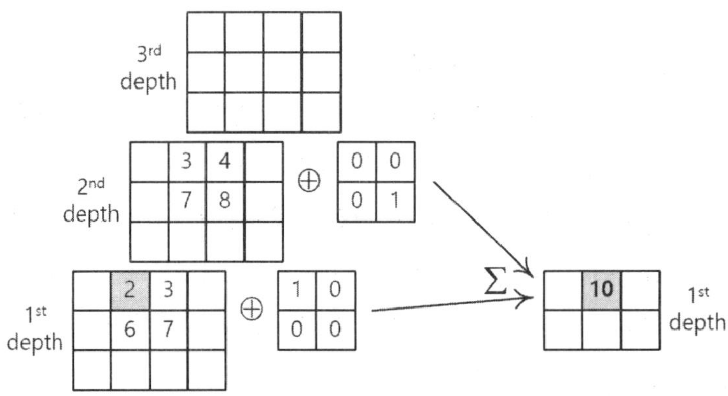

그림5.

Step1-2. A의 1st depth에서 모든 '기준위치'에서 Step1-1을 반복하면 아래 그림6과 같은 연산결과 3차원 채널의 1st depth를 완성하게 된다.

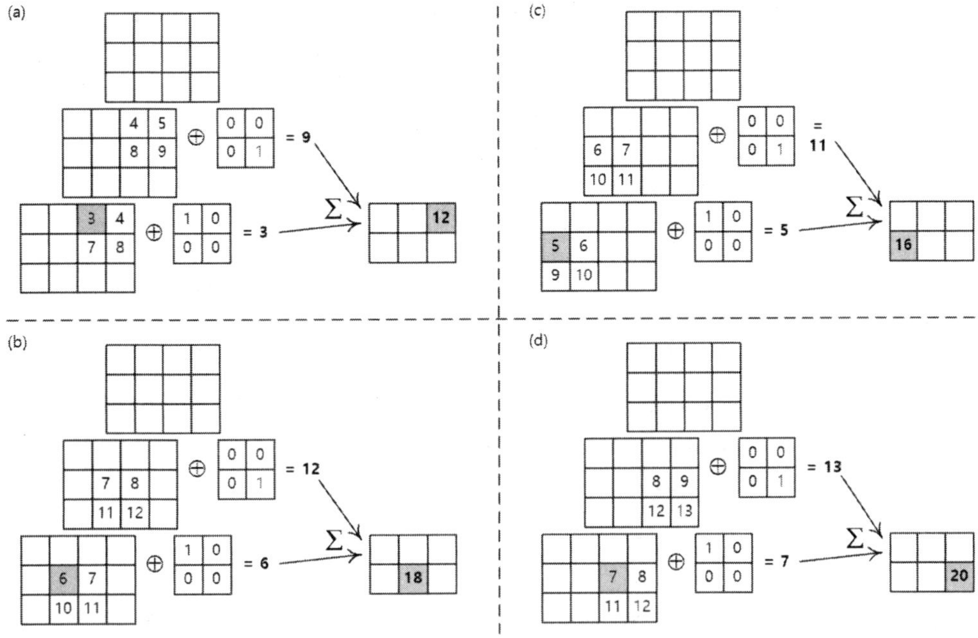

그림6.

Step2. A의 2nd depth에서 기준위치를 정하여 Step1의 과정을 반복한다.

Step2-1. 아래 그림7은 A의 2nd depth의 1행1열이 기준위치일 때 계산한 **'연산결과 3차원 채널의 2nd depth'**의 1행1열 값이다.

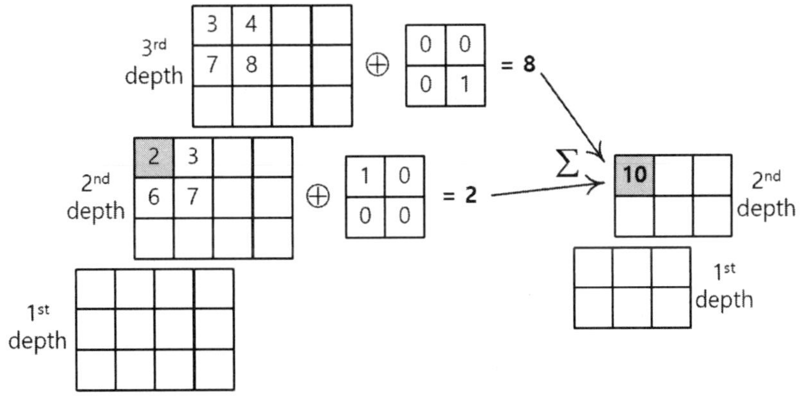

그림7.

'기준위치'를 A의 2nd depth의 1행2열로 변경하면 아래 그림8이 된다.

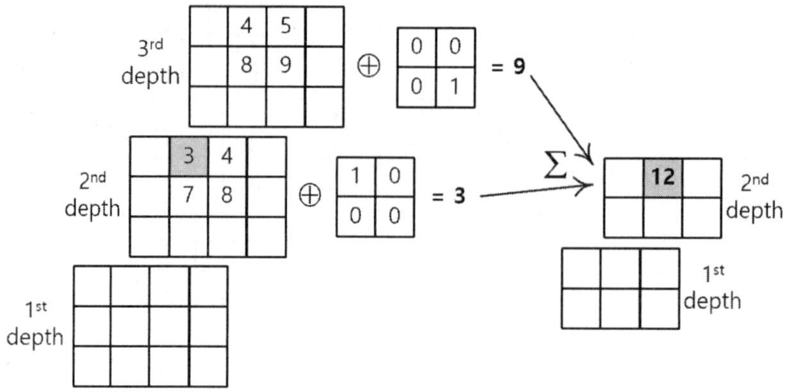

그림8

Step2-2. 아래와 같이 A의 2nd depth의 모든 '기준위치'에서 내적하여 연산결과 3차원 채널의 2nd depth를 완성한다.

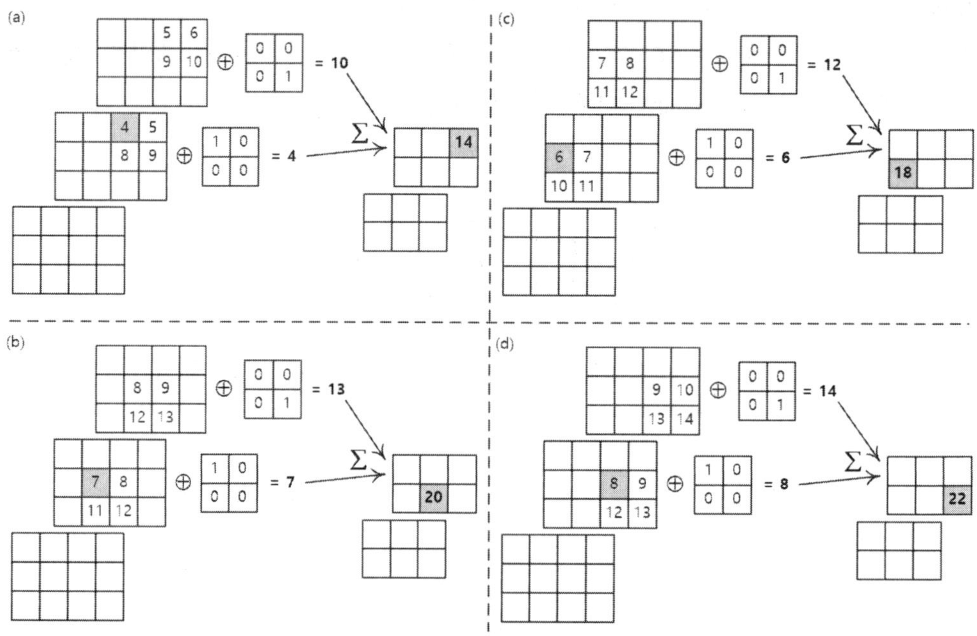

그림9.

Step3. 지금까지 계산한 결과를 모두 적으면 아래와 같이 3차원 채널 A와 B의 '3D 합성곱 연산 A★B'를 얻는다.

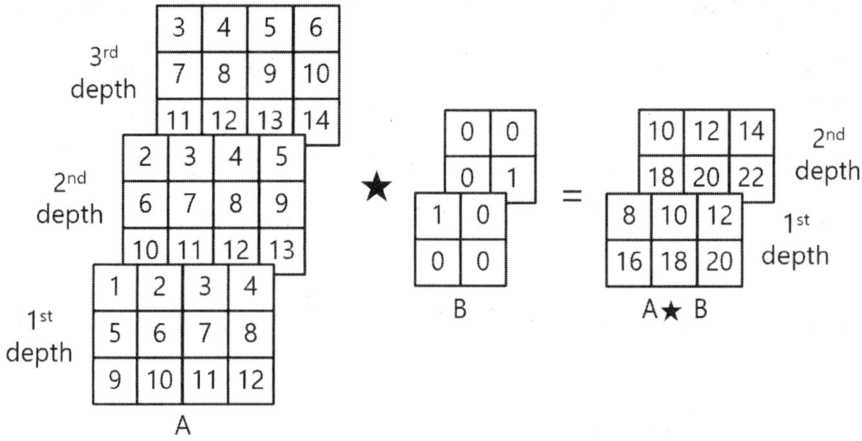

그림10.

A를 '3차원 입력채널'이라 하자. B는 '커널(kernel)'이고 B의 D, H, W가 동일한 숫자 2이므로 '커널크기(kernel_size)는 2'라고 한다. 커널이 가진 숫자를 '가중치(weight)'라고 한다. 일반적으로 '입력채널★커널'에서 커널크기는 입력채널의 D, H, W보다 작다. 그리고 합성곱 연산에 사용한 커널과 연산결과는 입력채널의 형태와는 다르지만 동일한 3차원의 채널이 됨을 기억하자. 이러한 차원 보존은 1, 2차원의 합성곱 연산에서도 성립하는 성질이다.

위의 합성곱 연산 과정을 다음과 같은 그림으로 나타낼 수 있다.

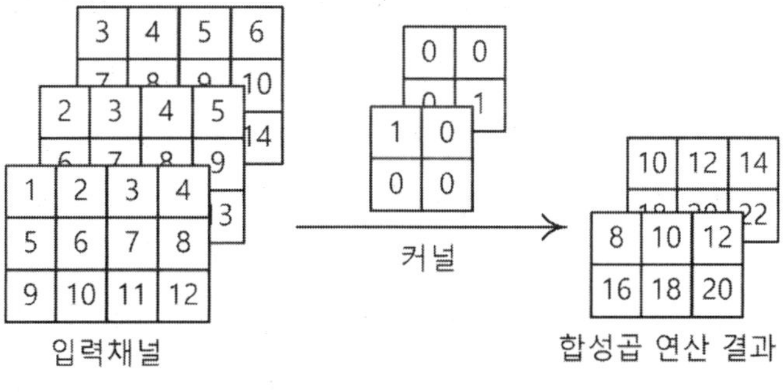

그림11.

3차원 채널을 다룰 때는 위 그림11과 같이 입력채널, 커널, 합성곱 연산결과 모두가 3차원 채널임을 기억하자. 그리고 그림11에서 '입력채널'에 3개 행렬이 있지만 '3차원 입력채널'은 1개가 됨을 기억하자. 마찬가지로 '커널'에도 2개 행렬이 있지만 '3차원 커널'은 1개가 됨을 기억하자. 합성곱 연산결과도 3차원이므로 '3차원 합성곱 연산결과'도 1개가 된다. 그리고 1D에서 합성곱 연산으로 시계열의 패턴을 추출하고, 2D에서는 이미지 패턴을 추출하듯이, 3D에서는 합성곱 연산으로 입력채널이 가지는 숫자들의 공간 또는 시간적 패턴을 추출하게 된다.

이번에는 합성곱 연산 결과를 이동시키는 편향치(bias)를 정의하자.

정의 5. 아래와 같이 합성곱 연산 결과에 더하는 숫자 10을 '편향치(bias)'라 한다.

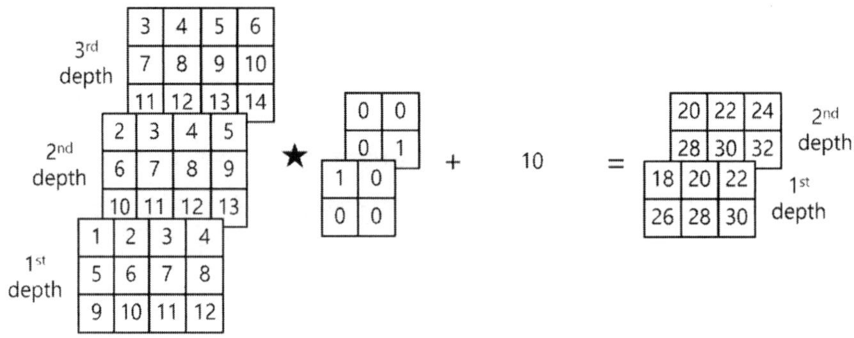

그림12.

편향치까지 더한 결과를 '출력채널'이라고 하자. 편향치를 사용함으로써 합성곱 연산으로 얻게되는 숫자들의 분포를 유지하면서 숫자들을 이동시킬 수 있다. 여기서 사용한 편향치 10은 모든 노드의 값이 10인 3차원 채널을 의미하고 형태는 입력채널과 커널의 합성곱 연산결과의 형태와 동일하다. 그러므로 그림10으로부터 입력채널과 커널의 합성곱 연산결과의 형태가 [D,H,W]=[2,2,3]이므로 편향치도 depth가 2이고 각각의 depth에서 행렬의 크기는 [H,W]=[2,3]이며 행렬의 성분은 모두 10이 된다.

1차원 채널(제1장)과 2차원 채널(제4장))에서 합성곱 연산과 편향치를 합하는 과정을 화살표로 나타냈듯이 3차원 채널도 동일한 방법으로 나타내보자.

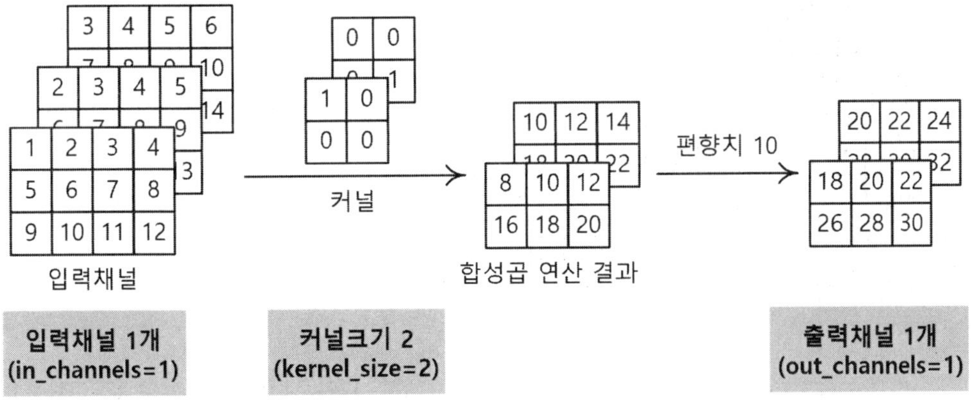

그림13.

그림13에서 입력채널 개수, 출력채널 개수와 커널크기를 표시한 이유는 이들이 합성곱 연산 과정의 위상적 구조를 결정하는데 사용되기 때문이다. in_channels, kernel_size와 out_channels는 PyTorch에서 사용하는 예약어이다. 자세한 내용은 제8장에서 다룬다.

지금까지 입력채널이 1개일 때, 출력채널을 구했다. 그러나 일반적으로 입력채널이 1개 보다 많기 때문에, 입력채널 2개, 출력채널 1개이고 커널크기가 2일 때, 2개 입력채널과 2개 커널을 어떻게 합성곱 연산하고 편향치는 무엇과 더하여 출력채널이 가지는 숫자들이 결정되는지를 알아보자.

예제 3 아래 그림14와 같이 두 개의 입력채널#1, #2와 출력채널#1이 있다. 그리고 커널#1-1, #1-2와 편향치 10이 있다. 입력채널#1과 커널#1-1을 그림11과 같이 합성곱 연산(A)를 한다. 입력채널#2와 커널#1-2를 합성곱 연산(B)하면 다음과 같다.

1st depth 행렬 [[1,1,0],[0,1,1]]이고 2nd depth 행렬[[0,1,1], [0,0,1]]

그리고 두 개의 합성곱 연산 A, B의 결과를 성분별로 더하면 다음과 같다.

1st depth 행렬 [[9,11,12],[16,19,21]]이고 2nd depth 행렬[[10,13,15], [18,20,23]]

마지막으로 편향치 10을 더하여 출력채널#1을 구하면 다음과 같다.

1st depth 행렬 [[19,21,22],[26,29,31]]이고 2nd depth 행렬[[20,23,25], [28,30,33]]

그림11에서 ∑는 두 개 합성곱 연산 A, B의 결과를 합한다는 의미를 나타낸다.

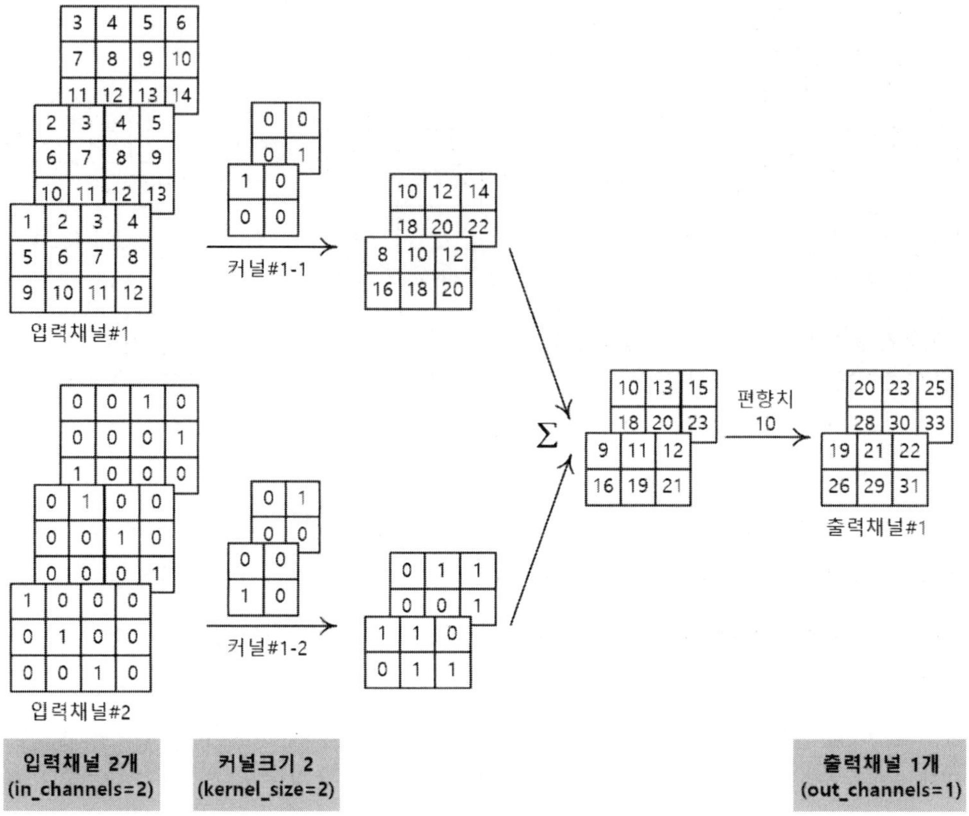

그림14.

커널#1-1에서 번호 #1-1은 출력채널#1과 입력채널#1을 연결한 커널을 나타낸다. 마찬가지로, 커널#1-2는 출력채널#1과 입력채널#2를 연결한 커널이다. 그리고 편향치 10을 출력채널#1이 가진 편향치라고 하자.

입력채널 2개, 출력채널 2개, 커널크기가 2일 때, 출력채널을 구해보자.

예제 4 각 출력채널이 가지는 값이 독립적으로 계산됨을 강조하기 위하여 아래 그림15와 같이 모든 입력채널에서 시작하여 출력채널#1에 도달하는 화살표를 점선으로 표시하고 그림16과 같이 모든 입력채널에서 시작하여 출력채널#2에 도달하는 화살표를 실선으로 표시했다. 출력채널 사이에 입력채널이 가지는 값은 공유하지만 커널과 편향치는 공유하지 않는다.

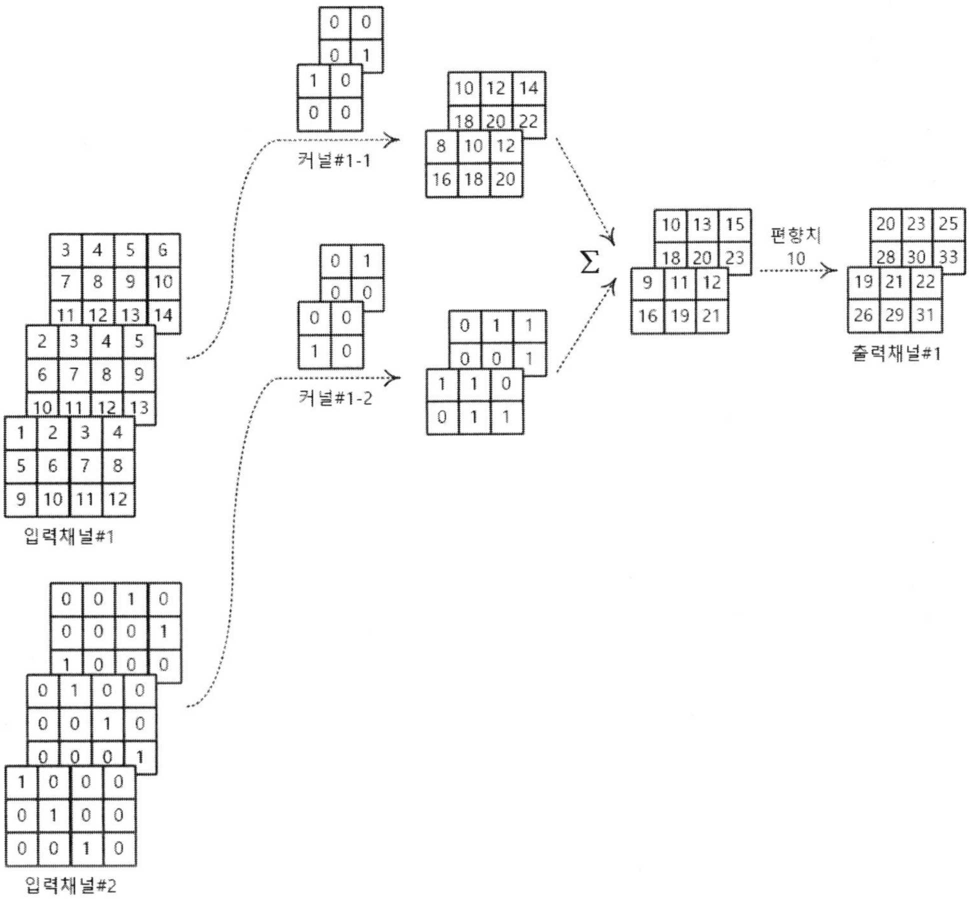

그림15.

위의 그림15과 아래 그림16을 비교하면, 출력채널#1과 #2가 가지는 값을 구할 때 입력채널#1, #2가 가지는 값을 공유함을 알 수 있다. 그러나 출력채널#1을 구할 때 사용한 커널#1-1, #1-2와 편향치 10을 출력채널#2를 구할 때 재사용하지 않는다. 그림16을 보면, 그림15와 다른 커널(커널#2-1, #2-2)와 편향치 20을 사용하여 출력채널#2를 구한다. 또한 각각의 출력채널에 대하여 입력채널 개수 만큼의 커널이 존재함을 알 수 있다. 만약 입력채널이 10개이고 출력채널이 20개이면, 출력채널 20개 각각에 대하여 입력채널 10개 만큼의 커널이 존재하므로 총 커널 개수는 다음과 같다.

$$\text{커널개수} = (\text{출력채널 개수})\times(\text{입력채널 개수}) = 20\times10$$

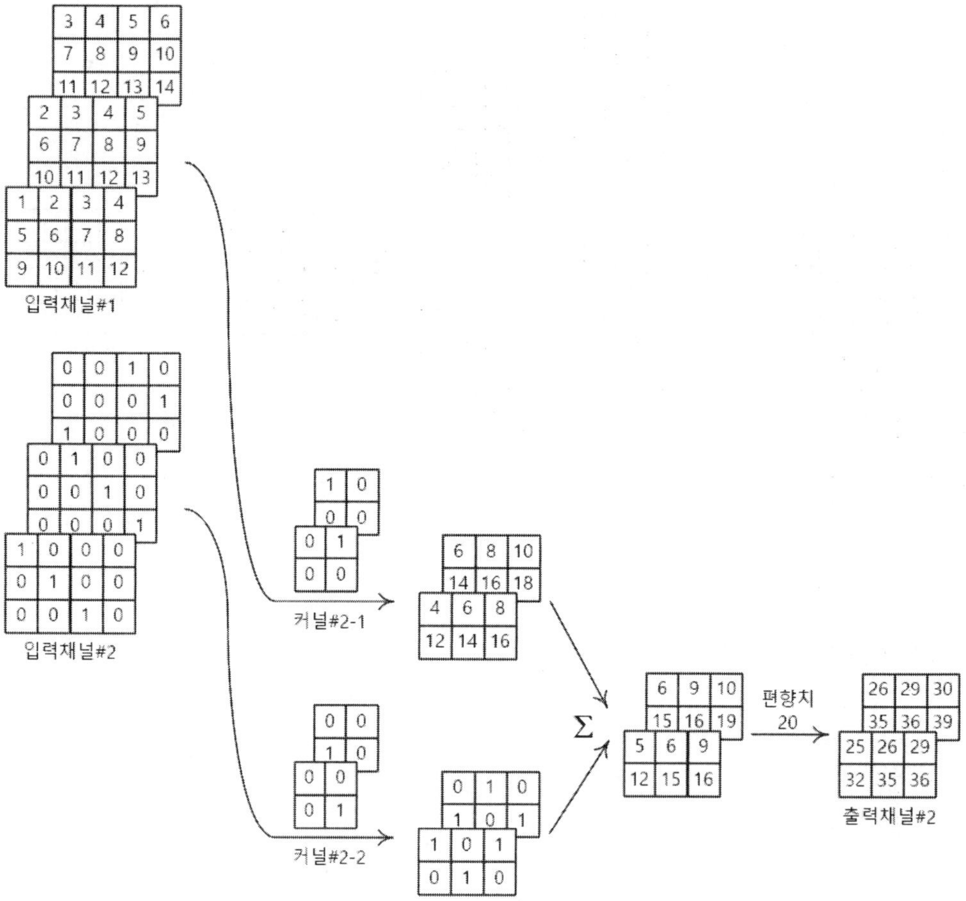

그림16.

그림15와 그림16을 함께 그리면 그림17이 된다. 그림17에는 3차원 입력채널이 2개이고 동일한 형태를 가진다. 합성곱 연산의 대상이 되는 모든 입력채널은 동일한 형태를 가져야 한다. 그림17을 보는 기준은 각각의 출력채널이다. 먼저 출력채널#1을 기준으로 그림17을 본다는 의미는 다음과 같다. 출력채널#1이 각각의 입력채널과 화살표로 연결되어 있고 각각의 화살표는 커널을 가지므로 커널은 2개가 된다. 입력채널과 커널의 합성곱 연산결과들을 총합한다. 이 총합에 편향치를 더하여 출력채널#1이 가지는 숫자가 결정된다. 출력채널#2에 대하여도 마찬가지 방법으로 그림17을 바라보자.

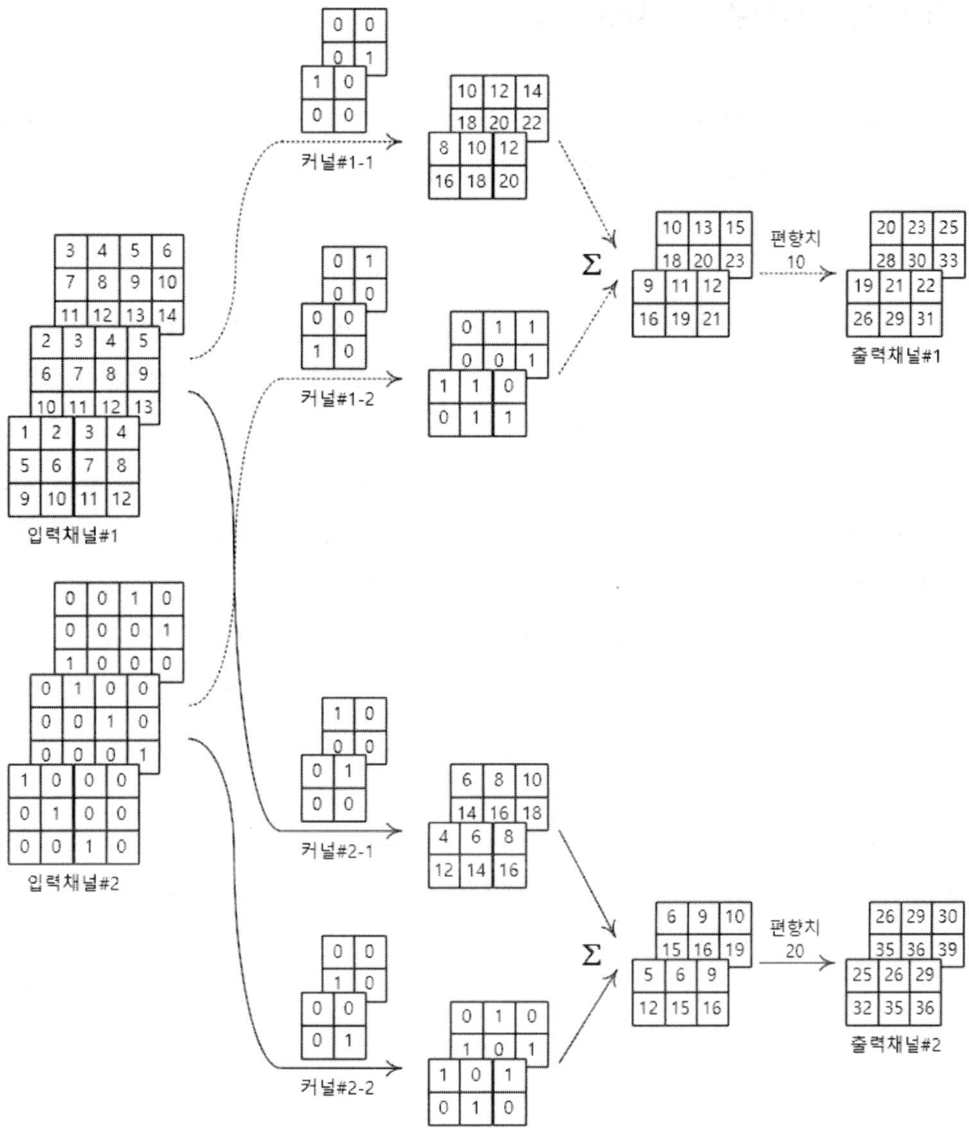

그림17.

입력채널과 출력채널 개수가 많아지면 그림17과 같은 연결 그림을 만들 수 없다. 그래서 앞에서 설명한 그림17을 출력채널 기준으로 바라보는 방법을 이용하여 채널 개수가 늘어도 간단하게 그릴 수 있는 방법을 아래 PART III에서 설명한다.

PART III. 출력채널이 가지는 숫자

지금까지 입력채널과 커널이 주어졌을 때 합성곱 연산으로 출력채널을 구했다. 이 과정을 다음과 같은 두 단계로 설명할 수 있다.

Step1. 입력채널과 출력채널을 화살표로 완전연결하기

그림18-(a)와 같이 그림13에 있는 숫자를 지운 후, (b)와 같이 입력채널에서 시작하여 출력채널에 도착하는 화살표를 그린다. (a)에서는 입력채널과 출력채널이 가지는 숫자 개수를 알 수 있도록 직사각형 내부를 분할했지만 (b)에서는 생략한다. 그 이유는 입력채널이 가지는 숫자 개수는 입력채널에 대입할 input의 형태(shape)으로부터 결정되기 때문이다. 또한 입력채널 개수도 input의 형태로부터 알 수 있기 때문에 Keras에서는 입력채널 개수를 Conv3d( )에 대입하지 않는다. 그러나 PyTorch에서는 구조를 분명하게 알 수 있도록 입력채널 개수를 Conv3d( )에 대입한다. 이를 제8장에서 설명한다. 입력채널#1과 출력채널#1에서 #1은 1번째를 의미한다. '화살표는 커널을 가진다' 그리고 '편향치는 출력채널로 들어간다'고 생각하자. 즉, 1개 입력채널과 1개 출력채널은 1개 화살표로 연결되고 각각의 화살표는 1개 커널을 가진다. 그리고 각각의 출력채널로 1개 편향치가 들어간다. 화살표가 가지는 커널을 '커널#1-1'으로 나타낸다. 여기서 '1-1'은 '출력채널#1-입력채널#1'을 의미한다. 만약 입력채널#2와 출력채널#3이 존재하면 이 두 개 채널을 연결한 화살표는 커널#3-2를 가지게 된다. 커널번호를 표기할 때, 출력채널 번호를 먼저 표기하는 이유는 PyTorch가 커널이 가지는 가중치를 저장할 때 출력채널을 기준으로하기 때문이다. 제8장에서 예를 들어 설명하겠다. 편향치#1에서 #1은 출력채널#1로 들어가는 편향치를 나타내는 번호이다. 만약 출력채널#2가 존재하면 출력채널#2로 들어가는 편향치#2가 존재한다. 앞으로 (c)와 같이 편향치를 편의상 생략한다.

그림18-(a)에서는 입력채널, 커널과 출력채널이 3차원 채널임을 알 수 있지만 (b)와 (c)로부터는 설명이 없으면 알 수 없다. 1차원 채널(제1장)과 2차원 채널(제4장)의 (b)와 (c)와 동일한 그림을 도입한 이유는 입력채널이 n차원이면 커널, 편향치와 출력채널도 동일한 n차원이기 되기 때문이다.

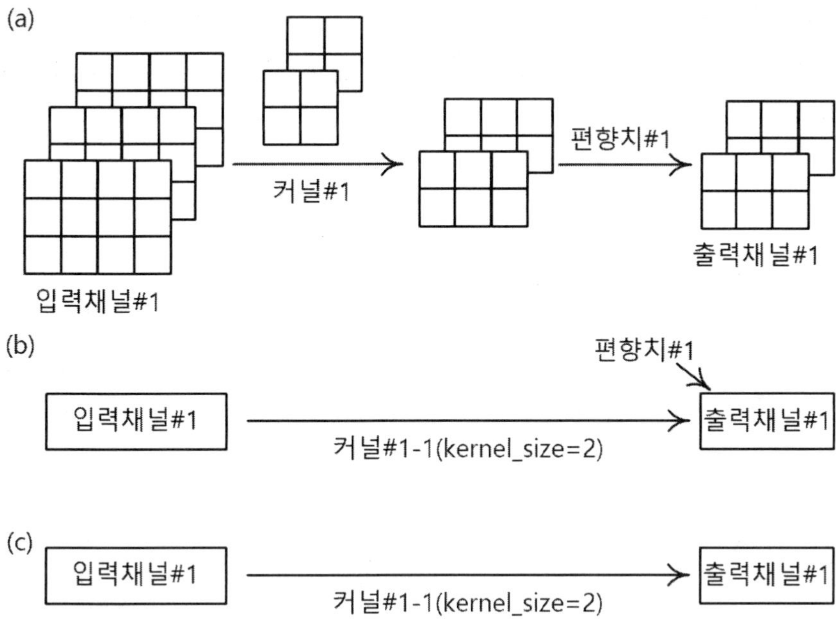

그림18.

입력채널 또는 출력채널 개수가 2개 이상일 때, 화살표로 입력채널과 출력채널을 다음과 같이 연결한다.

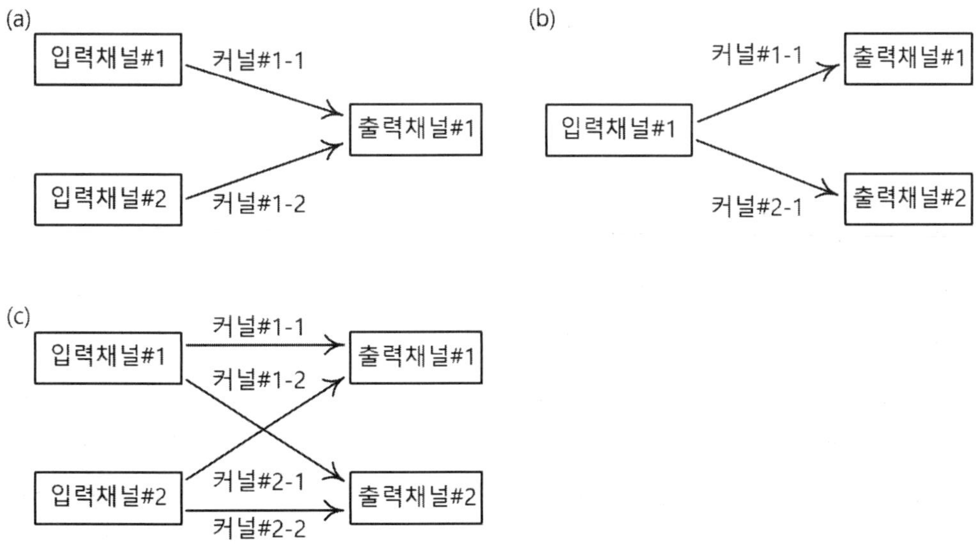

그림19.

그림19-(a)와 (c)는 각각 그림14와 17을 간단히 나타낸 그림이다. 화살표로 입력채널과 출력채널을 연결할 때, 출력채널을 기준하기 때문에 그림19-(c)를 다음과 같이 이해하자.

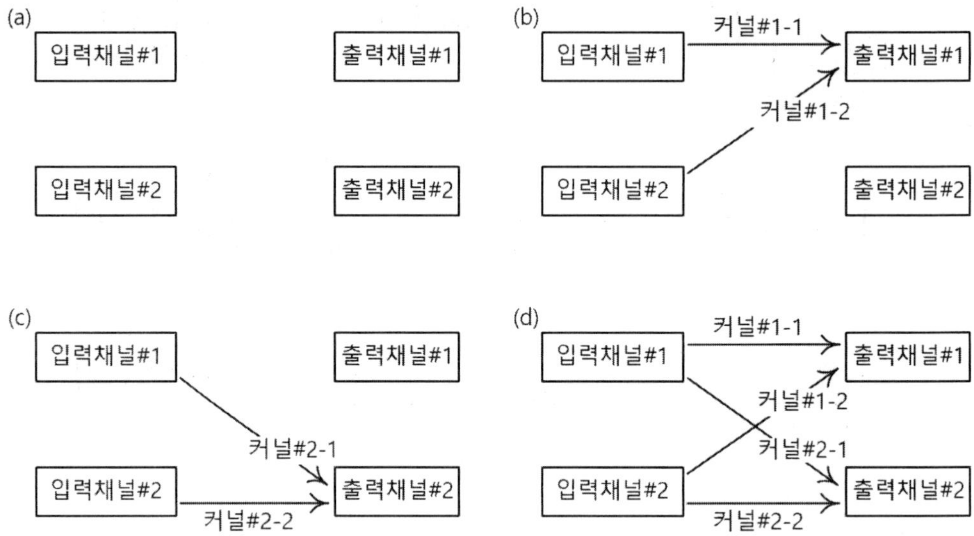

그림20.

그림20-(a)와 같이 입력채널 2개와 출력채널 2개가 주어졌을 때, (b)와 같이 출력채널#1에 두 개 입력채널을 화살표로 연결한다. 마찬가지로 (c)와 같이 출력채널#2에 두 개 입력채널을 연결한다. (b)와 (c)를 동시에 나타낸 그림이 (d)이다. 먼저 출력채널#을 고정한 후에 각각의 입력채널을 출력채널#과 연결하기 때문에 '출력채널'을 기준으로 화살표를 그리게 된다. 이를 나타내기 위하여 커널 번호가 출력채널#의 번호부터 시작했다.

편향치는 몇 개 있을까? 각각의 출력채널로 들어오는 편향치가 1개 존재하므로 출력채널#1, #2로 들어오는 편향치#1, #2가 존재한다. 따라서 편향치는 2개있다.

그림20-(d)와 같이 각각의 출력채널#을 고정한 후에 각각의 입력채널을 출력채널#과 화살표로 연결하는 것을 '입력채널과 출력채널이 완전연결되었다 (fully connected).'고 한다. (d)는 그림17의 복잡한 완전연결을 간단히 나타낸 완전연결 그림이 된다.

[참고2] Conv1d, Conv2d와 Conv3d에서 채널 완전연결

Conv1d, Conv2d와 Conv3d의 '채널 완전연결'은 동일함을 알 수 있다. 차이점은 Conv1d에서는 1차원 채널, Conv2d에서는 2차원 채널을 사용하지만 Conv3d에서는 3차원 채널을 사용함에 있다. 그래서 Conv1d, Conv2d과 Conv3d의 '채널 완전연결'을 동일하게 그렸다.

Step 2. 출력채널이 가지는 숫자를 구하기

출력채널로 들어오는 모든 합성곱 연산결과의 합을 A라고 하자. 그리고 출력채널로 들어오는 편향치를 B라고 할 때, A+B가 출력채널이 가지는 숫자이다. 예를 들면, 그림18-(c)와 그림13으로부터 입력채널#1과 커널#1-1의 합성곱 연산 결과가 출력채널#1로 들어오는 A이다.

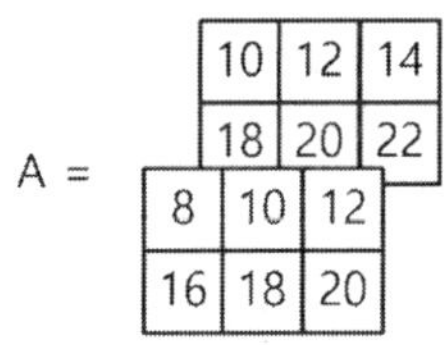

그림21.

그리고 출력채널#1로 들어오는 편향치#1이 10이므로 B=10이 된다. 따라서 출력채널#1이 가지는 숫자 A+B는 다음과 같이 된다.

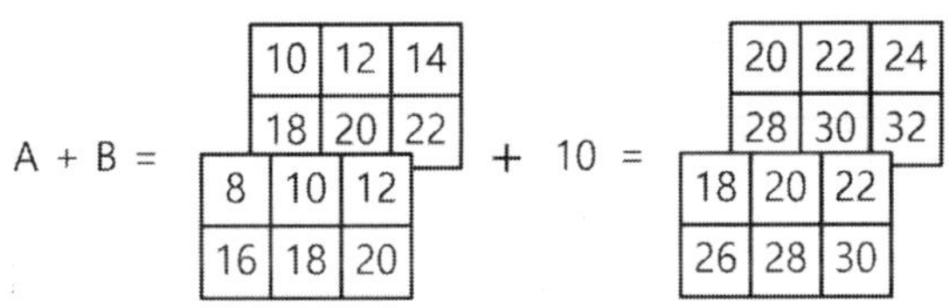

그림22.

그림19-(a)의 경우는 출력채널#1으로 들어오는 것은 입력채널#1과 커널#1-1을 합성곱 연산한 결과 A1과 입력채널#2과 커널#1-2를 합성곱 연산한 결과 A2이다. 따라서 출력채널로 들어오는 모든 합성곱 연산 결과의 합 A는 A=A1+A2가 된다.

그리고 출력채널#1로 들어오는 편향치#1을 B라고 할 때, 출력채널#1가 가진 숫자 A+B는 A1+A2+B가 된다. 위에서 다룬 그림14를 이용하여 A1+A2+B를 구체적으로 계산해 보자.

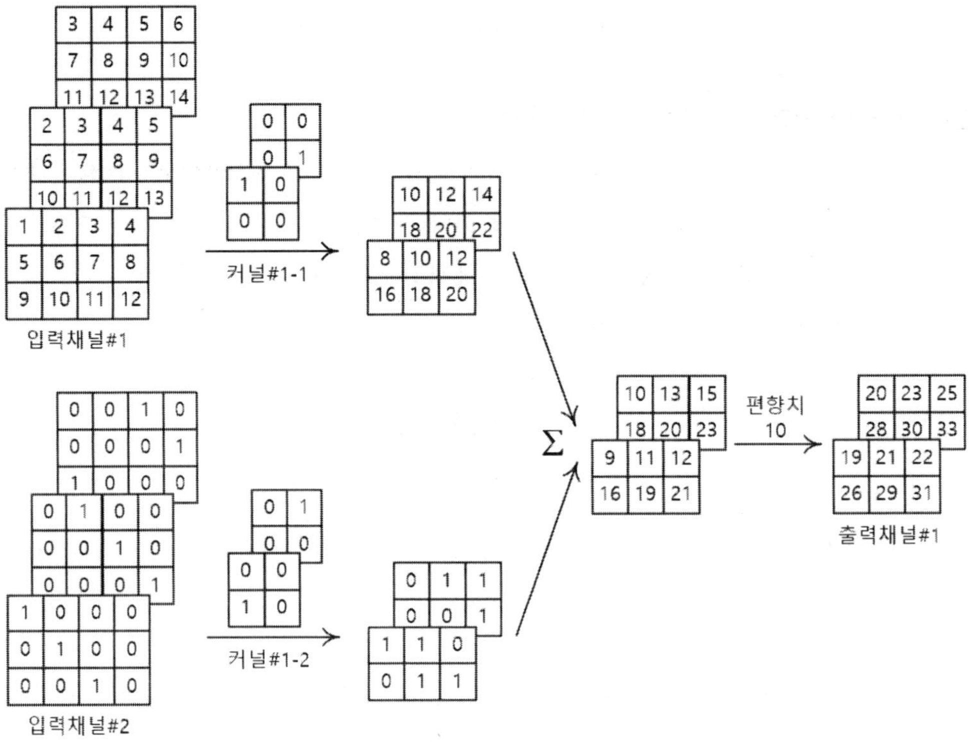

그림23.

여기서 A1, A2는 다음과 같고 B=10 이다.

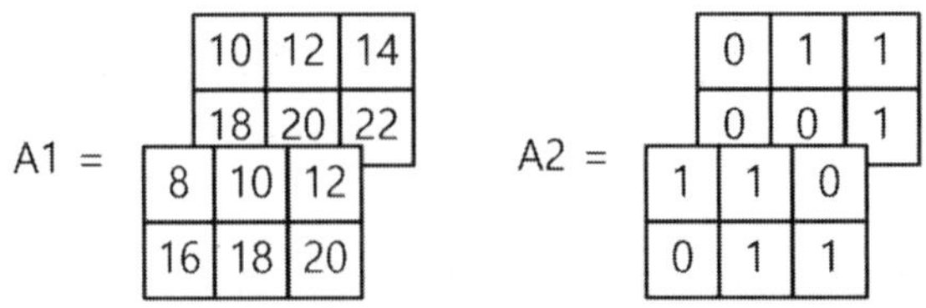

그림24.

따라서 출력채널#1이 가지는 A+B는 다음과 같이 계산된다.

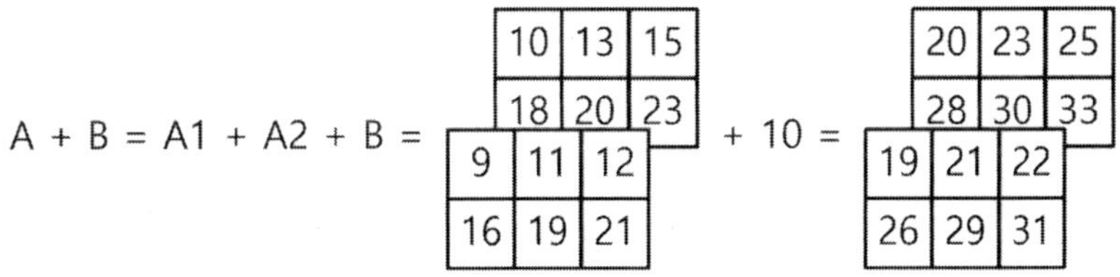

그림25.

위의 Step1과 Step2은 Conv3d를 두 가지 요소로 분리하여 설명한 내용이다. 이러한 관점은 Conv3d를 구조적으로 이해하는데 도움이 된다. 이 두 가지 요소를 요약하면 다음과 같다.

- **Conv3d의 위상적 구조(Step1)**

출력채널이 가진 숫자를 구하기 전에 입력채널과 출력채널을 연결한 위상적 구조를 이해해야 한다. Conv3d에서 다루는 연결은 노드 사이의 연결이 아니고 입력채널과 출력채널 사이의 완전연결이므로 '채널 완전연결'이라는 용어로 Conv3d의 위상적 구조를 기억하자.

- **Conv3d의 대수적 구조(Step2)**

먼저, 출력채널#에 도착하는 각각의 화살표를 타고 들어오는 모든 합성곱 연산 결과의 합을 A라고 하자. 그리고 출력채널#로 들어오는 편향치를 B라 할 때, A에 B를 더한다. 이렇게 얻은 결과인 A+B가 출력채널#이 가지는 숫자가 된다. 이러한 연산과정을 PyTorch에서 사용한 기호로 정의하면 다음과 같다.

정의6. 입력채널과 출력채널 개수가 각각 C_{in}과 C_{out}이다. j번째 출력채널은 C_{out_j}이다. i번째 배치 원소(N_i라고 하자)는 C_{in}개 데이터를 가지고, 이중에서 k번째 데이터는 k번째 입력채널에 대입할 숫자들이며 input(N_i, k)라고 하자 $(0 \le k \le C_{in}-1)$. 출력채널 C_{out_j}과 k번째 입력채널을 연결하는 커널의 가중치를 weight(C_{out_j}, k)라 하자. 출력채널 C_{out_j}로 들어오는 편향치를 bias$(\mathrm{C}_{\mathrm{out}_j})$라고 하

자. 배치 원소 N_i를 입력채널에 대입했을 때, 출력채널 C_{out_j}이 가지는 숫자 $\mathrm{out}(\mathrm{N_i}, \mathrm{C_{out_j}})$를 다음과 같이 계산한다.

$$\mathrm{out}\left(N_i, C_{out_j}\right) = \left\{\sum_{k=0}^{C_{in}-1} \mathrm{input}\left(N_i, k\right) \bigstar \mathrm{weight}\left(C_{out_j}, k\right)\right\} + \mathrm{bais}\left(C_{out_j}\right)$$

그림12에 얻은 출력채널의 숫자를 $\mathrm{out}(\mathrm{N_i}, \mathrm{C_{out_j}})$의 정의를 사용하여 계산해보자.

예제 5 그림14에서 입력채널 개수 $C_{\mathrm{in}} = 2$이고 출력채널 개수 $C_{out} = 1$이다. 0번째 배치 원소 N_0는 다음과 같이 2개 데이터 D_0^0과 D_0^1을 가진다.

$$\mathrm{Batch}\, N_0 = \left[D_0^0, D_0^1\right],$$

$D_0^0 =$ 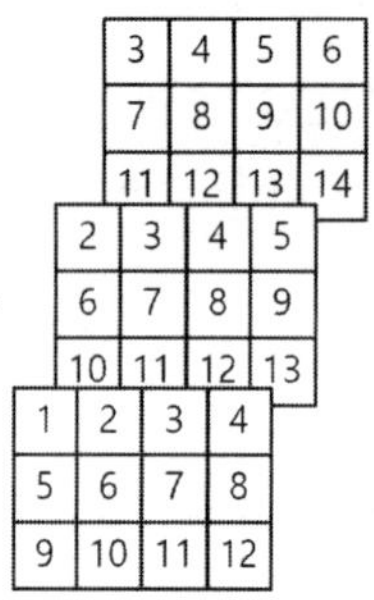

$D_0^1 =$ 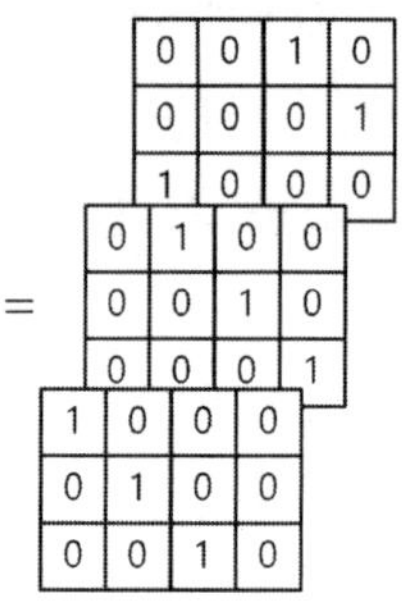

그림26.

여기서 D_0^0과 D_0^1은 각각 0번째와 1번째 입력채널에 대입하는 데이터이고, $\mathrm{D}_0^0 = \mathrm{input}(N_0, 0)$과 $\mathrm{D}_0^1 = \mathrm{input}(N_0, 1)$이 된다. 출력채널 C_{out_0}과 k번째 입력채널을 연결하는 커널의 가중치는 $\mathrm{weight}(C_{out_0}, k)$이 된다$(0 \le k \le 1)$. 출력채널 C_{out_0}로 들어오는 편향치는 $\mathrm{bias}(C_{out_0}) = 10$이다. 배치 원소 N_0을 입력채널에 대입했을 때, 출력채널 C_{out_0}가 가지는 숫자 $\mathrm{out}(N_0, C_{out_0})$을 다음과 같이 계산한다.

$$\text{out}\left(N_0, C_{out_0}\right) = \left\{\sum_{k=0}^{2-1} \text{input}\left(N_0, k\right) \bigstar \text{weight}\left(C_{out_0}, k\right)\right\} + \text{bais}\left(C_{out_0}\right)$$

$$= \begin{Bmatrix} \text{input}\left(N_0, 0\right) \bigstar \text{weight}\left(C_{out_0}, 0\right) \\ +\text{input}\left(N_0, 1\right) \bigstar \text{weight}\left(C_{out_0}, 1\right) \end{Bmatrix} + 10$$

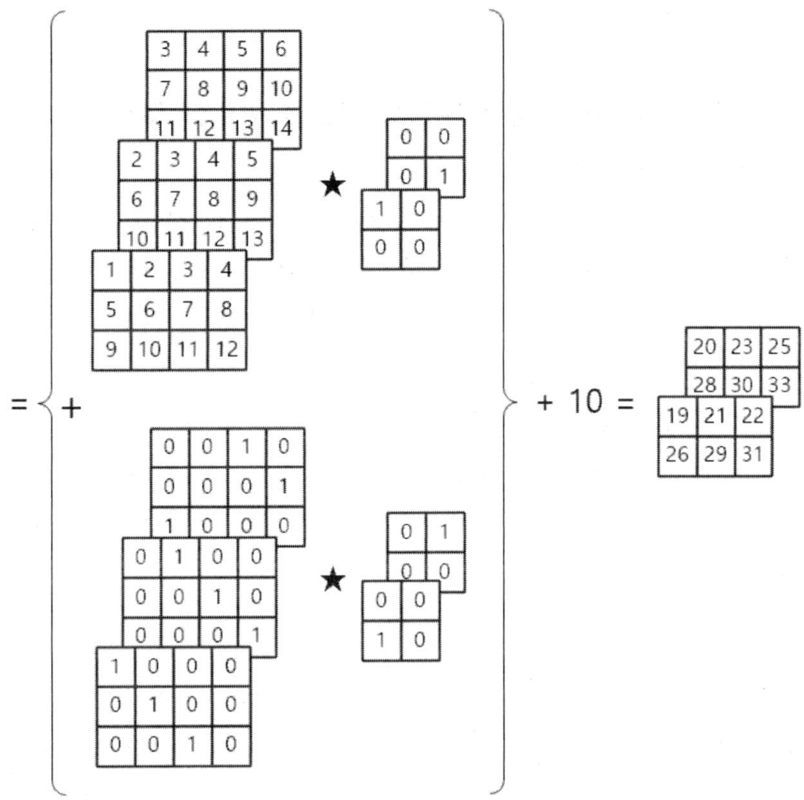

그림27.

지금까지 PyTorch를 사용하지 않고 3차원 컨볼류션 층을 그림과 수식으로 설명했다. 다음 제8장에서는 이러한 설명을 PyTorch로 구현해 보겠다.

제8장 PyTorch로 이해하는 Conv3d

시공간 데이터를 3차원으로 처리하는 컨볼루션 층(Convolution layer)인 Conv3d은 입력채널, 출력채널과 커널로 구성된 간단한 신경망이다. 제7장에서 코드를 사용하지 않고 설명한 Conv3d의 두 가지 구조(위상적 구조와 대수적 구조)를 코드를 사용하여 알아보자.

PART I. 그림으로 이해한 위상적 구조를 코드로 구현

먼저, 제7장의 그림18에서 다룬 위상적 구조를 이용하여 PyTorch가 Conv3d에 입력채널, 커널, 편향치, 출력채널을 어떻게 표현하는지 알아보자. 특히, 커널이 가지는 숫자인 가중치와 편향치는 상수가 아니고 학습(업데이트) 대상이므로, 가중치와 편향치의 초깃값을 특정 값으로 정하는 경우가 있고 이럴 경우에 이들을 표현하는 형태(shape)을 알아야 초깃값을 정할 수 있다. 아래에서 화살표가 가지는 커널의 형태(가중치의 형태)와 편향치의 형태를 확인해보면 출력채널 기준으로 만들었음을 알 수 있다. 그래서 제7장에서 출력채널을 기준으로 위상적 구조를 설명했다.

예제 1 그림으로 이해한 위상적 구조를 PyTorch 코드로 변환하기 위하여 아래 그림1-(a)와 (b)에 제7장의 그림18에서 다룬 '그림으로 이해하는 위상적 구조'를 나타냈다. (c)와 (d)는 (a)와 (b)를 PyTorch 코드로 변환한 것이다.

(a)

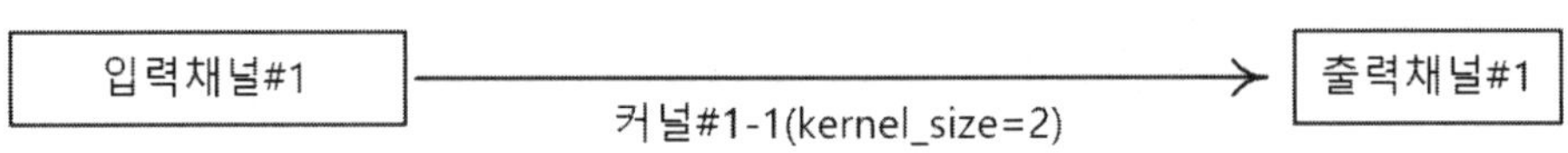

(b)

(c)

```
net = torch.nn.Conv3d ( in_channels=1, out_channels=1, kernel_size=2 )
```

(d)

```
import torch, torch.nn as nn; torch.manual_seed(1)

#(in_channels=1, out_channels=1, kernel_size=2)
net = nn.Conv3d(1, 1, 2)

print( 'Conv3d 파라미터 초깃값 = ', list( net.named_parameters() ) )
```

```
Conv3d 파라미터 초깃값 =  [('weight', Parameter containing:
tensor([[[[[ 0.1822, -0.1561],
           [-0.0685,  0.1659]],

          [[-0.3328,  0.2120],
           [-0.0727,  0.1799]]]]], requires_grad=True)), ('bias', Parameter containing:
tensor([0.0491], requires_grad=True))]
```

그림1.

이제 그림1을 알아보자.

- **그림1-(a) 설명**

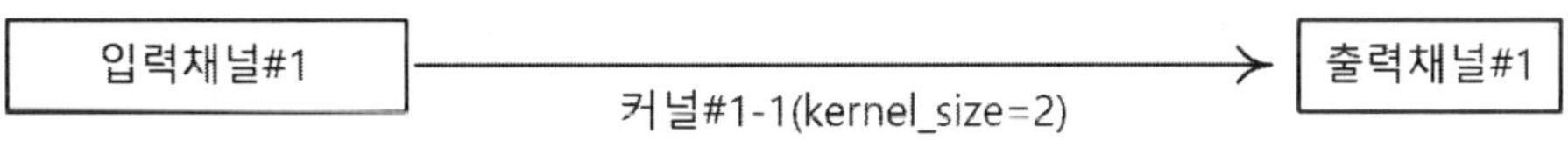

위 그림은 제7장의 그림18에서 설명한 내용으로 다음과 같다.

- 입력채널과 출력채널은 각각 1개 있다.
- 입력채널#1과 출력채널#1는 하나의 화살표로 연결되어 있다.
- 화살표는 커널#1-1을 가지고 커널크기가 2이므로 가중치는 2×2×2개이다.
- 입력채널#1과 커널#1-1의 합성곱 연산결과는 출력채널#1으로 들어간다.
- 출력채널#1로 하나의 숫자인 편향치#1가 들어간다.
- 출력채널#1로 들어온 모든 합성곱 연산결과의 합에 편향치#1을 더하면 출력채널#1이 가지는 숫자가 된다

- **그림1-(b) 설명**

입력채널 1개 (in_channels=1) | **커널크기 2 (kernel_size=2)** | **출력채널 1개 (out_channels=1)**

위상적 구조의 핵심은 아래 세 가지이다.

- 입력채널 개수 in_channels
- 커널크기 kernal_size
- 출력채널 개수 out_channels

- **그림1-(c) 설명**

  net = torch.nn.Conv3d (in_channels=1, out_channels=1, kernel_size=2)

패키지(폴더) torch가 패키지 nn을 가지고 있고, nn은 패키지 modules를 가지고 있다. modules에 있는 모듈 conv.py에 클래스 Conv3d가 정의되어 있다. Conv3d( )의 1번째 위치에 in_channels(입력채널 개수), 2번째 위치에 out_channels(출력채널 개수)와 마지막 위치에 kernel_size(커널크기)를 대입한다. 그림1-(a)를 코드 (c)로 나타냈듯이 반대로 코드 (c)를 (a)로 나타낼 수 있어야 한다. 그리고 코드 (c)를 사용할 때는 아래와 같이 예약어를 생략하고 간단히 적는다.

net = torch.nn.Conv3d(1, 1, 2)

예를 들어, torch.nn.Conv3d(2, 3, 4)인 경우는 in_channels=2, out_channels=3, kernel_size=4를 의미한다. 이러한 PyTorch 코드로부터 입력채널, 커널, 출력채널을 다음과 같은 '채널 완전연결' 그림을 그릴 수 있어야 한다.

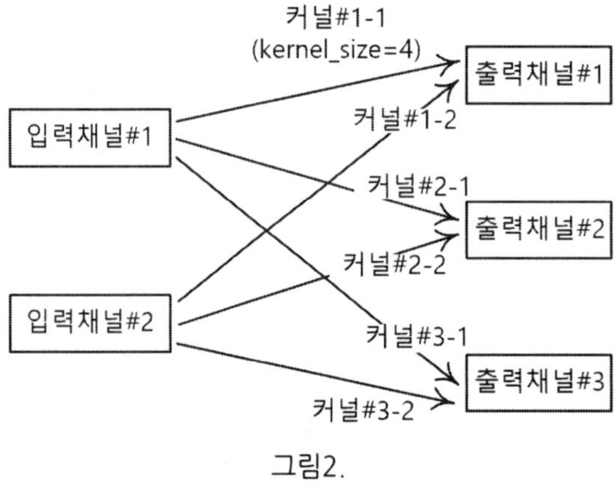

그림2.

- **그림1-(d) 설명**

```
1 import torch, torch.nn as nn; torch.manual_seed(1)
2
3 #(in_channels=1, out_channels=1, kernel_size=2)
4 net = nn.Conv3d(1, 1, 2)
5
6 print( 'Conv3d 파라미터 초깃값 = ', list( net.named_parameters() ) )
```

```
Conv3d 파라미터 초깃값 =  [('weight', Parameter containing:
tensor([[[[[ 0.1822, -0.1561],
           [-0.0685,  0.1659]],

          [[-0.3328,  0.2120],
           [-0.0727,  0.1799]]]]], requires_grad=True)), ('bias', Parameter containing:
tensor([0.0491], requires_grad=True))]
```

|코드 설명|

‣ 1번째 줄: import torch, torch.nn as nn는 다음 두 개 명령어를 의미한다.

import torch; import torch.nn as nn

각각을 설명하면 다음과 같다.

- import torch

패키지 torch를 불러오면(import), torch의 __init__.py가 자동으로 실행되어 __init__.py에서 import한 폴더(패키지)와 모듈을 사용할 수 있다. 여기서 패키지는 파일들의 집합으로, 윈도우 10에 Anaconda로 PyTorch를 설치하면 아래 경로에서 torch가 가지고 있는 폴더와 파일을 확인할 수 있다.

C:\ProgramData\Anaconda3\Lib\site-packages\torch

Colab은 파일 탐색기(Files explorer)의 아래 경로에서 확인할 수 있다.

/usr/local/lib/python3.7/dist-packages/torch

- torch.nn

점(.) 표기법 A.B는 A가 **'가지고 있는'** B라는 의미이다. 따라서 점(.) 표기법

torch.nn은 torch가 가지고 있는 nn이라는 의미이다. 'torch 뒤에 .(점)을 붙여서 nn을 호출한다'고 표현할 수 있다. 여기서 nn(neural network)은 패키지이고 신경망을 만들 때 반드시 사용한다.

· import torch.nn as nn

두 가지 의미가 있다. 첫 번째는 torch.nn의 __init__.py가 자동으로 실행된다. 그래서 __init__.py에서 import한 폴더(패키지)와 모듈을 사용할 수 있게 된다. 두 번째는 torch.nn 대신 간단히 nn을 사용한다.

· torch.manual_seed(1)

코드 실행 결과를 재현하기 위하여, 무작위로 배정되는 파라미터 초깃값을 seed 1번에서 시작하는 난수 알고리즘을 사용하여 고정한다. 이 명령어로 인하여 전체 코드를 반복 실행해도 파라미터의 초깃값은 변하지 않고 고정된다.

‣ 4번째 줄: in_channels = 1(입력채널 개수 1), out_channels =1 (출력채널 개수 1)과 kernel_size =2 (커널크기 2)를 가지는 Conv3d를 의미한다. 이 코드가 실행되면 커널이 가지는 가중치와 출력채널로 들어가는 편향치에 무작위로 숫자가 배정된다. 이때, seed 1번에서 시작하는 난수 알고리즘이 적용된다. net은 클래스 nn.Conv3d(1,1,2)의 인스턴스가 된다.

‣ 6번째 줄: 가중치와 편향치의 형태(shape)을 출력한다. 형태를 알아보자.

가중치 형태(shape)

4번째 줄과 같이 Conv3d의 in_channels, out_channels과 kernel_size가 결정되면 가중치의 형태가 결정된다. 가중치는 모든 커널이 가지는 숫자이고, 커널은 입력채널과 출력채널을 연결한 화살표가 가지는 것이므로, 가중치 형태에는 커널크기, 입력채널와 출력채널이 반영되어야 한다. 커널은 각각의 출력채널을 모든 입력채널과 연결한 화살표가 가지는 것이므로 다음과 같이 출력채널 개수가 가중치 형태의 1번째 숫자가 된다.

가중치 형태 = [출력채널 개수, *, *]

그리고 각각의 출력채널과 연결된 입력채널 개수가 다음과 같이 가중치 형태의 2번째 숫자가 된다.

가중치 형태 = [출력채널 개수, 입력채널 개수, *]

마지막으로 각각의 입력채널과 합성곱 연산을 하는 커널의 깊이(Depth, D), 높이(Height, H)와 폭(Width, W)가 가중치 형태의 3, 4, 5번째 숫자가 된다.

가중치 형태 = [출력채널 개수, 입력채널 개수, D, H, W]

위 그림1-(d)에서 출력채널이 1개, 입력채널이 1개, 커널크기가 2 (D = H = W = 2)이므로 가중치 형태는 다음과 같다.

가중치 형태 = [1, 1, 2, 2, 2]

[참고1] 가중치 형태를 괄호로 설명

위 (d)에서 가중치의 형태가 [1,1,2,2,2]로 출력되었는지 확인해보자. 출력으로부터 가중치의 형태를 설명하기 위하여 출력을 다음과 같은 괄호로 표현하면 아래가 성립한다.

[{ (〈 『 0.1822, -0.1561 』 ,
『 -0.0685, 0.1659 』 〉,
〈 『 -0.3328, 0.2120 』 ,
『 -0.0727, 0.1799 』 〉) }]

- 이때, 가중치 형태의 1번째 숫자(출력채널 개수)는 중괄호 { } 개수이므로 1이 된다.
- 가중치 형태의 2번째 숫자(입력채널 개수)는 각각의 중괄호 내부에 있는 소괄호 ( ) 개수이므로 1이 된다.
- 가중치 형태의 3번째 숫자는 각각의 소괄호 내부에 있는 화살괄호 < > 개수이므로 2이 된다.

그러므로 커널 깊이는 D=2가 된다.

- 가중치 형태의 4번째 숫자는 각각의 화살괄호 내부에 있는 겹낫표 『 』 개수이므로 2가 된다. 그러므로 커널 깊이는 H=2가 된다.
- 가중치 형태의 5번째 숫자는 각각의 겹낫표 내부에 있는 숫자 개수이므로 2가 된다. 그러므로 커널 폭는 W=2가 된다.

따라서 가중치는 형태 [1, 1, 2, 2, 2]로 출력되었다.

편향치 형태(shape)

가중치 형태와 달리 편향치 형태는 출력채널 개수만 반영하면 된다.

편향치 형태 = [출력채널 개수]

위 그림1-(d)에서 출력채널이 1개이므로 편향치 형태는 [1]이 된다. 실제로 (d)에서 편향치 출력이 [0.2710]이므로 편향치는 형태 [1]으로 출력되었다.

1차원 채널을 다루는 Conv1d, 2차원 채널을 다루는 Conv2d와 3차원 채널을 다루는 Conv3d에 대하여 가중치와 편향치의 형태를 정리하면 그림3과 같다. 차원은 달라도 가중치 형태에 일관성이 있음을 알 수 있다. 1번째에 출력채널 개수, 2번째에 입력채널 개수이고 나머지는 각 차원에 대입되는 숫자들의 형태가 된다. 편향치 형태는 모든 차원에서 동일한 원칙이 적용됨을 알 수 있다.

	가중치 형태	편향치 형태
Conv1d	[출력채널개수, 입력채널개수, 커널크기] = [1, 1, 2]	[출력채널개수] = [1]
Conv2d	[출력채널개수, 입력채널개수, H, W] = [1, 1, 2, 2]	[출력채널개수] = [1]
Conv3d	[출력채널개수, 입력채널개수, D, H, W] = [1, 1, 2, 2, 2]	[출력채널개수] = [1]

그림3.

차원과 무관하게 가중치와 편향치의 형태에 적용되는 이러한 일관성과 원칙을 아래 코드로 확인할 수 있다.

```
import torch, torch.nn as nn; torch.manual_seed(1)

net1 = nn.Conv1d(1, 1, 2)
print('Conv1d')
print('가중치 = ', net1.weight.data,'; 형태= ', net1.weight.shape)
print('편향치 = ', net1.bias.data, '; 형태= ', net1.bias.shape,'\n')

net2 = nn.Conv2d(1, 1, 2)
print('Conv2d')
print('가중치 = ', net2.weight.data,'; 형태= ', net2.weight.shape)
print('편향치 = ', net2.bias.data, '; 형태= ', net2.bias.shape,'\n')

net3 = nn.Conv3d(1, 1, 2)
print('Conv3d')
print('가중치 = ', net3.weight.data,'; 형태= ', net3.weight.shape)
print('편향치 = ', net3.bias.data, '; 형태= ', net3.bias.shape)
```

```
Conv1d
가중치 =  tensor([[[ 0.3643, -0.3121]]]) ; 형태=  torch.Size([1, 1, 2])
편향치 =  tensor([-0.1371]) ; 형태=  torch.Size([1])

Conv2d
가중치 =  tensor([[[[ 0.2347, -0.4707],
          [ 0.2999, -0.1029]]]]) ; 형태=  torch.Size([1, 1, 2, 2])
편향치 =  tensor([0.2544]) ; 형태=  torch.Size([1])

Conv3d
가중치 =  tensor([[[[[ 0.0491, -0.0433],
           [ 0.0981,  0.0174]],

          [[ 0.1291, -0.1378],
           [-0.0258, -0.0318]]]]]) ; 형태=  torch.Size([1, 1, 2, 2, 2])
편향치 =  tensor([0.0512]) ; 형태=  torch.Size([1])
```

그림4.

입력채널 또는 출력채널 개수가 1보다 큰 경우에 대해서도 이러한 일관성과 원칙이 적용됨을 코드로 알아보자.

예제 2 그림2에 있는 가중치 형태는 [출력채널개수, 입력채널개수, D, H, W] = [3, 2, 4, 4, 4]이고 편향치 형태는 [출력채널개수] = [3]이 된다. 이를 코드로 확인하면 다음과 같다.

```
import torch, torch.nn as nn; torch.manual_seed(1)

net = nn.Conv3d(2, 3, 4)

print('가중치 형태 = ', net.weight.shape )
print( '편향치 형태 = ', net.bias.shape )
```

```
가중치 형태 =  torch.Size([3, 2, 4, 4, 4])
편향치 형태 =  torch.Size([3])
```

그림5.

예제 3 지금까지는 PyTorch가 가중치와 편향치 숫자를 결정하도록 했지만 어떤 상황에서는 우리가 결정해야 한다. 이때, 다음과 같이 nn.Parameter( )를 이용하여 PyTorch가 정한 가중치와 편향치 형태에 우리가 원하는 숫자를 torch.tensor 타입으로 대입하면 된다.

```
import torch, torch.nn as nn; torch.manual_seed(1)
net = nn.Conv1d(2, 3, 4)

net.weight=nn.Parameter(torch.ones(3,2,4,4))
net.bias=nn.Parameter(torch.zeros(3))

print('가중치 형태 :', net.weight.shape)
print('편향치 형태 :', net.bias.shape)
```

```
가중치 형태 : torch.Size([3, 2, 4, 4])
편향치 형태 : torch.Size([3])
```

그림6.

입력채널이 2개, 출력채널이 3개이고 커널크기가 4인 컨볼류션 층이므로 가중치(weight) 형태는 [3,2,4,4,4]가 되어야 하므로 이러한 형태를 가지고 모든 숫자가 1인 데이터 torch.ones(3,2,4,4)를 nn.Parameter( )에 대입했다. 편향치 형태는 [3]이 되어야 하므로 이러한 형태를 가지고 모든 숫자가 0인 데이터 torch.zeros(3)를 nn.Parameter( )에 대입했다.

PART II. 그림으로 이해한 대수적 구조를 코드로 구현

제7장에서 설명한 아래 그림을 사용하여 입력채널에 데이터를 입력해서 출력채널#1이 가지는 숫자를 출력하는 코드를 알아보자.

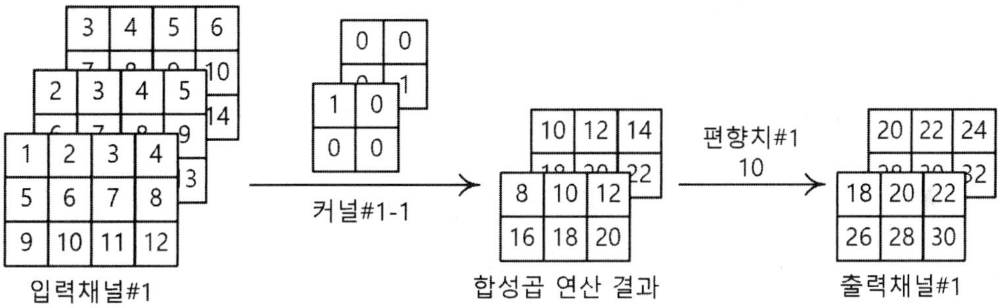

그림7.

Step1. 입력(input)

Conv3d의 입력채널에 대입하는 input 형태는 다음과 같은 5차원이다.

[배치크기, 입력채널 개수, 입력채널 깊이, 입력채널 높이, 입력채널 폭]

여기서 배치크기(batch size)는 파라미터를 1회 업데이트할 때 사용하는 데이터 개수이다. 예를 들면, 아래 input를 Conv3d에 대입한다고 가정하자.

```
input = torch.tensor ( [ [ [ [ [1,2,3,4], [5,6,7,8],   [9,10,11,12]  ],
                               [ [2,3,4,5], [6,7,8,9],   [10,11,12,13] ],
                               [ [3,4,5,6], [7,8,9,10], [11,12,13,14] ],
                         ] ] ] )
```

위 input 형태를 구하기 위하여 torch.tensor ( )를 생략하고 괄호를 다음과 같이 변경하자.

input = [{ (〈 『1,2,3,4』, 『5,6,7,8』, 『9,10,11,12』 〉,
〈 『2,3,4,5』, 『6,7,8,9』, 『10,11,12,13』 〉,
〈 『3,4,5,6』, 『7,8,9,10』, 『11,12,13,14』 〉,
) }]

위 [참고1]과 같이 괄호 형태를 이용하여 input 형태를 구하면 다음이 성립한다.

[배치크기, 입력채널개수, 입력채널D, 입력채널H, 입력채널W] = [1, 1, 3, 3, 3]

요약하면, Conv3d의 입력채널에 대입할 input을 먼저 결정한다. 그리고 input 형태로부터 Conv3d( )에 대입할 입력채널 개수(in_channels)를 결정한다.

Conv1d, Conv2d와 Conv3d의 input 형태를 비교하면 다음과 같다.

	입력(input) 형태
Conv1d	[배치크기, 입력채널개수, 입력채널길이]
Conv2d	[배치크기, 입력채널개수, 입력채널높이, 입력채널폭]
Conv3d	[배치크기, 입력채널개수, 입력채널깊이, 입력채널높이, 입력채널폭]

그림8.

Step2. 신경망 net = nn.Conv3d(in_channels, out_channels, kernel_size)

input 형태로부터 결정되는 입력채널 개수(in_channels=1)와 하이퍼 파라미터인 출력채널 개수(out_channels=1)와 커널크기(kernel_size=2)를 nn.Conv3d( )에 대입하여 신경망 net을 만든다.

Step3. 출력(output)

컨볼류션 층 nn.Conv3d(1,1,2)의 입력채널에 Step1에 있는 input을 대입하면 PyTorch가 무작위로 정한 숫자를 가진 커널(크기=2)과 합성곱 연산을 한 후, 연산 결과에

PyTorch가 무작위로 정한 편향치를 더하여, 출력채널이 가지는 숫자 output이 결정된다. 이러한 과정을 코드로 나타내면 output = net(input)이 된다.

그림7에서 사용한 커널의 가중치와 편향치를 nn.Parameter( )로 정하여, Step1~Step3를 코드로 구현하면 다음과 같다.

```
import torch, torch.nn as nn; torch.manual_seed(1)

input=torch.tensor([ [ [ [ [1,2,3,4], [5,6,7,8],  [9,10,11,12]  ],
                         [ [2,3,4,5], [6,7,8,9],  [10,11,12,13] ],
                         [ [3,4,5,6], [7,8,9,10], [11,12,13,14] ],
                   ] ] ], dtype=torch.float)

net=nn.Conv3d(1,1,2)

net.weight=nn.Parameter(torch.tensor([ [ [ [ [1, 0],[0, 0] ],
                                             [ [0, 0],[0, 1] ]
                                       ] ] ], dtype=torch.float))
net.bias=nn.Parameter(torch.tensor([10.]))

print('출력(output)과 형태 : ')
print(net(input).data, ';', net(input).data.shape)
```

```
출력(output)과 형태 :
tensor([[[[[18., 20., 22.],
           [26., 28., 30.]],

          [[20., 22., 24.],
           [28., 30., 32.]]]]]) ; torch.Size([1, 1, 2, 2, 3])
```

그림9.

위 출력은 그림7에서 계산한 결과와 일치한다. 그리고 출력은 출력채널이 가지는 숫자이고 출력채널 형태도 입력채널과 같은 5차원이 된다.

[배치크기, 출력채널개수, 출력채널깊이, 출력채널높이, 출력채널폭] = [1,1,2,2,3]

출력채널 형태의 배치크기는 입력채널과 동일하다. 그러나 출력채널이 가지는 숫자는 입력채널과 커널 사이의 합성곱 연산 결과이므로, 입력채널 높이와 폭 그리고 커널크기에 따라서 출력채널 높이와 폭이 결정된다.

제9장 Conv3d 적용사례

컴퓨터 단층촬영(Computed Tomography, CT) 데이터에 Conv3d를 적용하여 이진 분류 모형을 만들어보자. CT 데이터는 2020년 3월 1일부터 2020년 4월 25일 사이에 페(lung) 촬영 데이터로 러시아 모스크바의 시립 병원에서 제공했으며 Creative Commons Attribution-NonCommercial -NoDerivs 3.0 Unported(CC BY-NC-ND 3.0) 라이선스에 따라 사용이 허가되었다. 이 데이터 세트는 COVID-19 관련 발견과 그러한 발견이 없는 폐 CT 스캔으로 구성된다. 사용할 코드는 Keras (https://keras.io /examples/vision/3D_image_classification/)로 구현된 코트를 PyTorch로 변환한 코드이다. 데이터 다운로드 코드에서 시작하여 학습결과를 확인하는 코드까지 단계별로 알아보자.

[코드1] 데이터 다운로드

100명의 폐에서 COVID-19 관련 발견이 있는 CT 스캔(CT-23이고 CT-2와 CT-3를 의미)과 그렇지 않은 100개 CT 스캔(CT-0) 데이터를 웹에서 다운로드한다.

```
# [코드 1]

!wget https://github.com/hasibzunair/3D-image-classification-tutorial/releases/download/v0.2/CT-0.zip
!wget https://github.com/hasibzunair/3D-image-classification-tutorial/releases/download/v0.2/CT-23.zip
```

[코드 2] 모듈 import와 GPU 사용 선택

학습 속도를 높이기 위하여 GPU를 사용한다.

```
# [코드 2] 모듈 import와 device

import torch, torch.nn, torch.nn.functional as F
import zipfile, numpy as np, os, nibabel as nib
import matplotlib.pyplot as plt
from tqdm import tqdm
from sklearn.metrics import accuracy_score
from scipy import ndimage
from torch.utils.data import TensorDataset, DataLoader

device='cuda' if torch.cuda.is_available() else 'cpu'
```

[코드 3] 데이터 압축 풀기

```
# [코드 3] 데이터 압축 풀기

os.makedirs("MosMedData")

with zipfile.ZipFile("CT-0.zip", "r") as z_fp:
    z_fp.extractall("./MosMedData/")

with zipfile.ZipFile("CT-23.zip", "r") as z_fp:
    z_fp.extractall("./MosMedData/")
```

[코드 4] 다운받은 데이터 개수 확인

```
# [코드 4] 데이터 개수

# [normal] 폴더 /content/MosMedData/CT-0의 nii 파일 개수
normal_scan_paths = [
    os.path.join(os.getcwd(), "MosMedData/CT-0", x)
    for x in os.listdir("MosMedData/CT-0")
]

# [abnormal] 폴더 /content/MosMedData/CT-23의 nii 파일 개수
abnormal_scan_paths = [
    os.path.join(os.getcwd(), "MosMedData/CT-23", x)
    for x in os.listdir("MosMedData/CT-23")
]

print("CT scans with normal lung tissue: " + str(len(normal_scan_paths)))
print("CT scans with abnormal lung tissue: " + str(len(abnormal_scan_paths)))
```

```
CT scans with normal lung tissue: 100
CT scans with abnormal lung tissue: 100
```

[코드 5] 데이터 전처리에 사용할 함수 3개

다운받은 확장자 nii 파일을 읽는 함수, 정규화 함수와 볼륨 조정 함수를 정의한다.

```
# [코드 5] 데이터 전처리에 사용할 함수

# nii 파일 읽기
def read_nifti_file(filepath):
    scan = nib.load(filepath)
    scan = scan.get_fdata()
    return scan # numpy.ndarray

```

```
# CT 스캔의 스필드 단위(Hounsfield Unit: HU) 경곗값은 -1000 이상 4000이하
# 0과 1 사이의 값을으로 normalization
def normalize(volume):
    min = -1000
    max = 400
    volume[volume < min] = min
    volume[volume > max] = max
    volume = (volume - min) / (max - min)
    volume = volume.astype("float32")
    return volume # numpy.ndarray

# 각 depth의 이차원 이미지 데이터를 반시계 방향으로 90도 회전한 후,
# 형태 (desired_width,desired_height,desired_depth)=(128,128,64)로 변환
def resize_volume(img):
    # 원하는 형태
    desired_depth = 64
    desired_width = 128
    desired_height = 128
    # 현재 형태
    current_depth = img.shape[-1]
    current_width = img.shape[0]
    current_height = img.shape[1]
    # 원하는 형태로 만들기 위한 비율
    depth = current_depth / desired_depth
    width = current_width / desired_width
    height = current_height / desired_height
    depth_factor = 1 / depth
    width_factor = 1 / width
    height_factor = 1 / height
    # 각 depth의 이차원 이미지 데이터를 반시계 방향으로 90도 회전
    img = ndimage.rotate(img, 90, reshape=False)
    # img 형태를 (desired_width,desired_height,desired_depth)=(128,128,64)로 변환
    img = ndimage.zoom(img, (width_factor, height_factor, depth_factor), order=1)
    return img # (128, 128, 64)
```

[코드 6] 정의한 데이터 전처리 함수 3개를 순차적으로 적용하는 함수

```
# [코드 6] 데이터 전처리 함수

def process_scan(path):
    """Read and resize volume"""
    # 스캔 읽기
    volume = read_nifti_file(path)
    # Normalization
    volume = normalize(volume)
    # 원하는 형태 (width, height, depth) 만들기
    volume = resize_volume(volume)
    return volume
```

[코드 7] train 데이터와 validation 데이터 만들기

```
# [코드 7] train 데이터와 validation 데이터 만들기

# abnormal/normal 스캔을 전처리하여 abnormal_scans과 normal_scans에 저장
abnormal_scans = np.array([process_scan(path) for path in abnormal_scan_paths])
# (100, 128, 128, 64)
normal_scans = np.array([process_scan(path) for path in normal_scan_paths])
# (100, 128, 128, 64)

# 이진분류에 사용할 라벨 만들기
# abnormal_scans 라벨 1, normal_scans 라벨 0
abnormal_labels = np.array([1 for _ in range(len(abnormal_scans))])
normal_labels = np.array([0 for _ in range(len(normal_scans))])

# train과 validation 데이터를 7:3으로 분할
x_train = np.concatenate((abnormal_scans[:70], normal_scans[:70]), axis=0)
y_train = np.concatenate((abnormal_labels[:70], normal_labels[:70]), axis=0)
x_val = np.concatenate((abnormal_scans[70:], normal_scans[70:]), axis=0)
y_val = np.concatenate((abnormal_labels[70:], normal_labels[70:]), axis=0)
# print(abnormal_scans[:70].shape, x_train.shape)
# = (70, 128, 128, 64) (140, 128, 128, 64)

print(
    "Number of samples in train and validation are %d and %d."
    % (x_train.shape[0], x_val.shape[0])
)
```

[코드 8] batch_size=2인 train_dataloader와 valid_dataloader

```
# [코드 8] train_dataloader, valid_dataloader

train_dataset = TensorDataset(torch.tensor(x_train).float(), torch.tensor(y_train).float())
valid_dataset = TensorDataset(torch.tensor(x_val).float(), torch.tensor(y_val).float())

train_dataloader = DataLoader(train_dataset, batch_size=2, shuffle=True, drop_last=True)
valid_dataloader = DataLoader(valid_dataset, batch_size=2, shuffle=True, drop_last=True)
```

[코드 9] train_dataloader의 0번째 동영상의 64개 이미지 중, 30번째 이미지

```
# [코드 9] train_dataloader에 있는 데이터 이미지

images, labels=next(iter(train_dataloader))
images = images.numpy() #(2, 128, 128, 64)
image = images[0] # 0번째 batch 데이터. 형태는 #(128, 128, 64)
#print("Dimension of the CT scan is:", image.shape)
plt.imshow(image[:, :, 30], cmap="gray")# 깊이 30
```

```
<matplotlib.image.AxesImage at 0x7fee6bd23550>
```

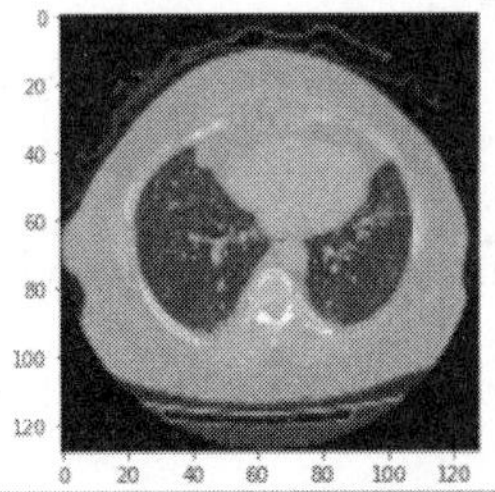

[코드 10] train_dataloader의 0번째 동영상의 64개 이미지 중, 처음 40개 이미지

```
# [코드 10] image(코드 9)의 처음 40장 이미지

def plot_slices(num_rows, num_columns, width, height, data):
    data = np.rot90(np.array(data))
    data = np.transpose(data)
    data = np.reshape(data, (num_rows, num_columns, width, height))
    rows_data, columns_data = data.shape[0], data.shape[1]
    heights = [slc[0].shape[0] for slc in data]
    widths = [slc.shape[1] for slc in data[0]]
    fig_width = 12.0
    fig_height = fig_width * sum(heights) / sum(widths)
    f, axarr = plt.subplots(
        rows_data,
        columns_data,
        figsize=(fig_width, fig_height),
        gridspec_kw={"height_ratios": heights},
    )
    for i in range(rows_data):
        for j in range(columns_data):
            axarr[i, j].imshow(data[i][j], cmap="gray")
            axarr[i, j].axis("off")
    plt.subplots_adjust(wspace=0, hspace=0, left=0, right=1, bottom=0, top=1)
    plt.show()

# 4개 행, 10개 열에 크기 128로 40장 이미지를 show
plot_slices(4, 10, 128, 128, image[:, :, :40])
```

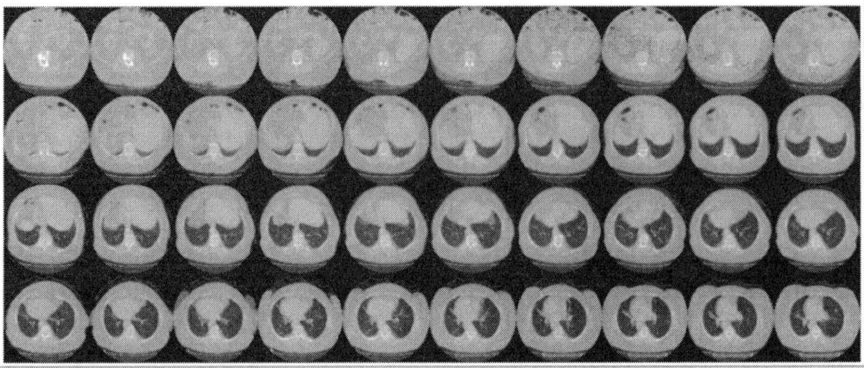

[코드 11] 클래스 CNN_CT 정의

train_dataloader에 있는 input을 아래 CNN_CT에 대입하면 F.adaptive_avg_pool3d (conv3d_out, (1, 1, 1)).squeeze().shape은 [2,256]이 된다. 여기서 2는 batch_size이고 256은 self.dense의 처음 선형층 nn.Linear(256,512)의 입력 노드 개수이다.

```
# [코드 11] 클래스 CNN_CT 정의

class CNN_CT(nn.Module):
  def __init__(self):
    super().__init__()
    self.conv3d=nn.Sequential(
        nn.Conv3d(1,64,kernel_size=3),
        nn.MaxPool3d(kernel_size=2),
        nn.BatchNorm3d(64),

        nn.Conv3d(64,64,kernel_size=3),
        nn.MaxPool3d(kernel_size=2),
        nn.BatchNorm3d(64),

        nn.Conv3d(64,128,kernel_size=3),
        nn.MaxPool3d(kernel_size=2),
        nn.BatchNorm3d(128),

        nn.Conv3d(128,256,kernel_size=3),
        nn.MaxPool3d(kernel_size=2),
        nn.BatchNorm3d(256) )

    self.dense=nn.Sequential(
        nn.Linear(256,512),
        nn.ReLU(),
        nn.Dropout(0.3),
        nn.Linear(512,1),
#         nn.Sigmoid()
    )

  def forward(self, input):
    conv3d_out=self.conv3d(input)
    output=self.dense(
        F.adaptive_avg_pool3d(conv3d_out, (1, 1, 1)).squeeze())
    return output
```

[코드 12] 학습 시작

COVID-19 관련 발견 유무를 처리할 loss(5번째 줄)을 선택한다. 과적합 방지 클래스(11번째 줄)을 정의한 후, 인스턴스를 만든다(24번째 줄).

```
1 # [코드 12] 학습 시작
2
3 cnn_ct=CNN_CT().cuda() # GPU 사용
4
5 criterion_bce = nn.BCEWithLogitsLoss()
6
7 optimizer = torch.optim.Adam(cnn_ct.parameters(),lr=0.0001)
8
9 scheduler = torch.optim.lr_scheduler.StepLR(optimizer, step_size=20, gamma=0.5)
10
11 class EarlyStopping():
12     def __init__(self, tolerance=20, min_delta=0):
13         self.tolerance = tolerance
14         self.min_delta = min_delta
15         self.counter = 0
16         self.boolean = False
17
18     def __call__(self, train_loss, validation_loss):
19         if (validation_loss - train_loss) > self.min_delta:
20             self.counter += 1
21             if self.counter >= self.tolerance:
22                 self.boolean = True
23
24 early_stopping = EarlyStopping()
```

[코드 13] 학습 종료

```
# [코드 13] 학습 종료

epochs = 100
train_losses = []; valid_losses = []; train_acces = []; valid_acces = []; lrs=[]
for epoch in tqdm(range(epochs)):

    # part1: train
    for inputs, labels in train_dataloader:
        optimizer.zero_grad()
        # inputs.shape = [2, 128, 128, 64]
        inputs=inputs.reshape(2,1,64,128,128)
        #inputs.shape = [2, 128, 128, 64]=[batch_size, C_{in}, Depth, H, W]
```

```
        output = cnn_ct(inputs.to(device)) # device =GPU
        train_loss = criterion_bce(output.squeeze().to(device), labels.to(device))
        train_loss.backward()
        optimizer.step()

    # learning rate 줄이기
    lrs.append(optimizer.param_groups[0]["lr"])
    scheduler.step()

    # append a train loss value
    train_losses.append(train_loss.cpu().detach().numpy())

    #train 정확도
    train_preds = []; train_actuals = []
    with torch.no_grad():
      cnn_ct.cuda().eval()
      for inputs, labels in train_dataloader:
          yhat = cnn_ct(inputs.reshape(2,1,64,128,128).to(device))
          yhat = (yhat.cpu().detach()>torch.tensor([0.0])).int().numpy()
          train_preds.append(yhat.squeeze())
          actual = labels.numpy()
          train_actuals.append(actual)
    train_acces.append(accuracy_score(np.vstack(train_actuals).flatten(),
                                      np.vstack(train_preds).flatten()))

    # part 2. validation
    with torch.no_grad():
        temp_losses = []
        for inputs, labels in valid_dataloader:
            inputs=inputs.reshape(2,1,64,128,128)#[N, C_{in}, D, H, W]
            output = cnn_ct(inputs.to(device))
            valid_loss = criterion_bce(output.squeeze().to(device),
                                       labels.to(device))
            # append a validation loss value
            temp_losses.append(valid_loss.cpu().detach().numpy())

        # get a mean value of temp_losses and append the result
        valid_loss_mean = np.mean(temp_losses, dtype=float)
        valid_losses.append(valid_loss_mean)

    # part 3. early stopping
    early_stopping(train_losses[-1], valid_losses[-1])
    if early_stopping.boolean or (epoch == epochs-1):
        print("We are earlystopped or reached a maximum epoch index: ",
              epoch, " of ", str(epochs-1))
        #torch.save(cnn_ct.state_dict(), 'cnn_ct.pt')
        break

```

```
61     #validation 정확도
62     valid_preds = []
63     valid_actuals = []
64     with torch.no_grad():
65       cnn_ct.cuda().eval()
66       for inputs, labels in valid_dataloader:
67           yhat = cnn_ct(inputs.reshape(2,1,64,128,128).to(device))
68           yhat = (yhat.cpu().detach()>torch.tensor([0.0])).int().numpy()
69           valid_preds.append(yhat.squeeze())
70           actual = labels.numpy()
71           valid_actuals.append(actual)
72     valid_acces.append(accuracy_score(np.vstack(valid_actuals).flatten(),
73                                       np.vstack(valid_preds).flatten()))
74
75 train_losses
```

```
21%|██        | 21/100 [05:07<19:18, 14.66s/it]We are earlystopped or reached a maximum epoch index:  21  of  99

[array(0.691823, dtype=float32),
 array(0.4271383, dtype=float32),
 array(0.51036584, dtype=float32),
 array(0.5689917, dtype=float32),
 array(0.3311556, dtype=float32),
 array(0.48165745, dtype=float32),
 array(0.42691326, dtype=float32),
 array(0.28017747, dtype=float32),
 array(0.10795785, dtype=float32),
 array(0.47052038, dtype=float32),
 array(0.32242188, dtype=float32),
 array(0.22509658, dtype=float32),
 array(0.14451948, dtype=float32),
 array(1.0678229, dtype=float32),
 array(0.37562752, dtype=float32),
 array(0.17189194, dtype=float32),
 array(0.49064577, dtype=float32),
 array(0.2340916, dtype=float32),
 array(0.2515743, dtype=float32),
 array(0.04257632, dtype=float32),
 array(0.02249606, dtype=float32),
 array(0.23879348, dtype=float32)]
```

[코드 14] 학습된 cnn_ct의 정확도와 손실

학습할 때 저장한 정확도 train_acces(코드13의 25번째 줄)와 손실 train_losses(코드13의 35번째 줄)을 그림으로 확인한다.

```
# [코드 14] 학습된 cnn_ct의 정확도와 손실

fig, ax = plt.subplots(1, 2, figsize=(20, 3))
plt.subplot(1,2,1)
plt.plot(range(len(train_acces)), train_acces,range(len(valid_acces)),
         valid_acces)
plt.legend(["train", "val"])
plt.xlabel("epochs")
plt.ylabel("acc")
plt.title("cnn_ct acc")
```

```
plt.subplot(1,2,2)
plt.plot(range(len(train_losses)), train_losses,range(len(valid_losses)),
         valid_losses)
plt.legend(["train", "val"])
plt.xlabel("epochs")
plt.ylabel("loss")
plt.title("cnn_ct loss")
```

```
Text(0.5, 1.0, 'cnn_ct loss')
```

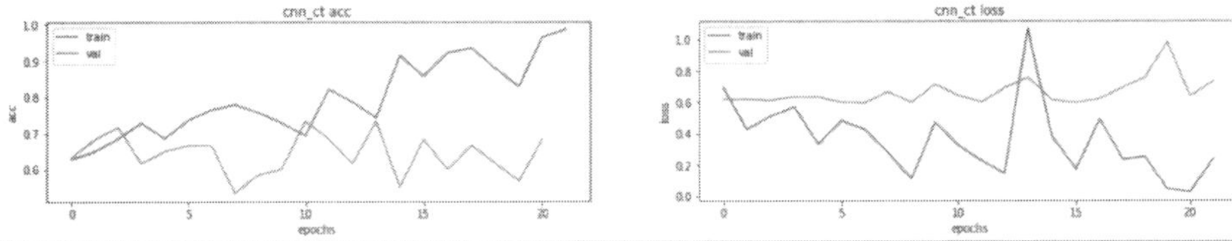

[코드 15] 학습률 lr 감소

학습할 때 사용한 lrs이 정의한대로 감소했는지 그림으로 확인한다.

```
# [코드 15] 학습률 lr 감소

plt.plot(range(len(lrs)),lrs)
plt.xlabel("epochs")
plt.ylabel("learning rate")
plt.title("cnn_ct lrs")
```

```
Text(0.5, 1.0, 'cnn_ct lrs')
```

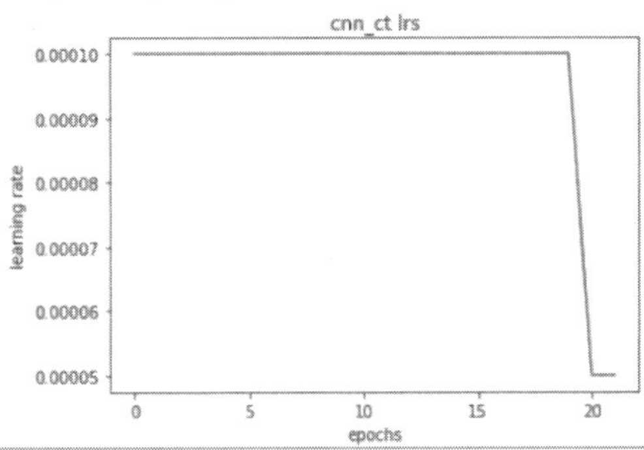

[코드 16] 학습된 파라미터 load하여 예측

학습된 신경망 CNN_CT의 파라미터를 저장한 cnn_ct.pt를 사용해기 위해서는 먼저 CNN_CT와 동일한 파라미터를 가지는 신경망을 만든다(아래 4번째 줄). 그리고 코드 34번째 줄과 같이 cnn_ct.pt를 불러와서 newCNN_CT의 파라미터를

cnn_ct.pt으로 교체한다.

```
# [코드 16] 학습된 파라미터 load하여 예측

torch.save(cnn_ct.state_dict(), 'cnn_ct.pt')
class newCNN_CT(nn.Module):
  def __init__(self):
    super().__init__()
    self.conv3d=nn.Sequential(
        nn.Conv3d(1,64,kernel_size=3),
        nn.MaxPool3d(kernel_size=2),
        nn.BatchNorm3d(64),

        nn.Conv3d(64,64,kernel_size=3),
        nn.MaxPool3d(kernel_size=2),
        nn.BatchNorm3d(64),

        nn.Conv3d(64,128,kernel_size=3),
        nn.MaxPool3d(kernel_size=2),
        nn.BatchNorm3d(128),

        nn.Conv3d(128,256,kernel_size=3),
        nn.MaxPool3d(kernel_size=2),
        nn.BatchNorm3d(256) )

    self.dense=nn.Sequential( nn.Linear(256,512), nn.ReLU(),
                              nn.Dropout(0.3), nn.Linear(512,1) )
  def forward(self, input):
    conv3d_out=self.conv3d(input)
    output=self.dense(
        F.adaptive_avg_pool3d(conv3d_out, (1, 1, 1)).squeeze())
    return output

newcnn_ct=newCNN_CT()
newcnn_ct.eval()
newcnn_ct.load_state_dict(torch.load('cnn_ct.pt'))
# x_val = np.concatenate((abnormal_scans[70:], normal_scans[70:]), axis=0)
# np.expand_dims(x_val[0], axis=0).shape=(1, 128, 128, 64)
input= np.expand_dims(x_val[0], axis=0).reshape(1,1,64,128,128)
prediction =torch.sigmoid(newcnn_ct(torch.tensor(input))[0])
scores = [1 - prediction, prediction]
class_names = ["normal", "abnormal"]
for score, name in zip(scores, class_names):
    print("This model is %.2f percent confident that CT scan is %s"
          % ((100 * score), name) )
```

```
This model is 63.45 percent confident that CT scan is normal
This model is 36.55 percent confident that CT scan is abnormal
```